Dieses Buch ist dem Andenken von Dr. Ed Neteland gewidmet, dem früheren stellvertretenden Direktor von Open Doors International, der am 3. Dezember 2006 heimgegangen ist.

Inhalt

Korea
Japan
Nagasaki
China
Ostchinesisches Meer
Shanghai
Wuhan
Jangtsekiang
Indien
Wenzhou
Funzhou
Taipeh
Taiwan
Hsikiang
Shantou
Guangzhou
Hongkong
(brit. Kolonie)
Birma
Hanoi
Laos
Vientiane
Rangun
Thai-
land
Viet-
nam
Südchinesisches Meer
Luzon
Manila
Bangkok
Kam-
bodscha
Mindoro
Pnom Penh
Philippinen
Sulu-
See
Mindanao
Malaysia
Brunei
Celebes-See
Kuala Lumpur
Singapur
Borneo
Sumatra
Indischer Ozean
Indonesien
Celebes
Banda-
See
Java-See
Jakarta
Java
Jakarta
Hauptstadt
Shanghai
sonstige Stadt
Borneo
Insel
Staatsgrenze (Stand: 1985)
Maßstab: 0 500km

Die Hauptpersonen dieses Buches

Ihre Funktion bezieht sich jeweils auf die Zeit um 1981, als die Ereignisse stattfanden.

Leitung von Open Doors International (ODI):
Bruder Andrew (Niederlande), Direktor
Sealy Yates (USA), Vorsitzender des Internationalen Vorstands
Dr. Ed Neteland (USA), Stellvertretender Direktor

Planungsteam für das Projekt Perle:
Joseph Lee (Philippinen), Programmleiter Asien
Pablo (Kanada), Projektleiter Asien; Koordinator des Projekts Perle
Keith Ritter (USA), Direktor des Bereichs Japan für Open Doors Asien; Seelsorger für das Projekt-Perle-Team
Dr. Jim Schmook (USA), Berater für den Programmbereich von Open Doors International
Doug Sutphen (USA), Open Doors-Direktor für Asien
Captain Bill Tinsley (USA), Vorstandsvorsitzender von Sea Biosystems, Inc.

Koordinatoren für die Auslieferung in China:
Lili, Inlands-Verteilungskoordinatorin
Chan
Mei-Ling

Leiter von Hauskirchen in China:
Mama und Papa Kwang (Hongkong)
John Chow
Matthew Lo

Enoch Ma
Peter Wang
Samuel Wu

Stammbesatzung der *Michael:*
Alastair Barr (Großbritannien)
Cor Beukema (Niederlande)
Michael Bruce (Australien)
Terry Madison (Kanada)
Todd Miller (USA)
Ronald Paras (Philippinen)
Bill Schwartz (USA)
Jerry Simmons (USA)
Douglas T. Sutphen jr. (USA)

Vorübergehende Besatzungsmitglieder der *Michael* bei der Lieferung der Bibeln:
Art Babbington (Australien)
Eddie Cairns (Neuseeland)
Bob Cole (Australien)
John Everingham (Australien)
Mark Houghton (Neuseeland)
Ivan Scott (Neuseeland)

Anfängliche Besatzung der *Michael* (nicht an der Lieferung beteiligt):
Herman Boonstra (Niederlande)
Faithful (Ghana)
Terry Hickey (USA)
John Kulisich (USA)
Sonny Largado (Philippinen)
Godfrey O'Neale (Trinidad)

Projektberater:
Dean Keaney (USA)
Frank Phillips (USA)
Lil Tinsley (USA)

Hinweis: In einigen Fällen sind zum Schutz der Personen nur die Vornamen angegeben.

Wichtige Institutionen und Abkürzungen

Büro für öffentliche Sicherheit (PSB): Der verlängerte Arm bzw. das polizeiliche Überwachungsauge der kommunistischen Regierung, die Sicherheitspolizei.

Büro für Religionsangelegenheiten (RAB): siehe unter „Patriotische Drei-Selbst-Bewegung".

EEI Engineering (EEI): Die philippinische Werft in Batangas auf Luzon/Philippinen, die den Lastkahn zum Transport der Bibeln baute.

Open Doors International (ODI): Von Bruder Andrew gegründete internationale Hilfsorganisation für Christen in der Verfolgung.

Patriotische Drei-Selbst-Bewegung: Seit den frühen 1950er-Jahren der protestantische Zweig des Büros für Religionsangelegenheiten. Der Ausdruck „Drei Selbst" nimmt die alte Struktur der von Missionaren gegründeten inländischen Gemeinden auf: Selbstverbreitung, Selbstfinanzierung und Selbstbestimmung, hier jedoch im Sinne des Verbots der „Einmischung" ausländischer Institutionen. Die der Drei-Selbst-Bewegung angehörenden Kirchen sind offiziell in China anerkannt und stehen unter staatlicher Aufsicht. Viele Hausgemeinden lehnen aus verschiedenen Gründen, die vor allem mit der Trennung von Kirche und Staat zu tun haben, eine Registrierung und damit eine offizielle Zulassung ab. Sie bleiben lieber im Untergrund.

Prolog

In der südchinesischen Hafenstadt Shantou liegt ein junger Christ namens Daniel Ng auf den Knien. „Herr“, betet er leidenschaftlich, „ich weiß nicht, warum du mein Gebet um eine eigene Bibel nicht erhört hast, aber *du* weißt es. Ich verspreche dir, dass ich den Rest meines Lebens der Verbreitung deines Wortes widmen werde. Bitte schicke mir eine Bibel.“

***

Die Kerze flackert in dem kleinen Zimmer in der Inneren Mongolei, einem autonomen Gebiet im Nordosten Chinas. Bald wird sie erlöschen. Wie so oft in der letzten Zeit hat Schwester Grace die halbe Nacht damit verbracht, ganze Kapitel aus einer geliehenen Bibel abzuschreiben. Sie ist todmüde und gleichzeitig erfrischt von den Worten, die sie abgeschrieben hat. Bevor sie sich für ein paar Stunden hinlegt, flüstert sie zum x-ten Mal ihr altes Gebet: „Gott, ich hätte so gerne eine eigene Bibel …“

***

An einem Fluss irgendwo in der entlegensten Ecke der Provinz Zhejiang haben sich Dutzende von Dorfleuten am Flussufer zu einer geheimen Taufe versammelt. Der Mond scheint voll und hell, und die Spiegelungen von hundert Laternen tanzen auf dem Wasser.

Der Pastor zitiert mit lauter, starker Stimme Worte aus Johannes 6,35 und 51: „Ich bin das Brot des Lebens. Wer zu mir kommt, wird niemals wieder Hunger leiden, und wer an mich glaubt, wird nie wieder Durst haben ... Ich bin dieses Brot, das von Gott gekommen ist und euch das Leben gibt. Jeder, der dieses Brot isst, wird ewig leben."

Der Pastor schließt seine Bibel und reicht sie feierlich seinem Mitarbeiter. Der Pastor ist der Einzige, der eine Bibel hat; während der Kulturrevolution sind unzählige Bibeln vernichtet worden. Seine Stimme ist laut, aber voller Mitgefühl, seine Botschaft ist eine Anfrage an die Zuhörer: „Wer unter euch ist bereit, dieses Brot zu essen? Wer unter euch ist bereit, sein Leben Jesus zu geben? Dann soll er jetzt nach vorne kommen! Er soll sein altes Leben in den Tod geben und lebendig wieder aus diesem Wasser emporsteigen, als neue Schöpfung in Jesus Christus!"

Einer nach dem anderen kommen die Menschen nach vorne, und der Pastor tauft sie „im Namen des Vaters, des Sohnes und des Heiligen Geistes".

Der Taufgottesdienst ist noch in vollem Gange, als grelle Scheinwerfer und brüllende Motoren die Stille der Nacht zerreißen. Es sind Militärlastwagen, und sie fahren genau auf die kleine Versammlung zu. Dort bremsen sie abrupt, und zwei, drei Dutzend Soldaten springen von den Wagen herunter. Mit erhobenen Knüppeln beginnen sie, auf die Christen einzuschlagen, um die Versammlung aufzulösen.

Die unbewaffneten Dorfleute haben der Brutalität der Soldaten nichts entgegenzusetzen. Weder die Alten noch die Kinder werden geschont; die Soldaten prügeln auf alle ein – Frauen, Kinder, Männer. Wer schon blutend auf dem Boden liegt, den stoßen sie mit ihren Stiefeln beiseite.

Als alles vorbei ist, beginnen die Dorfleute, die noch stehen können, die Verletzten fortzutragen. Der Pastor ist verhaftet worden, seine kostbare Bibel konfisziert.

***

In der Provinz Henan im nördlichen China fährt Bruder Lee auf seinem Fahrrad einen Feldweg entlang. Er hat die Zwanzig-Kilometer-Fahrt schon viele Male gemacht. Heute Abend ist er wieder an der Reihe, in Pastor Gohs Bibel zu lesen, um sich auf den nächsten Hausbibelkreis mit seinen Freunden vorzubereiten. Während seine Beine unermüdlich in die Pedale treten, betet er: „Herr, ich bitte dich um dasselbe, worum ich dich jetzt seit drei Jahren jeden Tag gebeten habe: Bitte gib mir eine eigene Bibel!"

***

In der alten Provinzhauptstadt Sian, dem östlichen Ende der alten Seidenstraße, liegt ein junger Pastor betend auf den Knien. Seine Lippen bewegen sich, aber man hört keinen Laut. Dann kommen ihm die Tränen, und der Pastor unterbricht sich, um sie abzuwischen.

„Betest du wieder um Bibeln, Wang?", fragt seine Frau.

„Ja, Liebes", erwidert Wang, der sich weiter die Tränen abwischt. „Ich habe Gott versprochen, bis in die Berge der Provinz Qinghai hinein Bibeln zu liefern, wenn er mir nur welche schickt."

***

In Westchina arbeitet die junge Schwester Ling als Evangelistin; ihre Hausgemeinde hat sie zu diesem Dienst abgeordnet. Mit einer einfachen Eisenbahnfahrkarte und genügend Reis für zwei Wochen haben sie sie losgeschickt. Schwester Ling liebt ihre Arbeit, aber es betrübt sie, dass so viele Christen, die keine Bibel besitzen, wenige Kenntnisse über den Glauben und zum Teil merkwürdige Sitten haben. Heute zum Beispiel arbeitet sie mit einer Gruppe von Gläubigen, die ständig kleine Fläschchen mit Öl dabei haben, damit sie bereit sind, wenn der himmlische Bräutigam kommt – wie die fünf weisen Jungfrauen in einem der Gleichnisse Jesu.

Als ihre Schüler an diesem Abend gegangen sind, geht Ling auf die Knie, um ihren Herrn um Bibeln für seine Kinder zu bitten. Stundenlang betet sie so, bis sie fühlt, dass Gott ihr Gebet gehört hat und sie ins Bett gehen kann.

1. Die Vision

Guangzhou, China, Oktober 1979

So breit gelächelt wie jetzt hatte Doug Sutphen noch nie. Zusammen mit fünf Freunden und Kollegen war Doug, der die Arbeit von Open Doors in Asien leitete, gerade im Hotel in Guangzhou in China angekommen.

Das Gepäck der Gruppe – fünf Schrankkoffer und siebzehn Koffer, gefüllt mit chinesischen Neuen Testamenten –, war in Dougs Zimmer verstaut, was bedeutete, dass für die Männer gerade noch ein paar schmale Gassen frei blieben.

„Sam, du könntest Schauspieler werden!“ Sealy Yates grinste begeistert. „Dein Gipsbein war genau die richtige Nummer, um die Zollbeamten abzulenken!“

Sealy war ein aufstrebender junger Rechtsanwalt und Literaturagent. Nebenbei war er auch der Vorstandsvorsitzende von Open Doors International. Sam Jones, ein Mann aus Südostasien und Dougs bester Freund, war nach der Ankunft der Gruppe in Guangzhou mit dramatisch schmerzverzerrtem Gesicht durch die Zollabfertigung gehumpelt. Offiziell kamen sie, um die alle zwei Jahre stattfindende Fachmesse zu besuchen.

Die Männer waren die letzte Kuriergruppe des Projekts „Regenbogen“, das den Christen in Südchina 30.000 dringend benötigte Neue Testamente brachte. Im Laufe der letzten zehn Tage hatten 20 weitere Kuriere erfolgreich jeweils zwei 45 kg schwere Schrankkoffer durch dieselbe Zollabfertigungshalle gebracht. Insgesamt waren es zweieinhalb Tonnen Neue Testamente, die durch das Projekt Regenbogen nach China geliefert worden waren. Hätten die Zollbeamten sie entdeckt, hätten sie sie bis auf das letzte Exemplar konfisziert.

„Sam“, sagte Doug, „wie du die Zöllner dazu gekriegt hast, die schweren Gepäckwagen für dich durch den ganzen Terminal zu schieben, das war einsame Spitze!“ Er lachte herzhaft. Die Spannung der dramatischen Einreise löste sich.

Sam grinste, was so etwas wie der Dauerzustand auf seinem freundlichen Gesicht war.

„Aber ich verlasse dieses Hotelzimmer nicht, bis das ganze ‚Brot‘ ausgeliefert ist“, fuhr Doug fort. „Ich möchte nicht, dass unbefugte Augen sehen, was wirklich in diesen Koffern ist.“

„Ach, übrigens“, meinte Sealy, „vor ein paar Minuten hab ich unten Dr. Dale Kietzman getroffen. Er hat mir erzählt: Als er seine beiden schweren Reisetaschen mit den Neuen Testamenten bis zur Tür der Zollabfertigung getragen hatte, hatte er keine Kraft mehr, sie zu heben. Der Beamte an der Tür zeigte auf einen Tisch, der buchstäblich am anderen Ende der Halle stand. Dr. Dale befahl den beiden Taschen, die neben ihm auf dem Fußboden standen, leise: ‚Im Namen Jesu, hebt euch!‘ Die Taschen waren federleicht, als er – an jeder Hand eine, dazu seine kleine Umhängetasche mit der Zahnbürste über der Schulter – durch die Halle spazierte. Dort sagte er dem Beamten seinen Spruch auf, der winkte ihn durch, und als Kietzman um die Ecke bog, fielen die beiden Taschen zurück auf den Boden. Aber er war durch!“ Alle lachten.

„Wir hätten das Projekt Regenbogen besser ‚Projekt Leistenbruch‘ genannt“, bemerkte Pablo, was erneutes Gelächter der anderen zur Folge hatte.

Im Laufe der nächsten drei Tage konnten sich die Männer bei den Mahlzeiten, die sie in ihrem Zimmer einnahmen, mit weiteren Open Doors-Kurieren aus einem nahe gelegenen anderen Hotel über ihre Erlebnisse bei der Einreise nach China austauschen. Während dieser drei Tage wurden die Neuen Testamente diskret an die chinesischen Kuriere ausgehändigt, die für die Verteilung zuständig waren. Bald waren alle 30.000 Exemplare in den Händen der chinesischen Christen, die um sie gebeten hatten.

Das Projekt Regenbogen war bis dahin die größte Aktion von Open Doors und das reinste Wunder. Aber schon bald erreichte Doug eine dringende Nachricht von den Leitern der christlichen Gemeinden in China: „Wir brauchen mehr Bibeln. Wir brauchen eine Million Bibeln!"

Manila, August 1980

Der Regen begann an die Windschutzscheibe zu prasseln, als Doug Sutphen vorsichtig in die breite Straße in Quezon City auf den Philippinen einbog. Er schaltete rasch die Scheibenwischer seines 2-Liter Ford Cortina ein, den seine Mitarbeiter liebevoll „den weißen Hengst" nannten.

Dass es schon so früh regnet, ist ungewöhnlich, dachte er. Auf den Philippinen bedeutete die Regenzeit meist nur ein, zwei leichte Schauer am Nachmittag. Doug und seine Familie lebten jetzt seit fünfzehn Jahren in diesem Land – lange genug, um mit den Launen des Wetters und was diese für den Straßenverkehr bedeuteten vertraut zu werden.

Der Regen wurde stärker, und Doug stellte die Wischergeschwindigkeit eine Stufe höher, um die zahlreichen Schlaglöcher, die sich jetzt trügerisch mit Wasser füllten, rechtzeitig zu sehen.

Während er die Avenida entlangfuhr, ging er noch mal im

Geiste durch, was er gleich beim Frühstück seinem Freund Bill Tinsley sagen würde. Dougs Leidenschaft waren China und große Träume. Das Treffen mit seinem Freund würde so wichtig sein wie noch keines vorher. Es konnte den Lauf der Geschichte ändern – vor allem den der Geschichte der Kirche in China.

Bill wohnte zusammen mit seiner Frau Lil auf einem Hausboot in Puerto Galera auf der Insel Mindoro, südwestlich von Manila. Sie hatten ihr Fleckchen auf den Namen *Paradise* („Paradies") getauft. Heute waren sie in Manila, um Vorräte einzukaufen und sich mit verschiedenen Leuten zu treffen.

Doug ließ den Wagen vor seinem Lieblingsrestaurant ausrollen. Der neue Parkplatzwächter taxierte verstohlen den massigen *Americano,* der da in einem sauber gebügelten *Polo-Barong*-Hemd am Steuer saß, und fragte sich, ob das Trinkgeld wohl genauso großzügig ausfallen würde.

In jungen Jahren hatte Doug im Footballteam der Universität von Denver gespielt. Er war nur mittelgroß, aber ein Bär von einem Mann. Er hatte hellbraunes, allmählich lichter werdendes Haar und ein Kinn wie Granit, doch seine Augen waren weich, seine Stimme ruhig, sein Lächeln warm und spontan.

Doug ließ sich an einem Tisch in einer ruhigen Ecke nieder und bestellte einen Kaffee. Es dauerte nicht lange, bis sein alter Freund Bill Tinsley durch die Tür kam. Doug begrüßte ihn mit der üblichen schulterklopfenden Umarmung, die ihm den Spitznamen „Großer Teddy" eingebracht hatte. Seine philippinischen Mitarbeiter nannten ihn *Tatay* – wörtlich „Vater", aber seine amerikanischen Freunde zogen die Übersetzung „Sugar Daddy" vor.

„Hallo, Bill! Wie geht's?"

„Gut, Doug, danke der Nachfrage. Zurzeit versuch'

ich, nicht nass zu werden." Bill grinste. Er war ein hochgewachsener, sonnengebräunter Amerikaner mit gewelltem, bereits grau werdendem Haar und einem gepflegten kleinen Bart. Sein breites Lächeln konnte unvermittelt in ein vergnügtes Kichern und dann schallendes Lachen übergehen.

Bills Lebensgeschichte war mit dem Meer verbunden. Die Armut auf den Philippinen, wo er und Lil jetzt seit zehn Jahren lebten, ließ ihn nicht mehr los. Er wusste, dass einer der großen Schlüssel zur Lösung der Unterernährung in ganz Asien im Meer lag, der größten Quelle für die Eiweißversorgung. Und er sah auch, dass diese Quelle auf den Philippinen wie auch anderswo in der Welt durch das Problem der Überfischung bedroht war. Illegale Fischfangmethoden waren weit verbreitet; die einen Fischer benutzten besonders enge Netze zum Fangen von Fischen, die eigentlich noch zu klein waren, andere töteten die Fische durch Gift oder Dynamit. Bills große Leidenschaft war der Schutz und die ökologische Regeneration der Meereswelt geworden. Er träumte davon, zerstörte Korallenriffe mit importierten Korallenarten von den Riffen im Südchinesischen Meer wiederherzustellen. Er und Lil hatten sich in Puerto Galera mit seinen sterbenden Korallenriffen niedergelassen, um an einem Pilotprojekt zu arbeiten, dem Projekt „Kema", wie es nach der vom Aussterben bedrohten Riesenvenusmuschel hieß.

Als sie sich begrüßt hatten, berichtete Bill Doug über den derzeitigen Stand dieses Projekts. Zurzeit war er noch bei der Bestandsaufnahme der vom Menschen verursachten Schäden an den Korallenriffen. Sein Ziel war es, Gegenmaßnahmen einzuleiten.

Dann sagte er: „Aber jetzt mal raus mit der Sprache, Doug! Was liegt an, dass du mich so früh hierher ins Alfredo holst? Meistens treffen wir uns doch erst zum Mittagessen!“ Bill war immer gerade heraus. Seine selbstbewusste Art und starke Persönlichkeit machten ihn zu einem guten Gesprächspartner; was Bill dachte, das sagte er. Er und Doug waren jetzt seit fünfzehn Jahren befreundet, seit sie sich in Kalifornien kennengelernt hatten.

„Bei uns liegt was Größeres an, und da brauch' ich deine Hilfe“, begann Doug.

„Doug, du weißt ja, dass ich Frührentner bin. Die großen Dinge in meinem Leben hab ich hinter mir, und jetzt wohnen Mama und ich in Paradise und machen als kleines Hobby das Projekt Kema.“ Im Gespräch mit anderen nannte Bill seine Lil immer „Mama“, wenn er mit ihr redete, meist „Süße“. Die beiden hatten drei mittlerweile erwachsene Kinder. „Aber schieß los, du hast mich neugierig gemacht.“ Bill nahm einen langsamen Schluck von seinem Kaffee.

„Nicht so schnell, Bill“, sagte Doug. „Ich hab' ein kleines Buch gelesen, mit dem Titel *Vom Kriegführen,* das solche Dinge wie Geheimhaltung und Überraschungseffekt betont. Dasselbe haben sie mir eingetrichtert, als ich beim Militär war. Was wir vorhaben, ist etwas so Großes und Strategisches, dass ich es nur jemandem erklären kann, der schon mit im Boot sitzt.“ Das Lächeln war aus Dougs Gesicht verschwunden, er sah plötzlich todernst aus.

Bill ließ eine seiner dröhnenden Lachsalven los. „Jetzt komm, Doug, seit wann liest du Bücher? Du liest doch noch nicht mal die Zeitung, oder?“ Doug war Legastheniker; Lesen war Schwerstarbeit für ihn.

„Ich hab gesagt: ein *kleines* Buch! General Ray Miller hat es mir geschenkt, und ich hab' es schon mehrere Male gelesen.“ Doug senkte seine Stimme. „Bill, du musst mir echt versprechen, dass das, was ich dir gleich sagen werde, unter uns bleibt.“

Bill dachte einen Augenblick nach, dann erwiderte er: „Okay, Doug. Und worum geht's also?"

Doug starrte in seine Kaffeetasse. „Es geht darum, ein paar hundert Tonnen chinesische Bibeln über das Südchinesische Meer zu unseren Brüdern und Schwestern in China zu bringen. Könntest du mir da behilflich sein?"

Bill sah seinen Freund an. „Wie viele Bibeln sind das?", fragte er langsam.

„Eine Million", grinste Doug.

„Das kann doch nicht dein Ernst sein!"

„Doch, mein voller Ernst. Also: Interessiert dich das?"

„Natürlich interessiert mich das."

„Dann will ich dich als Erstes Folgendes fragen", fuhr Doug fort, „glaubst du, dass wir so eine Menge mit dem Schiff rüberbringen können?"

Bill überlegte kurz und versuchte, sich die Größe einer solchen Ladung vorzustellen. Wenigstens ungefähr; genau berechnen konnte er sie auf die Schnelle nicht. Dann meinte er: „Fangen wir mal so an: Ein Schiff wäre sicher die einzige Möglichkeit, so eine riesige Menge nach China zu schmuggeln."

„Das sehen wir genauso."

„Wen meinst du mit ‚wir'?"

„Joseph und Pablo", erwiderte Doug. Joseph Lee war der Projektleiter für China, und der zweite Mann, den sie einfach „Pablo" nannten, leitete den Projektbereich des Asien-Teams von Open Doors.

Doug fuhr fort: „Es hat mich echt beeindruckt, wie die beiden letztes Jahr beim Projekt Regenbogen zusammengearbeitet haben. Innerhalb von zehn Tagen konnten 26 Kuriere, die offiziell die Messe in Guangzhou besuchten, 30.000 chinesische Neue Testamente sicher nach China bringen. Jeder Kurier hatte zwei Koffer mit je 45 Kilo Büchern dabei. Das letzte Kurierteam mit sechs Leuten brachte siebzehn Koffer und fünf Schrankkoffer ins Land.

Joseph leitete das Team vor Ort in China, Pablo koordinierte alles, was außerhalb Chinas lief. Es war die größte und reibungsloseste Lieferung, die wir bisher hatten, es war ein richtiges Wunder! Aber für das, was die wachsende Kirche in China eigentlich braucht, war es nur ein Tropfen auf den heißen Stein."

„Ihr werdet eine *Million* Wunder brauchen, Doug, wenn ihr eine *Million* Bibeln nach China bringen wollt", sagte Bill. „Seid ihr euch im Klaren darüber, was für ein riskantes Unternehmen das ist?"

„Das sind wir, Bill. Aber ich habe den Glauben, dass es möglich ist und dass wir unsere Million Wunder kriegen werden. Nimm dir Zeit und bete darüber, und wenn du den Eindruck hast, Gott will, dass du mitmachst, gib mir Bescheid, und wir besprechen die Einzelheiten."

New Manila, August 1980

Pablo saß an seinem Mahagoni-Schreibtisch und starrte auf den Fußboden. Sein langes Gesicht und hervorspringendes Kinn signalisierten: *Stört mich nicht, ich denke!* Die Reflexe des Sonnenlichts auf den blanken Terrazzofliesen holten ihn in die Realität zurück. Er schaute um sich und musterte die Mahagoni-Täfelung der Wand. So ein Büro hatte er noch nie gehabt. Früher war der Raum eine Bibliothek gewesen; jetzt standen in den Einbauregalen *seine* Bücher.

Das einzige Problem war, dass sein Büro direkt neben dem Haupteingang des im spanischen Stil errichteten Gebäudes an der Bouganvilla Street 7 in New Manila lag. Das bedeutete, dass Pablo, der seine Tür gern offen ließ, von jedem, der das Gebäude betrat, gegrüßt wurde; manchmal musste er gar die Empfangsdame spielen, wenn die richtige ihre Pause hatte.

Pablo gehörte erst seit einem Jahr zu dem von Doug Sutphen geleiteten Asien-Team von Open Doors. Sein erster größerer Auftrag hatte darin bestanden, unter Dougs Regie die Aktionen des Regenbogenprojekts zu koordinieren, die außerhalb Chinas stattfanden.

Er musste lächeln, als er sich an die erste Planungsnacht in einem Hotelzimmer in Hongkong erinnerte. Er und Doug waren bis in die frühen Morgenstunden aufgeblieben und hatten mit einer Fünf-Hongkong-Dollar-Münze Kreise auf Papierblätter gemalt, um das Programmevaluations-Diagramm, wie man es geschwollen nannte, für das gesamte Projekt zu erstellen. Um vier Uhr morgens hatte Doug gefragt: „Pablo, hättest du gerne etwas Apfelkuchen mit Sahne?“ Pablo hatte gegrinst. Er wusste, dass Apfelkuchen, mit oder ohne Sahne, Dougs Lieblingsspeise war, und er selber war auch ein Apfelkuchen-Fan, vor allem, wenn er dringend etwas brauchte, um den inneren Motor wieder anzukurbeln.

Das war das Projekt Regenbogen gewesen. Und jetzt also das Projekt „Perle“ („Pearl“), das sie nach der „kostbaren Perle“ im Gleichnis Jesu benannt hatten (Matthäus 13,45-46). Wieder war Doug an ihn herangetreten, mit der Bitte, eine Projektdarstellung für die Open Doors-Zentrale in Holland zu erarbeiten. Es war wohl das größte Projekt, an dem Pablo je beteiligt sein würde. Den eigentlichen Aktionsplan kannte er nur in groben Zügen, aber er baute alle Nachrichten, Hilferufe und Bibelstellen ein, die Open Doors von den Leitern eines großen südchinesischen Netzwerks von Hausgemeinden erhalten hatte. Ein Schlüsselbibelvers war Psalm 104,27-28: „Alle deine Geschöpfe warten auf dich, dass du ihnen rechtzeitig zu essen gibst. Sie holen sich die Nahrung, die du ihnen zuteilst. Du öffnest deine Hand, und sie werden reichlich satt."

In diesem Psalm geht es um Gottes Schöpfung, einschließlich des Meeres und der Geschöpfe, die in ihm wohnen; auch die Schiffe, die das Meer durchziehen, werden erwähnt. In Ländern, in die man sie nur schmuggeln konnte (oder „inoffiziell liefern", wie Pablo sich gerne ausdrückte), war das gängige Kennwort für Bibeln schon seit längerem „Brot". Psalm 104,27-28 war mithin eine angemessene Beschreibung der geplanten Lieferung von einer Million Bibeln nach China.

Im Frühjahr 1980 hatte der Vorstand von Open Doors International mit seinem Direktor, Sealy Yates, grünes Licht für das auf 12 Millionen Dollar geschätzte Projekt gegeben, und überall in der Welt liefen Spendenaktionen für das Projekt Perle an, wobei aber weder der Name noch etwas zum Lieferweg noch irgendwelche Einzelheiten genannt wurden. Der Operationsplan sollte geheim bleiben, selbst innerhalb des Asien-Teams von Open Doors. Dr. Jim Schmook, gelernter Unternehmensberater und Berater für den Programmbereich von Open Doors International, hatte mit Doug ausführliche Gespräche über das Projekt geführt. Ein großer Teil der Planungen ging auf ihn zurück.

Jetzt arbeitete Pablo an der Erstellung einer Art Machbarkeitsstudie für die Durchführung des Projekts. Was für Fehler durfte man auf keinen Fall machen? Er hatte eine Liste von Fragen und Bitten für Joseph Lee, den Programmleiter für Asien, zusammengestellt. Joseph würde demnächst nach China reisen, um die Kontaktpersonen, die um die Million Bibeln gebeten hatten, zu besuchen. Hatten diese Leute eine Vorstellung davon, wie viel eine

Million Bibeln waren, wie viel Raum man brauchte, um sie zu lagern, und was passieren würde, wenn sie auch nur mit einem Teil dieser Bibeln erwischt wurden? Wie stellten sie sich die Lieferung von einer Million Bibeln an die verschiedenen Hausgemeinden vor?

„Hallo, Pablo!" Eine bekannte Stimme riss Pablo aus seinen Gedanken. Es war Doug, der durch die Tür spaziert kam. „Könntest du eben mal für 'ne Minute zu mir kommen?"

Sie gingen durch die Rezeption und den langen, getäfelten Flur entlang, von dem aus man in den Innenhof mit Garten im spanischen Stil sehen konnte. Dougs großes, bequem eingerichtetes Büro lag an der hinteren Seite des Gebäudes.

„Ich hab heute Morgen mit Bill Tinsley gefrühstückt", begann Doug, nachdem sie es sich in den weichen Sesseln bequem gemacht hatten.

„Wie geht's Bill und Lil? Habe sie vermisst, seit sie in die Provinz gezogen sind."

„Sehr gut, wie es scheint. Ich habe ihn gefragt, ob er bei unserem Projekt-Perle-Team mitmachen möchte."

„Super!", erwiderte Pablo. „Und? Was hat er gesagt?" Pablo wusste, dass Bill für so ein großes Projekt goldrichtig war. Er mochte ihn; die Chemie zwischen Bill und ihm stimmte.

„Er hat gesagt, er betet darüber und gibt mir Bescheid. Aber jetzt habe ich eine Frage an dich."

Pablo nickte und schaute ihn abwartend an.

Doug fuhr fort: „Möchtest du der Koordinator für dieses Projekt sein? Du hast beim Projekt Regenbogen so fantastisch gearbeitet, dass ich glaube, du solltest auch dieses übernehmen. Ich selber werde natürlich auch eine Menge machen, das Perle-Projekt ist ja meine Idee. Ich weiß, dass ich dich damit von der Projektarbeit für Asien, für die ich dich eigentlich eingestellt habe, abziehen würde, aber dennoch – was meinst du?"

Pablo zuckte die Achseln. „Klar, ich bin dabei! Die Projektarbeit kann Beth hier in Manila und Timothy in Hongkong weitermachen; so wie ich sie kenne, haben sie sich in zwei Tagen eingearbeitet."

„Gut. Hast du 'ne Ein-Peso-Münze? Dann können wir gleich mit unserem neuen Programmevaluations-Diagramm anfangen ... Ach ja, und am besten rufst du Dianne an und sagst ihr, dass du heute nicht zum Essen zu Hause bist."

China, August 1980

Lili drehte sich um und schaute verstohlen hinter sich, um zu sehen, ob ihr jemand folgte. Der Strand, zu dem sie unterwegs war, lag nicht weit von ihrem Dorf, das Dahao hieß und in Südostchina lag, in der Nähe der Hafenstadt Shantou. Jeder Schritt, den sie von heute an planen würde, war ein Risiko; sie musste sehr vorsichtig vorgehen.

Sie hätte fast einen kleinen Freudensprung gemacht, als sie wieder an das Treffen dachte, das sie gestern Abend mit den Leitern ihres Hauskirchen-Netzwerks gehabt hatte. Sie hatten ihr eröffnet, dass sie die Koordinierung der Verteilung einer größeren Sendung Bibeln übernehmen sollte – einer Million Bibeln, um ganz genau zu sein!

In ihren 35 Jahren hatte Lili nie mehr Bibeln auf einmal gesehen als 30.000 kleine Ausgaben des Neuen Testaments. Im vergangenen Jahr hatte sie im Rahmen des Regenbogen-Projekts persönlich die meisten der 55 Koffer und fünf Schrankkoffer, die die Kuriere in zwei Hotels nach Guangzhou gebracht hatten, abgefertigt. Die Neuen Testamente waren verschwunden wie der Tau in der Sonne, weil so viele Christen inner- wie außerhalb des Hauskirchen-Netzwerks eines brauchten. Viele Hausgemeindeleiter hatten kein einziges Exemplar bekommen. Und jetzt eine ganze Million Bibeln! Sie versuchte, sich die Menge vorzustellen.

Kein anderer Passant war auf der Straße zu sehen. Gut. Sie bog nach links ab, in Richtung Nordosten, wo das Meer lag. Sie erreichte die kleine Bucht, die gelegentlich von Fischern benutzt wurde und zu einem größeren Strandabschnitt gehörte, den die Einheimischen Beishan nannten.

Lili blieb stehen und schaute eine ganze Weile auf das Meer hinaus. Dann setzte sie sich in den Sand und begann still zu beten. Sie bat Gott, ihr zu zeigen, ob diese Bucht der richtige Ort für die Anlieferung der Million Bibeln war. In der Nähe wohnten viele Christen, was viele hilfreiche Hände bedeutete.

Eine Stunde später hatte sie ihre Antwort und ging zwischen den Bäumen hindurch nach Hause zurück.

2. Das Team

Bill Tinsley strich sich über seinen grauen Bart und dachte über die Entscheidung nach, vor der er stand. Er öffnete seine Bibel. Sie war noch jedes Mal, wenn er eine Entscheidung treffen musste, sein treuer Ratgeber gewesen, und durch das Studium der Bibel hatte er angefangen, den christlichen Glauben kennenzulernen.

Er betete im Stillen: „Herr, ich brauche deine Wegweisung. Dein Wort kenne ich gut. Ich kann für fast alles eine passende Bibelstelle finden, aber das Wort, das ich jetzt brauche und das das Richtige für mich ist, kannst nur du mir zeigen."

Er schlug seine Bibel aufs Geratewohl auf und landete bei 1. Chronik 13-15 – den Kapiteln, die beschreiben, wie David die Bundeslade nach Jerusalem überführen lässt. In der Bundeslade waren die Steintafeln mit den Zehn Geboten, dem Wort Gottes für sein Volk. Beim ersten Versuch kam es zu einem tragischen Unfall, weil der falsche Mann die Lade berührte. Erst als David die Bundeslade von Leviten tragen ließ, gelang die Überführung.

Gleich zweimal sprach der Heilige Geist durch diesen Bibelabschnitt zu Bill. Erstens: Es war Gottes Wille, dass Bill bei der Lieferung der Million Bibeln – also dem heutigen Wort Gottes an die Menschen – mitmachte. Und zweitens: Es war wichtig, dass der Transport der Bibeln von den richtigen Personen vorgenommen wurde. In der biblischen Geschichte waren allein Leviten dazu qualifiziert, die Bundeslade zu tragen. Folglich, so wurde Bill klar, musste diese Bibellieferung nach China ganz in den Händen entschiedener Christen liegen.

Am nächsten Tag schlug Bill wieder aufs Geratewohl

seine Bibel auf – und landete bei Psalm 29. Die Verse 3 und 10 sprangen ihm ins Auge:

> „Die Stimme des Herrn erschallt über die Meere, der erhabene Gott lässt den Donner grollen. Er ist der Herr, der über den Weltmeeren thront ... Der Herr thront über den Fluten, als König herrscht er für alle Zeit."

Bill zog daraus den Schluss: Gott bestätigte, dass sie für die Durchführung des Projekts Perle das Meer benutzen sollten.

Am dritten Tag stieß Bill beim Öffnen seiner Bibel auf Johannes 6,16-21, die Stelle, wo Jesus über das Wasser geht. Er empfand sie als weitere Bestätigung, dass Gott für diese Bibeln den Seetransport wollte, aber diesmal mit der zusätzlichen Information, dass Jesus selber der „Kapitän" des Schiffs sein musste.

Dann schlug Bill ganz bewusst eine Stelle tief im Alten Testament auf:

> „Ihr vom Stamm Sebulon, freut euch an euren Fahrten auf dem Meer! Und ihr vom Stamm Issaschar, freut euch über eure schönen Zelte! Ihr ladet Völker ein zum heiligen Berg und bringt dort mit aufrichtigem Herzen Opfer dar. Auf See werdet ihr reichen Handel treiben und am Strand verborgene Schätze heben" (5. Mose 33,18-19).

Diese Worte hatte Gott zu Mose gesprochen, aber für Bill stand „Sebulon" für das Team, das die Bibeln nach China bringen würde, und „Issaschar" für die chinesischen Christen, die seit Jahren für Bibeln gebetet hatten. Sie hatten große Opfer für ihren Glauben gebracht, und dieses Projekt ging auf ihre Bitten zurück. Was Bill sich damals noch nicht vorstellen konnte: Die Million Bibeln würden China über einen wunderschönen Sandstrand erreichen.

Südchina, Ende August 1980

Joseph Lee schaute sichernd nach links und rechts, dann begann er, mit raschen Schritten die staubige Hauptstraße von Chaoyang entlangzugehen. Er war immer etwas ängstlich, wenn er sich nachts allein durch ein unbekanntes Gebiet bewegen musste, vor allem in China. In der Dunkelheit waren sein schwarzes Haar, die ebenfalls schwarzen Augen und die Aknenarben in seinem Gesicht fast nicht sichtbar, aber wer ihn kannte, der spürte selbst in der tiefsten Nacht sein warmes Lächeln, seine freundlichen Augen und sein sanftes Wesen.

Die Wegbeschreibung war eindeutig gewesen, und schon bald erreichte er den vereinbarten Treffpunkt. Als er anklopfte, öffnete Lili ihm mit einladendem Lächeln die Tür. Joseph trat vorsichtig ein und wartete, bis seine Augen sich an das schummrige Licht in dem Raum gewöhnt hatten. Dann stellte Lili ihm die fünf Hausgemeindeleiter vor: Matthew Lo, Enoch Ma, Peter Wang, John Chow und Samuel Wu. Der Reihe nach standen sie auf und begrüßten Joseph mit festem Händedruck. Dies war sein erster Besuch seit dem Projekt Regenbogen, und sie wollten ihm zeigen, wie sehr sie seinen Einsatz geschätzt hatten.

„Joseph", begann Matthew Lo, „als wir diese kleinen Neuen Testamente, die du uns geschickt hast, bekommen hatten, haben wir die ganze Nacht hindurch einen Dankgottesdienst gefeiert. Sie waren so ein Segen für unsere Gemeinden."

„Ja", fiel John Chow ein, „aber jetzt sind sie alle verteilt, und wir brauchen dringend eine weitere Million."

„Ich weiß", erwiderte Joseph. „Genau deswegen bin ich heute Abend hier: um mit euch über eure gewaltige Bitte zu reden – eine Million Bibeln auf einmal."

„Wäre es möglich, diesmal die ganze Bibel zu bekommen, mit Altem Testament, und in der modernen Schrift mit den vereinfachten Schriftzeichen?“, fragte Enoch Ma.

„Ja, das lässt sich sicher machen. Aber meine größte Sorge ist die Zahl und das Gewicht. Habt ihr euch schon einmal überlegt, wie viele Bibeln das sind und wie viel Platz ihr braucht, um sie zu lagern?“ Joseph ließ seinen Blick durch den großen Versammlungsraum wandern und rechnete rasch. „Ihr braucht ungefähr zwanzig Räume, die so groß sind wie dieser hier. Und das Gewicht wird bei über 200 Tonnen liegen.“

Einen Augenblick herrschte Schweigen, dann nickte Peter Wang. „Jawohl, wir wissen, dass diese Lieferung riesig sein wird, und sind dabei, Lagerraum für die Bibeln zu schaffen, die nicht sofort weiterverteilt werden können. Was uns aber viel mehr Kopfschmerzen macht, ist eure persönliche Sicherheit, wenn ihr uns die Bibeln bringt. Seid ihr euch darüber im Klaren, wie gefährlich dieses Unternehmen für *euch* ist?“

„Ja, das sind wir. Aber wisst ihr, was *euch* passieren kann, wenn ihr mit so vielen Bibeln aus dem Ausland erwischt werdet – oder auch nur mit einem Teil davon?“, entgegnete Joseph.

Der Mann, der am ältesten aussah und bisher noch nicht gesprochen hatte, Samuel Wu, erhob sich. Sein Blick war ernst und liebevoll. „Bruder Joseph, wir haben hier in China eine Geschichte, die jeder kennt: Eine Gruppe Soldaten bekam von ihrem Offizier den Befehl, einen Christen festzunehmen. Als der Christ vor seinen Häschern floh und sie immer näher kamen, schlüpfte er in eine tiefe, dunkle Höhle und betete inbrünstig zu Gott um Bewahrung. Die Soldaten waren verdutzt, dass der Mann auf einmal verschwunden war. Dann kamen sie zum Eingang der Höhle –

und sahen über ihrer Öffnung ein riesiges Spinnennetz, das völlig unversehrt war. Sie dachten: Wenn der Mann in der Höhle wäre, hätte er beim Hineingehen das Netz zerrissen, und gingen weiter. Du siehst also: Gott kann in seiner Vorsehung selbst eine Spinne dazu benutzen, seine Kinder vor Gefahren zu beschützen.

Jeder von uns in diesem Raum, außer Schwester Lili und Bruder Peter, hat für seinen Glauben an Jesus lange Zeit im Gefängnis verbracht. Zusammen waren wir über 40 Jahre inhaftiert. Und wir sind sogar bereit zu *sterben,* wenn dadurch eine Million Brüder und Schwestern hier in China ihr eigenes Exemplar des Wortes Gottes bekommen!"

Die übrigen vier Männer nickten heftig.

Joseph spürte, wie ihm eine Träne die Wange hinunterlief. Der Kloß in seinem Hals war so dick, dass er kein Wort herausbrachte.

New Manila, Anfang September 1980

„Ich hab's nicht fertiggebracht, ihnen noch mehr von deinen Fragen zu stellen, Pablo." Joseph kamen wieder die Tränen, als er dem Leitungsteam von seinem Besuch erzählte. Sie saßen alle am Tisch in Dougs gemütlichem Besprechungszimmer in der Bouganvilla Street in Manila.

Die acht Männer brachten lange kein Wort hervor. Rechts von Doug saß der hochgewachsene, hagere Michael Bruce aus Australien, der so etwas wie Dougs kaufmännischer Direktor und Verwaltungschef war. Neben ihm der gut aussehende Terry Madison, der fähige Kommunikator des Teams, der das monatliche Magazin herausgab. Er trug einen gepflegten dunklen Bart. Der Nächste war Keith Ritter aus dem Büro in Japan, ein untersetzter Mann mit einem weißen Vollbart, der sein gewinnendes Lächeln fast verdeckte und die, die ihn zum ersten Mal sahen, an einen lieb-ehrwürdigen Großvater erinnerte. Nach ihm kamen Frank Phillips, ein im Vorruhestand lebender Amerikaner mittleren Alters, der das Büro in Hongkong leitete, und Gary, der blonde Direktor von Open Doors Australien, der das erste Mal an einer Sitzung der Führungsmannschaft teilnahm. Joseph und Pablo vervollständigten die Runde.

Doug war sehr stolz auf sein starkes Team, das ein Herz und eine Seele war. Jeden einzelnen dieser Männer hatte er persönlich ausgesucht und eingearbeitet, stets eingedenk des Rates, den sein eigener Chef, Dr. Ed Neteland, ihm gegeben hatte: „Umgib dich mit Männern, die auf ihrem Gebiet stärker sind als du. Sei ihr Leiter, aber gib ihnen die Freiheit zu fliegen."

Doug räusperte sich und unterbrach die Stille. „Es scheint so, als ob die Leute in China wissen, was sie wollen. Gut. Nachdem wir jetzt alle Berichte gehört haben, möchte ich gerne die endgültigen Zielvorgaben für das Projekt Perle festlegen. Die erste besteht logischerweise darin, dass wir den Bitten unserer Kontaktpersonen in China nachkommen. Pablo, würdest du das bitte für uns aufschreiben?"

„Ich glaube, dieses Projekt sollte auch die Kirche weltweit für den ungeheuren Bedarf an Bibeln in China sensibilisieren", meinte Terry.

„Richtig", ergänzte Keith, „und diese Sensibilisierung sollte entsprechend Druck auf China ausüben, endlich ohne Wenn und Aber für alle Gläubigen den legalen Druck von Bibeln im Land zuzulassen."

„Ich möchte gerne erreichen, dass die Menschen in Australien erkennen, wie groß die Hauskirchenbewegung in China geworden ist", fügte Gary hinzu.

„Und wir sollten sicher auch erwarten, dass dieses Projekt ein Katalysator für ähnliche andere Projekte wird", sagte Doug. „Meine Vision ist, dass es in der ganzen Welt Hunderte von Personen und Organisationen dazu animiert, selber Bibeln zu unseren Geschwistern in China zu schicken."

Pablo grinste. „Doug, pass auf, wenn du das Wort *Katalysator* außerhalb dieses Raumes benutzt. Denk an Michael!"

Schallendes Gelächter. Michael wurde rot. Er hatte den Ausdruck in seinem Bericht auf der letzten Planungskonferenz für Asien benutzt, worauf einer der japanischen Pastoren, die mit Keith gekommen waren, seine Hand gehoben und unschuldig gefragt hatte: „Warum müssen wir katholisch werden?"

Doug grinste und fuhr fort: „Aber vor allem geht es darum, die Flamme der gewaltigen Erweckung, die zurzeit durch die Gemeinde in China geht, anzufachen. Perle soll mehr sein als das nächste Bibelschmuggelprojekt; es soll eine Offensive der Liebe werden, die unseren Brüdern und Schwestern in China hilft, der Milliarde Menschen in ihrem Land, das aus tausend Wunden blutet, Gottes Liebe zu bringen. Und ich möchte, dass es spätestens bis Juni nächsten Jahres abgeschlossen ist."

Die Männer wechselten ungläubige Blicke. Ende Juni nächsten Jahres – das waren gerade einmal neun Monate!

Die Tür zum Sekretariat ging auf, und Alma, Dougs Sekretärin, steckte ihren Kopf herein. „Entschuldige, Doug, du hast ein Auslandsgespräch."

„Das dürfte Ed sein", sagte Doug. „Macht ein paar Minuten Pause."

Das Team war solche Unterbrechungen gewöhnt. Telefonate auf die Philippinen waren eine Wissenschaft für sich, allein schon weil die Philippinen in einer anderen

Zeitzone lagen als die USA und Europa. Doug hatte sich daran gewöhnt, solche Ferngespräche zu fast jeder Tages- und Nachtzeit entgegenzunehmen.

Ein paar der Männer verließen kurz den Raum.

Keith war der geborene Mutmacher, der stets ein Lob für die Arbeit der verschiedenen Teammitglieder hatte. Jetzt meinte er lächelnd: „Terry, das letzte Monatsmagazin war wieder echt gut. Deine Bilder sind ja immer toll, aber besonders gut hat mir deine Geschichte ‚Warum Gott?' gefallen. Sue findet das auch."

„Danke, Keith. Es ist immer schön zu hören, dass es jemanden gibt, der mein Zeug liest." Terry grinste.

Keith war Pastor in der von Chuck Smith geleiteten „Calvary Chapel"-Gemeinde in Costa Mesa, Kalifornien, gewesen, als er Mitte der 1970er-Jahre Gottes Ruf nach China spürte und in die damals gerade im Aufbau begriffene Asienarbeit von Open Doors eintrat. Seine erste Aufgabe hatte darin bestanden, vom Open Doors-Büro in Hongkong auf der Fischerinsel Cheung Chau aus Kurierlieferungen von Bibeln nach China zu koordinieren. 1980 kamen seine Freunde Frank und Ruby Phillips nach Hongkong, um Leiter des Open Doors-Büros zu werden. Damit konnten Keith und seine Frau Sue zu neuen Ufern aufbrechen und eine Open Doors-Filiale in Tokio aufbauen.

Im Laufe der Zeit war Keith Dougs engster Vertrauter und Gebetspartner geworden. Alle bewunderten seine ebenso tiefgehende wie behutsame Art, die Bibel auszulegen. Keiths Spezialität war es, Geschichten aus der Bibel (vor allem dem Alten Testament) bildlich-allegorisch auf aktuelle Ereignisse anzuwenden. Als er in Hongkong die Schulung der sechsundzwanzig Kuriere des Projektes Regenbogen leitete, benutzte er als biblischen Aufhänger Josua 1,3 und 9, wo die Israeliten kurz davor standen, das Gelobte Land einzunehmen: „Jedes Gebiet, in das ihr vordringt, gehört euch … Sei mutig und entschlossen! Lass dich nicht einschüchtern, und hab keine Angst! Denn ich, der Herr, dein Gott, bin bei dir, wohin du auch gehst." Während das Projekt Regenbogen in Gang kam, sah Keith Parallelen zu Josua 2, dann zu Josua 3 und so weiter bis zu Kapitel 6. Er war mittlerweile fest davon überzeugt, dass es wirklich Parallelen zwischen dem alttestamentlichen Bericht und dem Projekt gab. Als also zwei Koffer mit je 500 Neuen Testamenten vom chinesischen Zoll entdeckt wurden (sie wurden später nach Hongkong zurückgeschickt und schließlich vom letzten Kurierteam doch noch sicher nach China überbracht), sah Keith darin eine Parallele zur Sünde Achans in Josua 7 und rief das Team zu einer intensiven Selbstprüfung auf. Die letzte Kurieraktion des Regenbogen-Projekts verglich er mit der Eroberung Ais durch die Israeliten in Josua 8.

Die Bitte um eine Million Bibeln war durch Mama und Papa Kwang, wie Open Doors sie nannte, nach Hongkong überbracht worden. Mama und Papa Kwang hatten ein Netzwerk von Hausgemeinden in und um Shantou geleitet, bis ihnen 1978 eine spektakuläre Flucht vom chinesischen Festland ins damals noch britische Hongkong gelang.

Mama Kwang war eine untersetzte Frau mittleren Alters mit einem weichen, runden Gesicht und braunen, glänzenden Augen. Offiziell Lehrerin von Beruf, hatte sie mit achtzehn Jahren zu predigen begonnen und in kurzer Zeit ein großes, wachsendes Netzwerk von Hausgemeinden in Südostchina aufgebaut. Gott wirkte viele Wunder unter diesen Christen.

Papa Kwang war Mathematiklehrer. Mit seinem kurzen schwarzen Haar und seinem jungenhaften Gesicht sah er jünger aus als seine Frau. Er und Mama hatten vier Kinder. Der Älteste, Peter, war während der Kulturrevolution von jugendlichen Roten Garden wegen seines Glaubens ermordet worden, die anderen drei – Daniel, Joseph und Mary – wohnten bei ihren Eltern in Hongkong.

Mama Kwang war wegen ihrer Tätigkeit als Leiterin der Hauskirchenbewegung in ihrer Gegend dreimal in Gefangenschaft gewesen. Nach jeder Freilassung hatte sie gleich am nächsten Tag ihre Gemeindearbeit wieder aufgenommen.

Während ihrer dritten Haft bekam sie von Gott eine Vision. Tausende von Missionaren aus dem Westen und dem Osten hoben gemeinsam einen tiefen Graben aus. Nach viel harter Arbeit wurde der Graben immer größer und länger. Dann floss Wasser in ihn hinein, und er wurde zum Fluss des Lebens. Mama Kwang sah, wie der Fluss zuerst durch ganz China und dann in die ganze übrige Welt floss. Die Arbeiter waren fröhlich, ihr Singen erfüllte Himmel und Erde.

Als sie und ihr Mann um die Million Bibeln baten, sagte Mama Kwang zu Doug, Keith und Dr. Ed Neteland: „Wenn eine Million Bibeln auf einmal nach China gebracht werden könnten, das wäre wie der Tag, als die Sonne für Josua still stand!" Keith las darauf prompt Josua 10. –

Dougs Telefonat zog sich in die Länge. Um die Zeit zu nutzen, begann Keith, der Runde über seine Entdeckungen im Buch Josua zu berichten. „Brüder, ihr wisst ja alle, wie ähnlich das Projekt Regenbogen Josua 1 bis 8 war. Mama Kwang hat gesagt, dass die erfolgreiche Durchführung des Projekts Perle wie Josua 10 sein wird. Und ich habe mittlerweile mehrere Male Josua 9 gelesen, wo es um die List der Gibeoniter geht. Ich glaube, wir sollten uns, bevor es mit Projekt Perle richtig ernst wird, darüber klar werden, was dieses Kapitel für uns bedeutet."

Michael sagte mit seinem australischen Akzent: „Ich glaube, das muss was mit der Drei-Selbst-Bewegung zu tun haben, der offiziellen evangelischen Kirche in China."

Keith nickte mit einem wissenden Lächeln.

Im gleichen Augenblick kam Doug zurück in den Raum, über das ganze Gesicht strahlend. „Brüder, Dr. Ed lässt euch alle grüßen! Heute gibt's nur gute Nachrichten. Ed sagt, die Reaktion der Spender von Open Doors auf das Projekt Perle ist gut. Das Büro in den USA mobilisiert gerade zusätzliche Mitarbeiter vor Ort, damit mehr Personal zur Durchführung der Spendenaktionen zur Verfügung steht, und das ist nur ein Beispiel.

Dr. Jim Schmook hat sich bereit erklärt, bei unserem Planungsteam für dieses Projekt mitzumachen, und ist bereits dabei, die nötigen Informationen und was er an Ausrüstung und Sonstigem für nötig hält, zu besorgen. Preis dem Herrn!

Nach dem Gespräch mit Ed rief als Nächster Bill an", berichtete Doug weiter, „er wird ebenfalls mitmachen. Morgen, wenn er in Manila ist, möchte er mit mir Mittag essen und erklären, wie Gott ihm durch die Bibel seine Antwort gegeben hat.

Und jetzt, Leute, wollen wir erst mal beten und unserem Gott für diese wunderbaren Gebetserhörungen danken."

Die Besprechung endete damit, dass die Durchführung des Projekts Perle in die Hände eines sechsköpfigen Sonderplanungsteams gelegt wurde. Dieses Team würde aus Doug, Joseph, Keith und Pablo vom Open Doors-Team in Asien sowie Bill Tinsley und Dr. Jim Schmook bestehen. Die erste Planungssitzung wurde auf den 8. Dezember festgelegt. Es wurde weiter beschlossen, dass das Planungsteam seine Entscheidungen nur einstimmig treffen würde. Vor allen Dingen aber war bei dem ganzen Projekt Geheimhaltung das oberste Gebot. Menschlich gesprochen konnte Projekt Perle nur gelingen, wenn sie sich das Überraschungsmoment zunutze machten.

3. Das Engagement

Doug lag flach auf der Couch in seinem Büro in Manila. Stundenlang redete er, während Dan Wooding, ein professioneller Autor Dutzender Bücher, seine Worte auf Band aufnahm und sich ausführliche Notizen machte. Doug war wild entschlossen, mit seinem Buch die bisher beste Dokumentation über Ursprung und Entwicklung der Hauskirchenbewegung in China zu veröffentlichen. Er würde den Decknamen „Bruder David" benutzen. Dr. Ed plädierte dafür, es an das Buch von Bruder Andrew anzuhängen und es unter dem Titel *Gottes Schmuggler in China* herauszubringen.

Mit seinem ausgeprägten Sinn für Humor schaffte es Dan, diese stundenlangen Diktiersitzungen zu den unmöglichsten Zeiten mit Fassung zu tragen.

Der Termin für die Fertigstellung von Dougs Buch kam rasch näher. Der der großen Planungskonferenz von Open Doors in Holland auch. Jeden Abend arbeitete Dan wie ein Besessener, um die Termine für die einzelnen Kapitel einzuhalten.

Sara Bruce, Michaels Frau, half ebenfalls beim Schreiben und Recherchieren für das Buch, und Elizabeth, eine der Sekretärinnen des Büros, tippte viele Stunden an dem Manuskript. Vor Kurzem war das Buch auch noch zum Begleitbuch für eine Spendenaktion für das Projekt Perle im amerikanischen Fernsehen erkoren worden, was den Termindruck noch erhöhte.

Terry und Pablo arbeiteten gerade zusammen mit Regisseur Malcolm Neal in Hongkong, um Szenen und Zeugnisse von chinesischen Pastoren und Christen für diese Fernsehdokumentation aufzunehmen. Pablo sah allmählich etwas verwegen aus; er hatte ein Gelübde abgelegt, sich so lange nicht mehr zu rasieren, bis das Projekt Perle abgeschlossen war.

Auch Bruder Andrew war in Hongkong glattrasiert. Er stand an der Grenze zu China vor der Kamera und gab die Bitte der chinesischen Christen um eine Million Bibeln weiter. Dabei sagte er aber kein Wort darüber, auf welchem Weg und in welchem Zeitraum diese Bibeln nach China gelangen sollten. Danach fuhren Bruder Andrew und Terry Madison nach China hinein, um weitere Szenen zu drehen. Terry ließ seine Filmkamera bei Lili und bat sie, Ausschnitte aus Hausgottesdiensten zu filmen; es waren mit die frühesten Dokumentationen über die chinesische Untergrundkirche.

Die strategische Planung von Projekt Perle war weit vorangeschritten, aber die taktische Planung steckte noch in den Anfängen. Dougs Antwort, wenn er danach gefragt wurde, war immer die gleiche: „Wir vertrauen auf Gott und wir glauben an Wunder."

China, November 1980

Lili lächelte, als sie die schmale Hauptstraße von Queshi, einem Nachbardorf, entlangging. Ihr rundes Gesicht und ihre Mandelaugen strahlten im Sonnenlicht. Die Pläne für das Bibelprojekt wurden immer größer, und der Gedanke, Gott zu dienen, erfüllte sie mit wachsender Begeisterung. Sie hatte am Morgen am Telefon mit Mama Kwang darüber beraten. Mama Kwang wohnte jetzt in Hongkong und fungierte immer wieder als Verbindungsfrau zu Projekt-Perle-Mitarbeitern in China. Sie hatte erkannt, dass Lili Hilfe brauchte.

„Ich glaube, du brauchst zuverlässige Mitarbeiter für diese Aufgabe, Lili", hatte sie gesagt. „Am besten redest du mal mit Mei-Ling und Chan. Ich habe den Eindruck, der Heilige Geist möchte, dass sie zu unserem Team gehören. Geh zusammen mit ihnen zu Lao Zhao und frag ihn, wo ihr neue Lagerräumlichkeiten für größere Mengen Bibeln einrichten könnt."

Lili kannte Mei-Ling und Chan gut. Sie waren beide unverheiratet, gehörten zu einer Hausgemeinde in der Nachbarschaft und waren für ihre tiefe Hingabe an Gott bekannt.

Lao Zhao war Lili erst einmal kurz begegnet. Die meisten nannten ihn einfach „den Alten". Er war ein Christ in Yuxin und der ärmste Mann dieser Stadt. Nach der kommunistischen Machtergreifung 1949 hatten die Parteikader, die nicht wussten, dass er Christ war, beschlossen, ihn zu einem Aushängeschild für ihre Sache zu machen, und ihm das größte Haus im Dorf geschenkt, dazu (obwohl er ledig war) eine Doppelration Reis.

Was machte Lao Zhao mit diesen unverhofften Geschenken? Er benutzte das große Haus als Versammlungsraum für die Christen und gab einen Großteil seiner Reisrationen an andere Christen weiter, die hungerten. Als die Kommunisten merkten, was er da tat, nahmen sie ihm das Haus wieder weg und steckten ihn für mehrere Jahre ins Straflager. Jetzt wohnte Lao Zhao ganz allein in einer kleinen Hütte. Lili freute sich darauf, ihn wieder zu besuchen.

Chan und Mei-Ling strahlten, als sie Lili begrüßten. Chan war ein großer, sportlicher junger Mann; Mei-Ling war klein, wie Lili, aber mit einem Engelsgesicht, dessen Schönheit niemand vergessen konnte, der es einmal gesehen hatte. Bei einer Tasse Tee berieten die drei sich über Mama Kwangs Vorschlag.

Lili begann mit einem Gebet um Gottes Führung. Dann erklärte sie den beiden, dass geplant war, eine Million chinesische Bibeln nach China zu schmuggeln. Chan und Mei-Ling bekamen große Augen. Lili erklärte weiter, dass ihre Aufgabe darin bestehen würde, die Weiterleitung der Bibeln in die verschiedenen chinesischen Provinzen zu koordinieren.

„Das ist wunderbar und klingt sehr einfach", sagte Chan. „Aber wie lange soll die Aktion dauern?"

„Wir gehen davon aus, dass die Auslieferung der Bibeln schnell vor sich geht", erwiderte Lili. „Aber bis zu einem Jahr kann es schon dauern, je nachdem, wie intensiv die Partei und die Polizei uns vor Ort überwachen."

Mei-Ling wollte wissen, wie viel sie reisen musste, wenn sie die Aufgabe übernahm.

„Ziemlich viel", antwortete Lili. „Wir werden mit Hauskirchen-Netzwerken in so ziemlich jeder Provinz arbeiten. Ich kann nicht das ganze Land alleine versorgen! Aber durch diesen ungewöhnlichen Dienst werdet ihr mithelfen, dass die Kirche in unserem Land wachsen kann. Mama Kwang hat zugesagt, uns alle drei finanziell zu unterstützen und für unsere sämtlichen Reisekosten aufzukommen.

Nur vor einem muss ich euch warnen: Das Risiko wird sehr hoch sein. Ihr wisst ja, dass Christen, die Bibeln aus dem Ausland verteilen, bei den Behörden und der Polizei nicht gerade beliebt sind."

Chan sah sie an und sagte: „Lili, schon bevor du kamst, haben wir zusammen für mehr Bibeln gebetet! Wir freuen uns sehr, bei diesem großen Projekt mitzuhelfen!"

Mei-Ling nickte zustimmend. „Kurz bevor du vorhin angeklopft hast, haben wir zusammengesessen und den Chorus gesungen, den Mama Kwang geschrieben und uns beigebracht hat."

Lili kannte das Lied gut. Die drei sangen es spontan, die Herzen voll freudiger Erwartung:

> „Herr, schicke uns Bibeln, dein liebliches Licht,
> deine Liebe und Lehre und göttliches Wort.
> Dein Wort wird uns leiten, das ist ganz gewiss,
> den Weg uns erleuchten auf der Reise nach Haus."

Dann stellten sie sich im Kreis auf, nahmen sich an den Händen und beteten. Sie baten Gott, ihnen bei ihrem Teil an diesem großen Unternehmen zu helfen. Nach dem letzten „Amen" berichtete Lili: „Mama Kwang möchte, dass wir zuerst Lao Zhao besuchen, bevor wir anfangen."

Es war eine Stunde Fußweg zur Hütte des Alten, der sie herzlich willkommen hieß. Seine Haut war schlaff und faltig, aber die Augen über dem verfilzten weißen Bart leuchteten jungenhaft. Er machte sofort Feuer, um Tee zu kochen. Bei der Brücke über den Fluss hatte Lili ein paar ofenfrische *Baodze* gekauft, eine Art Knödel mit Hackfleisch, eines der chinesischen Nationalgerichte.

„Der Herr hat mir gesagt, dass ich heute Besuch bekomme", sagte Lao Zhao. Die drei jungen Leute sahen sich ungläubig an. Während sie ihren Tee tranken, erzählte der Alte ihnen mit seiner dünn gewordenen Stimme die alten, längst bekannten Wundergeschichten aus seiner Haft, denn wer ihn besuchte, wollte sie doch sicher hören …

„Als ich ins Gefängnis kam, gab es nur dünne Suppe, von der man nicht satt werden konnte. Eines Tages, als ich wieder mit dem Herrn redete, erwähnte ich, wie schön es wäre, einmal ein Ei zu bekommen. Vier Tage später – ich hatte mein Gebet schon wieder vergessen – sah ich morgens beim Aufwachen etwas auf dem Boden liegen. Es war ein Ei. Ich hob es auf. Es war tatsächlich ein Ei und keine Fata Morgana. Ich hatte einen solchen Hunger, dass ich es sofort aufaß. Nach so vielen Tagen Wassersuppe war es das reinste Festessen.

Als ich am nächsten Morgen aufwachte, lag an der gleichen Stelle wieder ein Ei. In der folgenden Nacht blieb ich wach; ich wollte doch sehen, wer es war, der mir Eier in meine Zelle brachte. So gegen drei Uhr morgens hörte ich ein leises Kratzen auf dem Fußboden. Ich rührte mich nicht. Dann kam durch ein kleines Loch in der Wand ein Ei, dicht dahinter eine Maus, die das Ei mit ihrer Nase auf die gleiche Stelle auf dem Fußboden schob. Sie schnupperte und huschte zurück.

Das ging viele Tage lang so. Dann wurde es Herbst, und ich dachte, dass jetzt draußen die Apfelernte sein musste. Das Wasser lief mir im Mund zusammen, wenn ich an Äpfel dachte, und ich betete: ‚Herr, wenn du mir Eier bringen kannst, kannst du mir sicher auch einen Apfel bringen!' Worauf Gott eine andere Maus benutzte, um mir den ganzen Herbst lang jeden Tag die süßesten Äpfel zu bringen, die ich je gegessen hatte. Und im Winter brachte eine Ratte mir Süßkartoffeln und Nüsse. Gott ist so treu!"

Lili unterbrach seinen Redefluss. „Onkel, wir sind gekommen, weil wir deinen Rat brauchen. Mehrere Brüder und Schwestern im Ausland wollen uns eine sehr große Menge Bibeln für unsere wachsenden Gemeinden zukommen lassen, und Mama Kwang lässt dich fragen, wo man in deiner Nachbarschaft eine größere Menge Bibeln lagern kann, bevor sie weiterverteilt werden."

Lao Zhao strich sich über seinen zottigen Bart, dann kam ein Glänzen in seine Augen. „Nicht weit von hier, in Mianbe, kenne ich einen Bruder, der eine Scheune hat. Die könnte man benutzen. Ich werde sie euch zeigen, bevor ihr wieder nach Hause geht. – Keine Angst, ich sag's niemandem weiter; ich bin zwar alt, aber ein Geheimnis für mich behalten kann ich immer noch! Ich werde auch mal bei meiner Nichte in Hexi vorfühlen; sie hat ein großes Lagerhaus."

Als sie sich später am Nachmittag wieder verabschiedeten, bekräftigte der Alte: „Gott ist treu. Er wird uns die Bibeln geben, die wir für unsere wachsenden Gemeinden brauchen. Vertraut ihm, Kinder, und zweifelt nicht!"

Die drei jungen Leute waren begeistert. Sie wussten: Gott, der Geber aller Gaben, würde bald das nächste Wunder tun.

„Lasst uns Freunde zusammentrommeln, denen wir vertrauen können, und drei Tage lang für die Sitzungen des Planungsteams in Manila beten und fasten", schlug Lili vor.

Manila, Montag, 8. Dezember 1980

Die sechs Männer des „inneren Kreises" hatten sich in Dougs Wohnzimmer versammelt. Die Atmosphäre knisterte vor gespannter Erwartung; es war Zeit, mit den konkreten Planungen für das Projekt Perle zu beginnen.

Doug begann mit mehreren Anbetungsliedern. Er sang für sein Leben gern und vergaß seine Lieblingslieder nie. Dann meinte er: „Gut, Leute. Ich habe Pablo gebeten, Koordinator dieses Projekts zu sein. Das bedeutet, dass er auch die Protokolle unserer Treffen erstellen wird. Und ich habe Keith zu unserem Projektseelsorger ernannt. Durch sein Rückenleiden kann er ja körperlich nicht so viel machen, aber er hat sich bereit erklärt, für alle geistlichen Aspekte dieses Projekts zuständig zu sein. Er möchte uns bis zum Ende des Unternehmens begleiten, wenn alle Bibeln ausgeliefert sind. Er wird die Gebetsunterstützung organisieren, und ich habe ihn auch gebeten, heute Morgen unsere erste Projektandacht zu leiten."

Keith schaute in die Runde und fing an: „Ja, Brüder, ich glaube, ich bin noch aufgeregter als ihr. Ich kann ihn nicht erwarten, den Tag, wo Gott für uns die Sonne stillstehen lässt – oder wer weiß, vielleicht ist es diesmal der Mond!" Er lachte leise. „Und jetzt schlagt eure Bibeln auf, Epheser 1. Wir lesen das Gebet des Apostels Paulus in den Versen 15 bis 23. Ich schlage vor, wir lesen reihum, jeder einen Vers. Pablo, bitte fang an, und dann Jim, Bill, Joseph, Doug und ich."

Sie lasen den Text. Keith fuhr fort: „Ich glaube, der Herr selber hat mir diesen Abschnitt in Epheser 1 gezeigt, vor allem die Verse 19 und 20, in denen Paulus über die große Kraft Gottes spricht. Es ist die Kraft, ‚mit der er Christus von den Toten auferweckte'. Ich verstehe dies so: Was immer wir mit unserem Projekt Perle erreichen, kann nur durch Gottes Kraft geschehen – dieselbe Kraft, mit der er Jesus aus dem Grab auferweckt hat. Sicher, wir müssen das Unsere tun und planen und vorbereiten, aber wir dürfen uns nie der Illusion hingeben, dass dies *unser* Projekt ist und dass *wir* das schaffen werden. Das Projekt Perle gehört Gott, und es wird durch *seine* Kraft gelingen oder gar nicht. Das Schöne ist, dass wir seine Mitarbeiter sind. Wir werden Gottes Kraft in Aktion erleben!"

Die anderen Männer nickten begeistert. Als Keith fertig war, hielten sie eine Gebetsgemeinschaft. Dann stand Doug auf und trat neben die Flipchart in die Mitte des Raums. „Danke, Keith", sagte er. „Ich staune immer wieder, wie Gott zu dir und durch dich spricht.

Brüder, Gott kann zu jedem von uns sprechen. Vergesst nicht, bei unseren Besprechungen in den nächsten Monaten die Bibelstellen oder Botschaften, die Gott euch geschenkt hat, weiterzugeben. Bill, bitte berichte uns morgen früh, was Gott dir durch die Bibel über deine Rolle in unserem Team gezeigt hat.

Ich kann nicht oft genug betonen, dass bei diesem Projekt Verschwiegenheit mit das erste Gebot ist. Ich möchte euch bitten, das, was wir heute hier miteinander besprechen, keinem der übrigen Leute von Open Doors Asien weiterzuerzählen, noch nicht mal euren Frauen."

„Entschuldige, Doug", sagte Keith. „Sag mir bitte nichts, was Sue nicht wissen darf. Wir haben keine Geheimnisse voreinander!" Die anderen im Kreis nickten zustimmend.

Dougs Stirn legte sich in besorgte Falten. „Gut, ihr wisst, was ich meine. Sagt euren Frauen nur das, was sie wissen müssen. Wir müssen täglich Verschwiegenheit üben. Ich werde bis zum Schluss des Projekts darauf bestehen, auch wenn es euch vielleicht auf die Nerven geht."

Er fuhr fort: „Wir sind sehr dankbar, dass wir Jim Schmook mit in unserem Team haben. Er war bei der Marine und ist Hobbysegler. Bill, damit haben wir einen zweiten Mann an Bord, der sich mit dem Meer auskennt!" Bill lächelte und nickte.

„Jim ist Berater für den Programmbereich von ODI. Er ist eigentlich Unternehmensberater, aber er hat Urlaub genommen, um uns zu helfen. Ich habe ihn gebeten, seine Gaben voll einzubringen und uns alles zu sagen, was Gott ihm aufs Herz legt. – Jim, du bist heute der Erste auf der Tagesordnung."

Jim stand auf und trat neben die Flipchart, auf seinem Gesicht ein schüchternes Lächeln, in der einen Hand eine Coladose. Mit seinem militärischen Bürstenhaarschnitt, seinen Jeans, den Leinenschuhen und dem tadellos gebügelten kurzärmeligen Hemd sah er um etliche Jahre jünger aus, als er war.

Er begann: „Doug, ich kann nur sagen: Ich liebe deinen Weitblick. Als ich das erste Mal von diesem Projekt hörte, wusste ich: Da musst du mitmachen! Mir geht es da wohl nicht anders als euch. Seit meinem ersten Kuriereinsatz vor zwei Jahren sind Bibeln für China mein ganz großes Anliegen.

Bei diesem Einsatz sollten wir die Bibeln in einem Park in der Nähe des Hotels deponieren. Die Hotelzimmer wurden abgehört, sodass wir dort nicht offen reden konnten. Als wir die Bibel lasen und beteten, musste ich plötzlich an 2. Korinther 4,7 denken: ‚Wir haben diesen Schatz in tönernen, zerbrechlichen Gefäßen …' (Übersetzung: Bruns). Ich wusste nicht, was das bedeuten sollte, und ging in den Park, um mich dort umzusehen.

Wir gingen durch den ganzen Park, um eine geeignete Stelle zu finden, wo wir die Bibeln verstecken konnten. Dann setzte ich mich auf eine niedrige Mauer, um nachzudenken. Ich schaute nach rechts und nach links, und was sah ich, keine zehn Meter entfernt? Mehrere große Ziergefäße aus Stein, die wie Urnen aussahen. Mit einem Mal wusste ich, wo wir unsere Bibeln verstecken konnten. Wir gingen auf unser Zimmer zurück, und am Abend, als es dunkel war, versteckten wir die Bibeln in den ‚irdenen Gefäßen'. Wir gaben unseren Kontaktpersonen Bescheid, und noch in der gleichen Nacht holten sie die Bibeln ab.

Ich war begeistert, als ich in Pablos Projektbeschreibung las, dass die Gläubigen in China diesmal die Lieferung auf dem Seeweg vorgeschlagen haben. Für alle Fälle hab' ich schon mal acht gute Sprechfunkgeräte besorgt.

Aber jetzt zu dem, was ich heute mit euch machen möchte. Ich finde, wir sollten unsere Planungen damit beginnen, dass wir uns ein paar andere Geheimunternehmen anschauen – erfolgreiche und gescheiterte –, bei denen ebenfalls

Ausländer beteiligt waren, und sehen, was wir aus ihnen lernen können. Ich möchte beginnen mit der gescheiterten Landung der Amerikaner in der Schweinebucht auf Kuba 1961. Das US-Militär hat mittlerweile einen Bericht über die damals gemachten Fehler freigegeben. Ich möchte euch diese Fehler vorstellen und mich dann mit euch darüber unterhalten."

Jim begann, auf die Flipchart zu schreiben:

„Lektionen aus dem Schweinebucht-Fiasko

1. Es wurde nicht untersucht, ob es überhaupt möglich war, Castro zu stürzen. Seine Macht und Beliebtheit wurden unterschätzt.
2. Die Organisatoren stürzten in die *Team-Falle:* 50 der angeblich besten und erfahrensten Leute planten die Operation, doch später gaben viele von ihnen an, gar nicht für das Unternehmen gewesen zu sein.
3. Der militärische Oberbefehlshaber, Präsident Kennedy, war unzureichend informiert – zum Teil, weil er Gegenstimmen von vornherein zum Schweigen brachte.
4. Die CIA bezog ihre Informationen von Exilkubanern, die behaupteten, Insiderwissen zu haben, aber über vieles (z. B. die Riffe) nicht Bescheid wussten.
5. Die US-Regierung war sich nicht im Klaren über die Auswirkungen von Entscheidungen, die nach Beginn des Unternehmens getroffen wurden (z. B. Kennedys Weigerung, die an der Küste hängen gebliebene Invasionstruppe aus der Luft zu unterstützen).
6. Die Zusammenarbeit der verschiedenen Regierungsstellen war mangelhaft.
7. Es gab keine ausreichenden Notfallpläne.
8. Die Folgen eines Scheiterns wurden von allen Beteiligten unterschätzt."

Eine geschlagene Stunde überlegten sich die Männer, was für Schlussfolgerungen sie daraus für das Projekt Perle zu ziehen hatten. Es war eine echte Übung für die grauen Zellen, die dieses Team, das heute zum ersten Mal gemeinsam arbeitete, noch mehr zusammenschweißte. Über jedes Ergebnis beteten die Sechs. Eine von Dougs Stärken als Diskussionsleiter war die Fähigkeit, den anderen zu vermitteln, dass das Thema einer Besprechung wichtiger war als die Diskussionszeit. Er achtete darauf, dass die Gruppe sich die nötige Zeit nahm, sich mit Gott zu besprechen und zu klaren Ergebnissen zu kommen.

Schließlich sagte Dr. Jim: „Ich möchte unser Projekt lieber mit dem Kommandounternehmen vergleichen, dass die Israelis vor vier Jahren auf dem Flughafen von Entebbe in Uganda durchführten. Entebbe ist ein Beispiel dafür, wie wir es wirklich machen wollen. Ihr erinnert euch sicher: Bei der ‚Operation Thunderbolt' (Donnerschlag) befreiten die Israelis 1976 auf dem Flughafen von Entebbe hundert von palästinensischen und deutschen Terroristen entführte israelische und französisch-jüdische Air-France-Passagiere innerhalb von 90 Minuten. Die Israelis schafften das, weil sie sich exzellent vorbereitet hatten. Wir müssen uns genauso vorbereiten; wir haben noch viele Hausaufgaben zu erledigen, bevor wir startklar sind."

Pablo meinte: „Ehrlich gesagt, ich würde unsere Operation lieber mit dem Flugzeug machen. Nach einem Bericht in der *Manila Times* könnte es im Südchinesischen Meer so etwas wie ein Bermuda-Dreieck geben. Zwischen Mai letztes Jahr und Februar dieses Jahr sind dort drei chinesische Schiffe spurlos verschwunden. Selbst Peking versucht noch, eine wissenschaftliche Erklärung dafür zu liefern; die Chinesen sagen, dass das Zusammenspiel von unterirdischen Strömungen mit warmen Strudeln wohl so etwas wie einen riesigen Whirlpool erzeugt habe."

„Da müssen wir unserem Herrn halt noch mehr vertrauen", lächelte Bill.

Am Nachmittag leitete Dr. Jim eine sogenannte MEM-Übung, bei der es darum ging, *M*ethoden, *E*rgebnisse und *M*ittel detailliert zu untersuchen. Das größte Problem beim Projekt Perle war die Methode. Im Laufe der Diskussion zeigte sich bald, dass Menge und Gewicht der Bibellieferung die Verwendung von Flugzeugen ausschlossen. Einige der Männer schlugen den Einsatz eines großen motorisierten Lastkahns vor, wie sie beim Militär verwendet wurden. Ein solches Schiff konnte buchstäblich bis auf den Strand fahren, und wenn der Sand fest genug war, konnte man sogar einen Gabelstapler oder kleinen Kran benutzen, um die Ladung an Land zu hieven.

Bill hielt dagegen, dass solch ein Fahrzeug zu laut und auffällig wäre.

Dann erzählte Dr. Jim, dass er in einer Expertenkommission in Washington Freunde hatte, die ihm einen Vorschlag für die Lieferung einer Ladung dieser Größe ausgearbeitet hätten. Was für eine Ladung es war und um welches Land es ging, hatten sie nicht erfahren. Er teilte Kopien der detaillierten Skizzen aus, die die Planer ihm mitgegeben hatten.

„Das ist ziemlich kompliziert", erklärte er, „und ich weiß noch nicht, ob es praktikabel ist. Aber lasst es mich erklären. In diesen Plänen werden große Metallfässer mit einem Fassungsvermögen von je 190 Litern mittels langer Schleppseile aus Metall unter Wasser von einem als Schlepper dienenden Fischerboot gezogen, das einen sehr starken Motor hat. Es sind so viele Fässer, dass 200 Tonnen Fracht hineingehen, und die Fässer befinden sich, wie gesagt, die ganze Zeit unter Wasser, sodass sie unsichtbar sind. Sobald das Schiff das Ziel erreicht hat, ziehen wir mit einer Art Winde, die die Schleppseile bedient, die Fässer einzeln ans Ufer."

Es folgte eine lange Diskussion über das Für und Wider eines solchen Plans. Die Gruppe kam schließlich zu dem Schluss, dass das Wider das Für überwog, vor allem, weil man noch nicht wusste, wer die Mannschaft des Fischerboots sein würde und wie man überhaupt an so ein Boot herankommen sollte.

Die Männer gingen verschiedene Varianten durch, mit unterschiedlichen Schiffen und technischer Ausrüstung. Sollte man ein chinesisches Fischerboot benutzen oder vielleicht ein U-Boot oder einen Frachter? Jeder der Vorschläge wurde auf der Flipchart festgehalten und detailliert analysiert. Unter anderem erwiesen sich folgende Kriterien als wichtig:

- Das Schiff musste seetüchtig genug sein, um das Südchinesische Meer zu durchqueren.
- Das Entladen musste ohne Lärm vonstatten gehen.
- Die Weiterleitung innerhalb Chinas musste so einfach wie möglich erfolgen, mit nur einem Minimum an Verpackungsaufwand.

Aber wie, um alles in der Welt, sollte dies mit einer solchen Riesenladung – einer Million Bibeln – gelingen?

4. Der Plan

Am nächsten Tag berichtete Bill in der Morgenandacht zunächst, durch welche Bibelstellen Gott ihn dazu gebracht hatte, sich dem Projekt anzuschließen. Dann erklärte er, warum er davon überzeugt war, dass die Besatzung des Bibelschiffs unbedingt aus Menschen bestehen musste, die Christen und genauso von dem Projekt überzeugt waren wie der „innere Kreis".

Joseph pflichtete ihm energisch bei. Für ihn als Programmleiter für Asien, der mit Kontaktpersonen in China arbeitete, stand bei dem Projekt am meisten auf dem Spiel.

Dr. Jim erklärte sich bereit, christliche Werke zu kontaktieren, die mit Schiffen und Matrosen arbeiteten, um eine aus Christen bestehende Bootsbesatzung für das Projekt zusammenzustellen.

Doug sagte: „Ihr wisst mittlerweile alle, dass meine Lieblingsthemen Geheimhaltung und Überraschungseffekt sind. Jim hat hier wieder etwas für uns vorbereitet."

Dr. Jim trat an die Flipchart und begann, die Punkte aufzuschreiben, die nach Meinung des Planungsteams für die erfolgreiche Durchführung von Projekt Perle erforderlich waren:

„Erfolgskriterien

1. Unauffälliges Aussehen (für die Gegend typische Boote).
2. Überraschungseffekt – Standardroute, mit Änderung in der letzten Minute.
3. Genügend Personen, die die Ladung in China in Empfang nehmen.
4. Vorkehrungen für sofortigen Transfer der Ladung an sichere Orte.

5. Systematischer Plan für die Verteilung der Bibeln.
6. Empfänger müssen bereit und fähig sein, die gesamte Ladung abzufertigen.
7. Der Strand für die Landung muss groß genug sein.
8. Sichere Zugangswege zum Strand.
9. Gute Team-Kommunikation.
10. Genügend Zeit für nötige Änderungen, Besprechungen und Umplanungen.
11. Koordinierte Informationen über die drei Aspekte des Projekts (seetüchtiges Schiff, lautloses Entladen und minimale Verpackung zur einfachen Weiterleitung der Bibeln)."

Es entspann sich eine lebhafte Diskussion über einige dieser Punkte. Wie viele Empfängerpersonen waren „genügend"? Welche Landungsstelle war „groß genug"? Die Runde begann, sich in die Details der Anlieferung der Bibeln zu vertiefen.

Bill meinte: „Ich habe viel über dieser Sache gebetet, vor allem gestern Abend. Ich bin davon überzeugt, dass unser Plan so einfach wie möglich sein muss. Wie bereits erwähnt, muss das Entladen so schnell und leise wie irgend möglich vor sich gehen, und die Verpackung muss auf ein Minimum begrenzt werden. Wenn wir die Bibeln in Kisten oder Großbehälter packen, liegen die anschließend auf dem Strand herum, und jeder sieht sie.

Ich hätte einen Vorschlag, wie wir es mit einem Minimum an Risiken hinkriegen. Als Lil und ich vor zwei Monaten nach Shantou fuhren, um uns schon einmal dort umzusehen, sahen wir im Hafen jede Menge Schlepper liegen. Ich schlage vor, wir besorgen uns einen Schlepper, der dann einen Lastkahn mit den Büchern zieht. Auf beiden Schiffen können wir kleine Boote mitnehmen, mit denen wir nach der Ankunft die Ladung an Land rudern können."

„Sehr interessant, Captain", sagte Doug. „Mach bitte weiter."

„Zuerst ein paar Worte zu dem Schlepper. Er wird einen starken Motor benötigen – sagen wir, 1000 PS –, um über 200 Tonnen über das offene Meer zu ziehen. Der Bug muss hoch genug sein für das Fahren auf hoher See. Das größte Problem bei so einem Schlepper ist, genügend Raum für eine größere Mannschaft zu haben. Auf einem seetüchtigen Schlepper sind normalerweise sechs Mann Besatzung, aber ich schätze, wir werden an die zwanzig brauchen. Es wird nicht leicht sein, einen Schlepper zu finden, der so groß ist."

„Warum lassen wir uns nicht einfach einen bauen?", fragte Pablo.

Bill grinste. „In welchem Jahr wolltest du das Projekt noch mal machen? Unter sechs Monaten Bauzeit kriegen wir so ein Ding nicht, und im Juni beginnt die Taifunsaison."

„Lassen wir Bill erst mal zu Ende reden, und dann analysieren wir seinen Vorschlag Schritt für Schritt", warf Doug ein.

„Das allergrößte Problem ist der Lastkahn, den der Schlepper ziehen soll", sagte Bill. „Wir müssen ihn so nahe an den Strand bugsieren wie möglich, was bedeutet, dass wir bei Flut ankommen müssen und einen Sandstrand mit nicht zu vielen Steinen brauchen. Hier auf den Philippinen könnten wir kurzfristig einen großen Kahn für Aquarien bauen lassen, wie es noch keinen gegeben hat. Offiziell wird er natürlich dem Transport von Aquarien dienen, und auf dem Vorderdeck könnten wir, damit jeder sie sieht, zwei richtige große See-Aquarien aufstellen. Das Hauptdeck würde exakt so dimensioniert sein, dass wir die zu Blöcken verpackten Bibelpakete dort verstauen können.

Die Blöcke werden dann wasserdicht verpackt und eingeschweißt und mit einem Kran auf den Kahn geladen. Die Türen so eines Lastkahns befinden sich gewöhnlich an Bug und Heck. Bei unserem werden sie an den Seiten sein, und zwar so, dass man sie elektrisch herunterklappen kann. Aber das Ungewöhnlichste an unserem Kahn wird Folgendes sein: Unter Deck wird er Tanks haben, die wie bei einem U-Boot oder im Trockendock mit Wasser geflutet werden können. Auf diese Weise können wir den Kahn so weit sinken lassen, dass das Deck von Wasser bedeckt ist, und wenn wir die Türen öffnen, fallen die eingeschweißten Bibelpakete von alleine nach draußen ins Wasser, worauf wir sie aneinanderbinden und das Ganze mit kleinen Booten ans Ufer ziehen. Anschließend pumpen wir das Wasser wieder aus den Tanks heraus, sodass der Kahn sich wieder hebt, und fahren zurück. Ich schätze, zwanzig Mann könnten dieses Manöver in etwa einer Stunde durchführen – falls nichts schiefgeht, natürlich."

Die Stille im Raum war greifbar, man sah förmlich die Köpfe arbeiten. Dann kamen die Fragen. Den Rest des Tages verbrachte die Gruppe damit, sie zu beantworten und Bills Plan Schritt für Schritt auf Herz und Nieren zu prüfen. Jim bohrte nach, ob die wasserdichten Bibelpakete auch wirklich schwimmen würden.

Nachdem sie gebetet hatten, waren die sechs Männer überzeugt, dass Bills Plan von Gott kam. Alle stimmten ihm zu – unter der Bedingung natürlich, dass zunächst alle Einzelheiten genau geklärt würden.

Bill wurde es mulmig, als Doug den Tag mit dem Satz beschloss: „Wir sollten in etwa sieben Monaten mit dem Projekt fertig sein."

Am dritten Tag ging das Planungsteam nach der Morgenandacht daran, die verschiedenen Einzelschritte und -aufgaben festzulegen. Wer sollte wofür zuständig sein?

Als Erstes kam man überein, dass man die für dieses hochbrisante, geheime Unternehmen nötigen Schiffe nicht mieten konnte; man würde sie kaufen müssen, und das wiederum bedeutete gewisse Probleme im Blick auf Lizenzierung der Offiziere und Besatzung.

Als Nächstes brachte Doug den Punkt „Geheimhaltung und Tarnung" zur Sprache. „Captain Bill hat sich bereit erklärt, unser Projekt als Vorhaben seiner Firma ‚Sea Biosystems' zu tarnen; sie wird sozusagen unser juristischer Schutzschild sein. Wir werden so tun, als ob der Schlepper und der Kahn für ozeanografische Forschungen benötigt würden. Wenn uns jemand wegen der Ladung befragt, antworten wir ihm, dass wir Bücher für einen Kunden transportieren, zur Finanzierung unserer Projekte.

Apropos Bücher: Es sieht so aus, als ob wir die Bibeln beim amerikanischen Verlag Thomas Nelson in Nashville in Tennessee drucken lassen werden. Pablo und ich haben bereits bei mehreren anderen Verlagen und Druckereien in Japan, Südkorea und Südostasien wegen Voranschlägen vorgefühlt, und die meisten von ihnen würden recht lange brauchen, um so viele Exemplare zu drucken. Ich setze mich noch mit dem Weltbund der Bibelgesellschaften in New York in Verbindung, ob wir ihre Druckplatten für die ‚Einheitsversion' mit den vereinfachten chinesischen Schriftzeichen benutzen können.

Nelson verfügt über zwei Druckereistandorte. Wenn diese Druckerpressen Tag und Nacht laufen, können sie die Bibeln bis Ende Februar an jeden beliebigen Ort in den USA liefern. Jede Bibel wird etwa ein halbes Pfund wiegen, und das geschätzte Gesamtgewicht wird über 200 Tonnen betragen. Nelson verlangt nur 1 1/4 Million Dollar zuzüglich Versandkosten."

Die Männer schauten einander an; erst jetzt dämmerte ihnen, auf was für ein Riesenprojekt sie sich da eingelassen hatten.

Doug fuhr fort: „Ich muss noch mal zu Nelson, um die Sache endgültig unter Dach und Fach zu bringen. So, wie es jetzt aussieht, wird jede Bibel etwa das Format 14 x 9 x 2 cm haben."

Bill überschlug rasch, dass das ein Gesamtladungsvolumen von über 280 Kubikmeter ergab. „Das ist ja so groß wie ein zweistöckiges Einfamilienhaus in Amerika!", rief er aus.

Dr. Jim meldete sich: „Doug, ich helfe dir bei der Suche nach einer Verpackungs- und Logistikfirma in Amerika, die uns die Bibeln so zu eingeschweißten Blöcken verpackt, wie wir es brauchen."

„Ich glaube, an eines haben wir noch nicht gedacht", warf Joseph ein, „nämlich die Größe und das Gewicht der Kartons für die Verteilung vor Ort. Es mag ja sein, dass unsere chinesischen Brüder große Pläne haben, Fahrzeuge einzusetzen, aber die meisten dieser Bibelkartons werden wohl früher oder später zu Fuß transportiert werden, an den guten alten Bambusstangen, die die Träger sich auf die Schultern hieven. Ich finde, es sollten pro Karton nicht mehr als 90 Bibeln sein. Das ergibt pro Karton 20 Kilogramm, und von den Dingern kann man zwei mit so einer Schulterstange tragen oder auch rechts und links an den Gepäckträger eines robusten Fahrrads schnallen."

„Gut, Joseph", sagte Bill. „Das bedeutet also, dass wir – warte mal –, ja, wenn wir die Blöcke zwei Tonnen schwer machen, sind das 96 Kartons, und wir brauchen also 116 Blöcke. Was bedeutet, dass wir noch 2.240 Bibeln mehr drucken müssen, Doug. Und sobald wir die genaue Größe der Kartons wissen, können wir die exakte Deckfläche des Lastkahns festlegen."

„Um die Kartongröße kümmere ich mich sofort", versprach Doug. „Und dir, Bill, stelle ich Pablo an die Seite, um einen geeigneten Schlepper aufzutreiben und eine Werft für den Bau des Lastkahns zu finden."

Captain Bill nickte und fügte hinzu: „Und ich werde in meinen freien Minuten in unserem *Paradise* Platz zur Unterbringung der Schlepperbesatzung schaffen, damit die Leute sobald wie möglich kommen und schon mal üben können."

„Und noch was", sagte Joseph. „Als Ablenkungsmanöver sollten wir natürlich in den nächsten sieben Monaten unser Koffer-Kurierprogramm ausweiten, was für Frank in Hongkong und Keith in Japan zusätzliche Arbeit bedeutet."

„Das ist eine gute Idee", meinte Doug.

Unter Dr. Jims Leitung gingen die sechs abschließend den Plan noch einmal in umgekehrter Richtung, von hinten nach vorne, durch, um sicherzugehen, dass sie auch bestimmt nichts übersehen hatten. Alle stimmten überein, dass das Team noch mehr Informationen benötigte, bevor es die endgültigen taktischen Entscheidungen im Blick auf die Lieferung treffen konnte, und Joseph wurde beauftragt, den ins Auge gefassten Strandabschnitt in China nochmals zu besuchen. Er sollte bei Ebbe so weit ins Wasser hinausgehen wie möglich und von dort aus Panoramaaufnahmen vom Strand machen. Er sollte ferner die Beschaffenheit des Sandes auf dem Grund der Bucht und am Strand untersuchen (bei Ebbe und bei Flut), die Wassertiefe bei Flut prüfen sowie nach etwaigen Riffen oder sonstigen Hindernissen unter Wasser Ausschau halten.

Wichtig zu wissen war auch, was für Schiffe die Stelle an einem typischen Tag bzw. in einer typischen Nacht passierten. Waren es nur Frachter oder auch Schleppkähne? Wie sah es mit Küstenwache und Fischerbooten aus? Nicht zuletzt sollte Joseph herausfinden, was die Menschen, die in der Nähe wohnten, abends nach Einbruch der Dunkelheit normalerweise machten. Und er sollte sich nochmals mit Lili und ihrem Team treffen und ihnen bei der Planung der Bibelverteilung helfen. Wären sie bereit, dem einlaufenden Schlepper gegebenenfalls durch Lichtsignale den Weg zu weisen?

Als Nächstes überlegten die sechs Männer, was für Beiboote man benutzen sollte, um die Blöcke mit den Bibelpaketen ans Ufer zu schleppen. Sie fanden schließlich, dass zwei Boston Whaler aus Glasfaser das Beste wären, vor allem für den Fall, dass eine rasche Flucht notwendig wurde. Diese robusten, unsinkbaren kleinen Motorboote waren selbst in rauester See für 80 Stundenkilometer gut – in der Nähe von Shantou, dem südlichen Kriegshafen der chinesischen Marine, ein nicht zu verachtender Vorteil.

Bill erklärte sich bereit, nach Kalifornien zu fliegen, um die Beiboote sowie die nautische und ozeanografische Ausrüstung, die die Mannschaft benötigen würde, zu ordern.

„Und jetzt", sagte Doug, „müssen wir noch unser Leitungssystem festlegen. Ich habe bereits Joseph und Pablo gebeten, die organisatorische Koordinierung des Projekts zu übernehmen – Joseph innerhalb Chinas, Pablo außerhalb. Aber unser Kapitän und der, der die praktische Durchführung des Projekts unter sich hat, sollte Bill sein. Jim hat sich schon bereit erklärt, den Ersten Offizier zu machen."

Alle außer Bill nickten; dieser räusperte sich und begann: „Nun, zurzeit habe ich zwar keine offizielle Kapitänslizenz, aber ich bin bereit, auf See den Kapitän und die letzte Autorität zu übernehmen. Ich habe auf einer früheren Expedition einen Mann verloren, und ihr versteht es hoffentlich, wenn ich die Sicherheit auf See sehr ernst nehme. Ich heiße auch Jim als Ersten Offizier auf der Brücke willkommen. Als Zweiten hätte ich gerne Pablo. Er wird die übrige Mannschaft unter sich haben und unser Bordfunker und Kassenwart sein. Wir drei werden uns auch bei der Wache auf der Brücke ablösen.

Doug, du wirst unser Kommodore und damit mein Stellvertreter. Wir sorgen dafür, dass ihr, du und Keith, unser Seelsorger, ein brauchbares Quartier auf dem Schlepper bekommt."

Jeder schrieb sich seine „Hausaufgaben" auf, und man vereinbarte eine zweite Besprechung für den 2. bis 4. Februar in Manila.

„Und vergesst nicht unser Geheimhaltungsabkommen", erinnerte Doug die anderen.

Südkalifornien, Sonntag, 28. Dezember 1980

„Schön, dich wiederzusehen, Captain", meinte Keith Ritter. Er stand mit seiner Frau Sue am Gepäckband des Flughafens von Los Angeles. Sie waren über Weihnachten von Japan nach Hause gekommen. Bill kam in die USA, um die Ausrüstung für das Projekt Perle zu kaufen.

„Und euch auch. Wie lange musstet ihr warten?"

„Nicht lange", sagte Keith mit seinem üblichen warmen Lächeln. „Was sind deine Pläne?"

„Als Erstes", erwiderte Bill, „muss ich einen Händler finden, der Boston Whaler verkauft. Danach brauche ich eine Taucherausrüstung und diverse kleinere Sachen."

„Nach Händlern für Boston Whaler können wir im Telefonbuch schauen“, meinte Sue. „Aber zuerst möchten wir dich zum Essen einladen. Hast du schon mal vom Chart House Restaurant gehört?“

„Nein. Bin seit Jahren nicht mehr in dieser Gegend gewesen.“

Keith lenkte das Auto die Strandstraße entlang nach Süden, wo Bill und Lil über 20 Jahre lang gewohnt hatten, bevor es sie auf die Philippinen zog. Das Chart House Restaurant war in der Nähe des alten Piers, einem Viertel, das in Bill viele alte Erinnerungen hochkommen ließ. Die Gaststube war mit Motiven aus der Seefahrt dekoriert, die Tischdecken waren laminierte Seekarten.

Der Kellner führte sie zu einem Fenstertisch, und bald konnten sie sich bei einer gemütlichen Mahlzeit über das Projekt austauschen. Bill sagte Keith und Sue, dass er vorhatte, Dr. Jim und seine Frau zu besuchen, um die Verpackung der Bibeln im Detail durchzusprechen.

Plötzlich rief Sue aus: „Schaut euch doch mal die Seekarte auf unserem Tisch an!“ Die Männer schoben ihre Teller und Gläser von der schwach beleuchteten Tischplatte – und sahen eine Seekarte der Philippinen. Direkt unter Captain Bills Wasserglas war Puerto Galera auf Mindoro, wo sein Hausboot „Paradise“ lag.

„Jetzt bin ich platt!“, rief Bill aus, „Wenn das ein Zufall ist, heiß’ ich Oskar!“

Sie beendeten ihr Mahl. Keith, der merkte, wie müde Captain Bill war – der Zeitunterschied zwischen Kalifornien und den Philippinen machte sich bemerkbar –, sagte: „Ich kenne ein kleines Hotel in der Nähe, das dir gefallen wird.“

Am nächsten Morgen wurde Bill zeitig wach und machte einen Spaziergang. Er entdeckte, dass ein Boston-Whaler-

Händler gar nicht weit vom Hotel war. Gleich nach dem Frühstück, als der Laden öffnete, ging er hin.

Als er in den Ausstellungsraum trat, sah er zu seiner Überraschung Bob Mistra, einen alten Bekannten. „Hallo, ich bin Bill Tinsley“, sagte er. „Erinnerst du dich an mich?“

Bob war vor über 25 Jahren nebenberuflich Taucher im Delphinarium Pacific Marineland bei Los Angeles gewesen, wo Bill damals arbeitete. Jetzt war er der Besitzer der Werksvertretung für Boston Whaler. Er musterte Bill eingehend, dann sagte er: „An den Namen erinnere ich mich schon, aber – vielleicht ist es dein graues Haar, irgendwie siehst du anders aus!“

Bill grinste. „Das kann einem passieren nach 25 Jahren!“

Sie unterhielten sich über die alten Zeiten, tauschten Namen von Tauchkameraden aus. Dann erklärte Bill, dass er ein paar Sachen kaufen wollte.

Bob sagte prompt: „Ich gebe dir 30 Prozent auf alles, und bei ein paar Sachen kann ich dir noch mehr geben!“

Bill schickte ein stummes Dankeschön zum Himmel.

Im Laufe der folgenden Tage kaufte er Taucherausrüstungsgegenstände, zwei superschnelle Boston Whaler sowie drei Schlauchboote von Zodiac mit kleineren Außenbordmotoren. Die beiden Boston Whaler waren vom 6,70 Meter langen Modell „Outrage“ mit 235 PS starkem Außenbordmotor. Bill erstand auch diverse ozeanografische Ausrüstungsgegenstände – die Tarnung für das große Projekt. Als er fertig war, hatte er nach Abzug der Rabatte über 100.000 Dollar ausgegeben. Doch Gott sorgte dafür, dass alles bezahlt war, als er eine Woche später zurück nach Asien flog.

New Manila, Montag, 5. Januar 1981

Wie immer am ersten Arbeitstag eines neuen Jahres rief Doug die gesamte Asien-Mannschaft von Open Doors zu einem Gebetstag in einem Gästehaus zusammen. Er, seine Frau Judy und sein Sohn Douglas junior hatten dort eine Wohnung im Obergeschoss, über den Gästezimmern der Pension.

Doug begann seine kleine Neujahrsandacht. „Gott hat mir gezeigt, dass ich mit euch über die Reparatur der Mauern Jerusalems durch Nehemia sprechen soll. Das Unternehmen dauerte ganze 52 Tage. Als Erstes betete Nehemia, dann informierte er sich über die Lage in Jerusalem. Aufgrund dieser Informationen erstellte er einen Plan, den er ungeachtet vieler Kritik und Drohungen durchzog.

Ich habe den Eindruck, dass wir hier für unser Projekt Perle etwas lernen können. Aber der Heilige Geist sagt mir, dass wir nicht 52 Tage brauchen wie damals bei den Mauern Jerusalems, sondern das Doppelte."

Pablo schlug überrascht seinen Kalender auf und begann zu zählen. In 104 Tagen wäre der 19. April, der Ostersamstag. Er dachte an die erste Besprechung des Planungsteams zurück und was Keith damals über Epheser 1,19-20 gesagt hatte. „Es ist die Kraft, ‚mit der er Christus von den Toten auferweckte' ..." Ostersonntag, Gottes Kraft und Projekt Perle! Der Zusammenhang ging ihm erst in diesem Augenblick auf. Er spürte eine solche Energie, dass der letzte Teil der Andacht an ihm vorbeirauschte.

Kaum war die Andacht zu Ende, trommelte Pablo den „inneren Kreis" in Dougs Büro zusammen (nur Captain Bill und Dr. Jim waren nicht da) und berichtete aufgeregt, was er entdeckt hatte. Dougs Zeitplan legte den Zeitpunkt der Lieferung der Bibeln direkt in die Osterzeit – die Zeit, wo die Christen die Kraft Gottes feiern, mit der er Christus von den Toten auferweckt hatte.

Keith war genauso begeistert wie Pablo. „Das Puzzle fügt sich zusammen!“, rief er aus. „Gott will seine Kinder in China zu Ostern dieses Jahres mit seinem Wort segnen!“

***

„Bist du dir darüber im Klaren, unter was für einen Druck mich das setzt?“, fragte Bill Pablo, als er in der folgenden Woche aus den USA zurückgekehrt war. Die beiden saßen im Alfredo und aßen ihr gegrilltes Hähnchen. „104 Tage, das heißt – jetzt sind es nur noch 96! Wenn wir da kein Wunder brauchen! Wir haben den Schleppkahn noch nicht geordert, und von der Besatzung des Schleppers ist noch kein Einziger da. Soweit ich weiß, gibt es noch gar keine Besatzung.“

„Na ja, wir erwarten ja *eine Million* Wunder“, sagte Pablo. „Das sind dann halt zwei davon!“

„Wenigstens habe ich jetzt detaillierte Baupläne für den Schleppkahn“, antwortete Captain Bill. „Ich hab sie während des Rückflugs fertig gezeichnet. Ich bin der festen Überzeugung, dass der Heilige Geist selber mir die Ideen gegeben hat. Ich schlage vor, wir sprechen heute Nachmittag bei ‚EEI Engineering‘ vor; die haben mir den günstigsten Voranschlag gemacht. Wir müssen mal sehen, ob es ihnen möglich ist, das Ding in weniger als den üblichen 120 Tagen zu liefern, bis spätestens Ende März.“

Pablo fügte hinzu: „Und morgen müssen wir uns um den Schlepper kümmern und eine entsprechende Anzeige in die Zeitungen setzen.“

5. Vorbereitungen

Todd Miller war ein muskulöser, schwarzhaariger junger Mann, der gerne lächelte und eine umgängliche Art hatte. Zu seinen Aufgaben als Vertreter von Open Doors USA im Bundesstaat Georgia gehörte auch die Spendenbeschaffung für das Projekt Perle. Er staunte nicht schlecht, als eines Tages das Telefon klingelte und die Stimme von Doug Sutphen leise sagte: „Todd, pack deine Koffer! Dein Boss, Dr. Ed Neteland, hat dich freigestellt, um mit mir nach Chicago zu fliegen."

Jetzt saß Todd also am Flughafen und trank zum ersten Mal in seinem Leben einen Kaffee mit dem Mann, den man in der Öffentlichkeit als Bruder David kannte.

Die beiden verstanden sich auf Anhieb. Doug war ein angenehmer Gesprächspartner, der viele Fragen stellte und aufmerksam zuhörte, wenn man ihm antwortete. Er erklärte Todd so viel von dem Projekt, wie er für vertretbar hielt, und Todd reagierte sehr positiv.

„Danke, Todd, dass du bei Projekt Perle hilfst", sagte Doug. Dann hielt er inne und sah sich vorsichtig um, ob auch niemand mithörte. „Es gibt hier in den USA ein paar spezielle Aufgaben, die ich gerne unter deine Regie stellen würde. Was sagst du dazu?"

„Gerne, Doug", entgegnete Todd. „Dieses ganze Projekt begeistert mich. Ich wollte schon immer gerne erleben, wie Gott Wunder tut, und du sagst ja, dass es *eine Million* Wunder geben wird!"

Doug nickte lächelnd. Dann schaute er wieder vorsichtig nach links und rechts. „Unser großes Problem ist gerade, jemanden zu finden, der unsere ‚Lieferung' fachgerecht verpacken kann. Ich möchte, dass du da mein Mann vor

Ort bist, als Ansprechpartner für diese Firma. Wir gehen als Erstes zu einer Logistikfirma hier im Großraum Chicago, die fürs Militär arbeitet; sie macht alles, von sehr großen Frachten bis zu streng geheimen Sachen."

Doch der Termin mit dieser Firma brachte kein Ergebnis. Die Firmenleitung war sprachlos, als sie ihr Anliegen vorbrachten, und bat um mehr Informationen, als Doug geben wollte.

Als Doug seinen Gesprächspartnern sagte, er wolle eine große Anzahl Kartons so verpackt haben, dass sie wasserdicht waren und im offenen Meer schwimmen konnten, sagten sie, so etwas hätten sie noch nie gemacht; war dergleichen überhaupt technisch möglich? Es war offensichtlich, dass sie den Verdacht hatten, Doug habe etwas Illegales vor.

Doug und Todd klopften bei weiteren Firmen an, mit dem gleichen Ergebnis. „Eine zu heiße Sache und zu schwierig", schienen ihre Gesprächspartner zu denken. Warum auch immer – diejenigen, die eigentlich die Spezialisten für die Aufgabe waren, wollten nichts mit ihr zu tun haben.

***

„Was machen wir jetzt, Doug?", fragte ein entmutigter Todd.

„Gott wird uns eine Lösung zeigen, Todd", erwiderte Doug. „Ich stehe in intensivem Telefonkontakt mit Dr. Jim. Wir sind zu dem Ergebnis gekommen, dass wir das Verpacken halt selber übernehmen müssen, wahrscheinlich irgendwo an der Westküste."

Todd fand, das ergebe wenig Sinn. *Wie sollen wir das schaffen, wenn Firmen, die viel mehr Ahnung von Logistik haben als wir, uns einen Korb gegeben haben?*, dachte er.

Doug fuhr fort: „Während wir auf eine Lösung für die Verpackung warten, fliegen wir erst mal nach Nashville zu den Druckern und bringen den Druck der Million Bibeln unter Dach und Fach."

Am Flughafen schaute Todd zu, wie Doug mit einer der zwielichtigsten Gestalten sprach, die er seit langem gesehen hatte. Es war wie eine Szene aus einem Spionagefilm. Der völlig verwahrlost aussehende Mann reichte Doug – so, dass niemand es sehen konnte – eine Tasche, und Doug schob ihm ein großes Bündel Geldscheine in die Hand.

„Todd, das hier müssen wir hüten wie unseren Augapfel", flüsterte Doug, als der verdreckte Fremde wieder fort war. „Es sind zwei Infrarot-Nachtsichtbrillen. Kann sein, dass wir sie brauchen werden, aber die Dinger darf außer der Schiffsbesatzung niemand sehen." (Vermutlich waren es sehr leistungsfähige, die nur von Militär oder Polizei benutzt wurden und im Handel nicht erhältlich waren; d. Übers.)

***

Die Tür des Besprechungszimmers beim Verlag Thomas Nelson Bible Publishers war abgeschlossen. Doug hatte darauf bestanden, dass nur die oberste Geschäftsleitung hören durfte, was er zu sagen hatte. Es war ein kleiner, sorgfältig ausgewählter Kreis, der um den Tisch herum saß. Alle kannten sie Bruder Andrew persönlich und waren aktive Freunde der Arbeit von Open Doors.

Doug nahm ihnen zunächst das Versprechen ab, den Inhalt der Besprechung geheim zu halten, dann legte er ihnen den Plan vor. Sie waren zunächst sprachlos.

„Also", schloss Doug, „wir brauchen eine Million Bibeln auf einmal, auch wenn ihr das, wie ihr sagt, noch nie gemacht habt. Wir werden die Bibelpakete von dem Kahn ins Wasser entladen und dann schwimmend ans Ufer befördern. Jawohl, das hat noch nie jemand ausprobiert, aber wir glauben, dass es möglich ist. Bei Gott sind alle Dinge möglich."

Sam Moore, einer der Besitzer des Verlags, meldete sich zu Wort. „Doug, es ist nicht nur so, dass eure ‚Liefermethode' riskant ist. Wisst ihr überhaupt, was der Druck von so vielen Bibeln kostet? Wenn ihr sie nicht bezahlen könnt, kenne ich nicht genügend Leute in China, denen wir eine verkaufen könnten. Und wir sind auch nicht sicher, ob wir den Drucktermin, den du da eben genannt hast, einhalten können. Ihr habt uns das alles nicht gesagt, als Dr. Neteland uns um einen Kostenvoranschlag gebeten hat."

„Damals war für mich Geheimhaltung das oberste Gebot", antwortete Doug. „Ich durfte es einfach nicht riskieren, jemandem zu sagen, worum es bei dem Projekt wirklich geht. Aber ich vertraue auf Gott, dass er nicht nur für die Lieferung sorgen wird, sondern auch für das Geld."

Als das Treffen endete, hatte Doug seine Gesprächspartner von seinem Plan überzeugt. Thomas Nelson Publishers würde, zusammen mit Royal Publishers in Nashville, eine Million chinesische Bibeln drucken und binden. Die Bibeln würden per Lkw an eine Adresse an der Westküste der USA geliefert werden. Die Lieferung würde am 18. Februar beginnen und am 6. März enden.

Philippinen, 21. Januar 1981

„Was denkst du, Captain?", fragte Pablo. Der Lichtkegel seiner Taschenlampe tanzte durch den nach Öl riechenden Maschinenraum. Die beiden inspizierten einen Schlepper in einer Stadt im Norden der philippinischen Insel Mindanao.

Bill studierte die beiden Achtzylinder-Dieselmaschinen und erwiderte: „Das hier sind die reinsten Schluckspechte; wahrscheinlich wollen sie das Ding deswegen loswerden. Für die Entfernungen, an die wir denken, müssten wir erst mal die Tanks vergrößern."

Der Schlepper war kleiner, als sie eigentlich wollten, für den Einsatz in Küstengewässern gebaut und nicht wirklich seetüchtig. Aber allmählich *mussten* sie ein Boot finden!

Pablo bohrte weiter: „Könnten wir das Schiff nicht vielleicht doch gebrauchen? Bis jetzt ist es das Beste, und du weißt ja, wie viele wir uns angesehen haben."

„Na ja, wenn wir den Bug höher machen, größere Tanks und eine Laufbrücke einbauen, könnte es vielleicht gehen."

„Und wie lange würde der Umbau dauern?"

Captain Bill dachte einen Augenblick nach. „Wenn wir uns sofort eine Werft vorknöpfen und es dringend machen, vielleicht dreißig Tage. Aber wir müssten dann auch gleich das Vorschiff so umbauen lassen, das sechzehn Leute dort schlafen können."

„Dann machen wir am besten Nägel mit Köpfen", sagte Pablo, „wir haben schon genug Verspätung." Später, als sie im Flugzeug zurück nach Manila saßen, ging Captain Bill die nötigen Umbauten noch einmal detailliert durch. Dieser Schlepper wäre ein großer Kompromiss, aber die Zeit wurde knapp.

Noch 87 Tage bis zum Start von Projekt Perle.

China, Januar 1981

Der uralte chinesische Bus schaukelte und ächzte. Josephs schlichte Kleidung half ihm, unter den übrigen Fahrgästen nicht aufzufallen. Der Bus war so voll, dass einer der Reisenden seine Hühner an den Dachgepäckträger hatte binden müssen. Die achtstündige Fahrt von Guangzhou nach Shantou war ein staubiges und holpriges Unternehmen. Joseph schaute zum Fenster hinaus und betete stumm für die Menschen, die er draußen sah. So viele Menschen. *Herr, gib, dass sie eine Gelegenheit bekommen, dich kennenzulernen …*

In Shantou angekommen, stieg er aus und nahm Kurs auf das nächste Hotel. Jetzt brauchte er erst einmal eine Dusche! Die alten Gebäude der Innenstadt sahen beeindruckend aus. Die größeren waren meist im europäischen Stil gebaut, mit hohen runden Säulen in der Fassade. Shantou, das im Delta des Han an der Südostküste Chinas lag, stand kurz davor, eine Sonderwirtschaftszone zu werden, und der Hafen brummte vor Geschäftigkeit. Überall sah man große Kräne und Kohlenberge; vom Süden her grüßten die Sanddünen.

Früh am nächsten Morgen verließ Joseph sein Hotel gerade rechtzeitig, um die erste Fähre zu erreichen, die durch den Hafen zum Südufer der Bucht fuhr. In den Parks und am Strand sah er Dutzende von Menschen, die ihre morgendlichen Tai-Chi-Übungen machten. Am Eingang des Hafens stand ein altes Fort mit mächtigen Mauern und Kanonenrohren. Oben auf den Mauern ließen kleine Jungen bereits ihre Drachen steigen, unten waren andere Kinder dabei, mit kleinen Netzen zu fischen.

Die Seeluft an Deck war salzig und frisch. Am Horizont stieg die Sonne aus dem Meer. Joseph wusste: Sein Termin heute war entscheidend für den Erfolg von Projekt Perle. Er inspizierte zum dritten Mal seine Umhängetasche, um ganz sicher zu sein, dass er alles dabei hatte.

An der Südseite der Bucht angekommen, nahm er sich ein Fahrradtaxi, das ihn fünf Kilometer in östlicher Richtung fuhr. Die letzten eineinhalb Kilometer würde er sicherheitshalber zu Fuß gehen. Als er in Gezhou ankam, sah er Lili mit ihrem Fahrrad an der Straße stehen. Als er sie erreichte, begann sie, ihr Fahrrad neben ihm herzuschieben. Die beiden tauschten keinen Gruß aus, sahen sich noch nicht einmal an.

Mehrere Minuten gingen sie schweigend, dann sagte Lili: „Bruder Joseph, während eurer Besprechungen in Manila haben wir drei Tage lang gefastet und gebetet. Während wir beteten, zeigte Gott uns eine Bibelstelle für euch. Es ist Epheser 1, die Verse 19 und 20."

Manila, Montag, 2. Februar 1981

„Das ist ja genau die Bibelstelle, über die wir in unserer ersten Planungssitzung gesprochen haben!" Ein staunender Keith strahlte über das ganze Gesicht.

Einen Augenblick schwiegen alle, dann nickte Joseph und fuhr fort: „Ich habe nachgebohrt, ob das auch wirklich die Stelle war, aber Lili war sich ganz sicher. Sie und die anderen können unmöglich gewusst haben, dass wir den Abschnitt gerade gelesen hatten."

Die sechs Männer des „inneren Kreises" saßen wieder zusammen, diesmal in einem anderen Hotel in Manila. Hier hatten Doug und Bruder Andrew 1975 die Love China-Konferenz geplant und abgehalten. Damals waren mehrere hundert Delegierte aus Asien und der ganzen Welt zusammengekommen, um sich über die Milliarde Menschen in China zu informieren, miteinander zu beten und sich auszutauschen. An die Stirnwand des Saals hatten sie ein stark vergrößertes Foto gehängt, das marschierende Soldaten der chinesischen Volksbefreiungsarmee zeigte. Über dem Foto prangte der Satz: „Herr Jesus, durch uns lass die Menschen deine Liebe spüren."

Bruder Willis, ein Waliser, der während der großen Erweckung in Wales 1904 zum Glauben gekommen war, war zu der Konferenz gekommen, um über „Gebet" zu sprechen. Die Veranstaltungen hatten begonnen, aber Bruder Willis war nicht zu sehen gewesen. Die Organisatoren der Konferenz hatten seine Frau gefragt, wo er war. Bruder Willis hatte auf den Knien gelegen, die Ellbogen auf einem Stuhl, und für China gebetet – 14 Stunden am Tag.

Dann hatte er seinen Vortrag gehalten, und man hätte eine Stecknadel fallen hören können. „Ein Fürbitter", hatte er gesagt, „ist jemand, der in seinem Gebetskämmerlein so lange betet und weint, bis Gott sich herabneigt und seine Tränen trocknet." Er hatte seinen Vortrag mit folgenden Worten beendet: „Was kostet dich dein Beten? Bist du mit deinem Gebetsleben zufrieden? Zahle den Preis. Darf ich dich daran erinnern, was König David vor über 3000 Jahren sagte? Etwa Folgendes: *Ich werde dem Herrn, meinem Gott, keine Brandopfer opfern, die mich nichts kosten.*'"

Bruder Willis' Vortrag war bemerkenswert gewesen, aber nicht halb so bemerkenswert wie das, was er getan hatte, als die Konferenz vorbei gewesen war. Er hatte zu Doug gesagt: „Komm mit mir an eine Stelle, wo wir nach China hineinschauen können." Und sie waren nach Hongkong geflogen und dort zur chinesischen Grenze bei Lo Wu gegangen. Damals war China ein total verschlossenes Land gewesen. Viele im Westen hatten geglaubt, die Kirche dort sei tot. Mao Zedong hatte mit seiner Kulturrevolution das Land ins Chaos gestürzt; Millionen waren umgekommen, viele durch Selbstmord.

Die beiden Männer hatten auf die Reisfelder hinausgeschaut. Und dann hatte Bruder Willis die Bombe platzen lassen. „Gott hat mir in der vergangenen Woche gezeigt, dass China sich bald öffnen wird. Macht euch bereit!“

Kein Jahr später hatten Premierminister Tschou En-lai und der Vorsitzende Mao im Grab gelegen. Weitere zwei Jahre später öffnete ein neuer Führer die Türen des Landes – Deng Xiaoping. China begann, sich dem Westen zu öffnen.

***

Die Begeisterung war förmlich greifbar, als die sechs wieder in Manila zusammenkamen. „Doug“, sagte Dr. Jim, „du hast uns ja gebeten, zu erzählen, was Gott uns ganz persönlich durch die Bibel gezeigt hat. Mir zeigt er selten etwas, aber vor Kurzem hat er mich zu Psalm 77,20 geführt. Hört alle zu:

> ‚Du bahntest dir einen Weg mitten durch das Meer. Dein Pfad führte durch mächtige Fluten, doch deine Spuren konnte niemand erkennen.‘

Ich glaube, dass dies eine persönliche Zusage Gottes an uns ist! Er verspricht uns, dass wir keine Spuren für die Polizei hinterlassen werden, wenn wir unsere Million Bibeln am Strand abgeliefert haben. Ich bin richtig erleichtert!“ Jim strahlte.

Doug nickte und lächelte breit.

Captain Bill meldete sich. „Und jetzt lest mal Psalm 29,3 und 10!“

„Langsam, Leute", sagte Doug. „Ich weiß, dass ihr alle begeistert seid. Das bin ich auch. Aber jetzt mal immer mit der Ruhe. Pablo, halte bitte im Protokoll fest, dass der Herr unseren Mitstreitern in China Epheser 1,19-20 gezeigt hat – dieselben Verse, die wir im Dezember gelesen haben. Das ist echt ein Ding! Und notiere auch die Bibelstellen, die Jim und Bill gerade erwähnt haben.

Danke, Brüder, für eure Beiträge. Ich glaube, wir sehen schon, dass Gott in unserem kleinen Team am Werk ist. In den nächsten beiden Tagen werden wir Gelegenheit haben, auch zu hören, was die anderen zu berichten haben.

Aber jetzt zu dem, was ich selber euch heute Morgen weitergeben möchte. Im Januar, als ich im Flugzeug saß und zu einem Sondertermin mit der ODI-Leitung in Holland flog, hat Gott sehr deutlich zu mir gesprochen. Ich las in meiner Bibel, nach dem Bibelleseplan, den ich benutze. An dem Tag war 2. Mose 14 dran, der Durchzug der Israeliten durch das Schilfmeer. Schlagt die Stelle in euren Bibeln auf; wir wollen die Verse 10 bis 22 lesen."

Die Männer lasen den Abschnitt versweise reihum vor. Doug fuhr fort: „Bitte schaut euch besonders die Verse 19 und 20 an":

> „Der Engel Gottes, der bisher den Israeliten vorangezogen war, stellte sich nun ans Ende des Zuges. Auch die Wolkensäule, die sonst vor ihnen herzog, stand jetzt hinter ihnen, genau zwischen den Ägyptern und den Israeliten. Sie versperrte dem ägyptischen Heer wie eine dunkle Wand die Sicht, für die Israeliten aber leuchtete sie die ganze Nacht. So kamen die Ägypter während der Nacht nicht an die Israeliten heran."

„Der Herr hat damals die beiden Kontrahenten – die Ägypter und die Israeliten – durch seinen Engel getrennt, sodass sie die ganze Nacht hindurch nicht miteinander in Berührung kamen. Ich möchte, dass wir ihn gleich bitten, genauso die chinesischen Gläubigen und uns auf der einen Seite und die chinesischen Sicherheitskräfte auf der anderen Seite zu trennen, sodass wir nach China und wieder zurück kommen, ohne einen einzigen Mann zu verlieren, ja ohne entdeckt zu werden!"

Die Gebetsgemeinschaft, die folgte, war intensiv. Unter Tränen dankten die Männer Gott für seine Güte und baten ihn um seine schützende Gegenwart.

Als sie fertig waren, stellte Doug ihnen die weitere Tagesordnung vor. „Wir tagen heute weiter bis zum Abendessen. Danach schauen wir uns einen Film an, den Pablo, Bill und ich in Hongkong gesehen haben. Er heißt *Seewölfe* und beruht auf einer wahren Geschichte über ein paar alte Kriegsveteranen, die ihren wohlverdienten Ruhestand unterbrechen, um drei Nazi-Schiffe zu zerstören. Mit dem Film schlagen wir zwei Fliegen mit einer Klappe: Wir gönnen uns eine Pause und lernen gleichzeitig etwas über das Meer."

Captain Bill lachte lauthals; er fand es köstlich, wie Doug versuchte, ja keine Minute ungenutzt zu lassen. Die anderen grinsten sich an. Sie waren nicht überrascht, dass Doug ausgerechnet so einen Film ausgesucht hatte, aber sie staunten über sein Gedächtnis und wie es ihm gelang, so viele Einzelheiten gleichzeitig im Kopf zu behalten.

Joseph war der Erste, der seinen Bericht abgab. Er zeigte der Gruppe ein stark vergrößertes, aus drei zusammengeklebten Einzelaufnahmen bestehendes Foto des Strandes südöstlich vom Hafen von Shantou, wo sie die Bibeln anliefern wollten. Die Männer starrten es halb andächtig, halb erwartungsvoll an.

Joseph begann: „Es gibt in dieser Gegend eine sehr große Bucht, die Beishan heißt. An ihrem nordwestlichen Ende liegt eine kleinere, von Fischern genutzte Bucht, die die Einheimischen Dawandu nennen, was wörtlich übersetzt

‚großer gekrümmter Bauch‘ bedeutet. Was ihr auf diesem Bild seht, ist der Sandstrand von Dawandu."

Doug schlug vor: „Da wir gerade in unseren Bibeln von einem Engel gelesen haben, lasst uns doch diesen Strand ‚Michael-Strand‘ nennen. Und Joseph, könntest du das Foto noch mehr vergrößern lassen? Ich möchte es als ersten Gegenstand an der Wand meines privaten ‚Kampfzimmers‘ aufhängen. Wir werden diesen Raum zum Projekt-Perle-Raum machen und für Unbefugte verschlossen halten."

Joseph fuhr fort und berichtete über die wichtigen, detaillierten Informationen, die er und Lili beim letzten Besuch gesammelt hatten. Der wichtigste Punkt war, dass es etwas nordwestlich der Bucht einen kleinen, vom Militär bemannten Leuchtturm gab. Jeden Abend um 21 Uhr war Schichtwechsel; die Nachtschicht begann mit einem gemeinsamen Abendessen, und während dieser Mahlzeit achteten die Soldaten nicht darauf, was draußen vorging.

Als Nächster berichtete Doug. „Der Druck der Bibeln in den USA hat begonnen und dürfte termingerecht fertig werden. Und jetzt hören wir, was Bill über unseren Lastkahn zu berichten hat."

Bill räusperte sich. „Also, der Lastkahn wird zurzeit in der EEI-Werft in Batangas gut hundert Kilometer südlich von Manila gebaut. Er wird 30 Meter lang und 11,30 Meter breit sein und 350 Bruttoregistertonnen wiegen.

Normalerweise braucht diese Werft 120 Tage für so einen Kahn, aber sie setzt zusätzliche Arbeiter ein, um unseren bis Ende März fertig zu haben. Die Anzahlung war gnädig niedrig, aber bevor wir das Ding übernehmen können, müssen wir den Rest der 200.000 Dollar beisammen haben. Die Leute von EEI werden uns auch helfen, den Kahn hier auf den Philippinen anzumelden.

Der Kahn wird zwei 25-cm-Ventile erhalten. Wenn sie

geöffnet werden, sinkt der Kahn, bis das Deck etwa 90 cm unter Wasser ist. Dabei ist er aber noch manövrierfähig. Die Ladung dürfte dann nach unseren Berechnungen frei im Wasser schwimmen."

„Wird das funktionieren?", fragte Keith.

„Ganz sicher werden wir erst sein, wenn der Kahn fertig ist und wir es ausprobiert haben", antwortete Bill. „So ein Ding ist halt noch nie gebaut worden."

„Pablo", bat Doug, „kannst du uns berichten, wie es mit dem Schlepper aussieht?"

„Da gibt's im Augenblick nicht viel zu berichten. Was wir bisher gesehen haben, ist alles uraltes Gerät. Der Schlepper ist ein dringendes Gebetsanliegen."

Doug schaute Dr. Jim an. „Und wart ihr erfolgreich bei eurer Suche nach einer Besatzung?"

„Leider nein! Es gibt hundert Probleme. Zunächst einmal liebt jeder Seemann seine Lizenz. Sie garantiert ihm sein Brot, und es ist viel verlangt, sie für eine Operation am Rande der Legalität aufs Spiel zu setzen. Das nächste Problem ist, dass wir zu viele Informationen geben müssen, bevor jemand wirklich eine Entscheidung treffen kann; das ist ein Sicherheitsrisiko. Aber ich glaube, wir bekommen genügend gute Männer zusammen, wenn wir uns in den diversen OD-Büros in der Welt umsehen."

Open Doors-Mitarbeiter als Seeleute? Konnte man wirklich auf Männer zurückgreifen, die keine ausgebildeten Matrosen waren? Die Diskussion wurde hitzig. Schließlich sagte Captain Bill: „Okay, wenn's denn sein muss, nehme ich auch eine Amateur-Crew. Aber unter einer Bedingung: Dass ich die Leute 30 Tage lang intensiv einarbeiten kann, bevor es losgeht."

„Das soll ein Wort sein", sagte Doug. „Wir organisieren ein Ausbildungslager für die Leute."

Die Geheimnisse der Seefahrt lernen – ein Hauch von Romantik wehte durch den Raum, als die Männer sich begeistert darüber unterhielten.

Dann gab Dr. Jim jedem ein Exemplar des *Mariner's Notebook*, das er extra aus den USA mitgebracht hatte.

Am Abend sahen die sechs den Film *Seewölfe* an, eine dramatische, wahre Geschichte über einen Spionage-Einsatz gegen die Nazi-Marine im neutralen indischen Goa. Der Schluss des Films war voller Spannung und Dramatik, denn die Protagonisten benutzten absichtlich einen alten Fischerkahn, dessen Motor schon bessere Zeiten gesehen hatte.

Beim Frühstück am nächsten Morgen sagte Captain Bill: „Der Film gestern hat mir gezeigt, wie wichtig es ist, gutes Gerät zu haben! Wir können uns keinen Schrott leisten. Ich habe auf hoher See schon einen Mann verloren, weil die Maschine des Schiffs nicht mehr funktionierte. Das soll mir nicht noch mal passieren."

***

Der zweite Tag begann mit der üblichen Andacht. Diesmal hatte Doug die Bibelstelle Jeremia 33,3 ausgesucht: „Rufe zu mir, dann will ich dir antworten und dir große und geheimnisvolle Dinge zeigen, von denen du nichts weißt!" Er erklärte, wie viel ihm dieser Vers schon bedeutet hatte. Es war auch einer der Bibelverse, über den man sich kürzlich bei den ODI-Besprechungen in Holland unter der Leitung von Dr. Ed ausgetauscht hatte.

Doug sagte: „Wir wissen nicht die Antworten auf all die Fragen, mit denen wir uns herumschlagen, aber Gott weiß sie, und er verspricht uns, sie uns zu zeigen, wenn wir ihn nur bitten. Wir müssen uns bei dem ganzen Projekt Perle vollständig auf ihn verlassen. Lasst uns ihn um die Antworten bitten, die wir brauchen. Vergesst nicht: Was bei den Menschen unmöglich ist, ist bei Gott möglich. Immer.

Pablo, du hast dich kürzlich über die Geschichte der Bibel in China schlau gemacht. Kannst du uns kurz darüber berichten?"

Pablo begann: „Robert Morrison, der die Bibel ins Chinesische übersetzen wollte, reiste 1807 von Großbritannien nach China. Der Kapitän des Dampfschiffes fragte ihn ungläubig: ‚Bilden Sie sich ein, dass Sie diese Menschen, die seit 4.000 Jahren mit ihrer eigenen Kultur und Religion leben, ändern können?' Morris erwiderte: ‚Nein, das kann ich nicht, aber Gott kann es!'

Morrison hatte ungefähr sechs Jahre lang an seinem geheimen Projekt einer Übersetzung der Bibel ins Chinesische gearbeitet, als sein Assistent A-ko ihm sagte: ‚Siehst du nicht, dass unser Land und die Herzen unserer Menschen völlig verschlossen sind für dich und deine Religion?'

Morrison antwortete ihm: ‚Ja, das sehe ich. Aber es steht geschrieben: *Ist mein Wort nicht wie ein Feuer?, spricht der Herr, und wie ein Hammer, der Felsen in Stücke schlägt?* Die Bibel ist die eine Macht, die eiserne Tore verbrennen und Mauern durchbrechen kann. Ich kann den Menschen hier nicht offen predigen, aber ich kann dieses Buch heimlich übersetzen und anschließend unter die Leute bringen, in der Gewissheit, dass seine Botschaft mit Gottes Macht wirken wird!'

Es brauchte viele Jahre und viel persönliche Opfer, aber 1823 konnten die ersten vollständigen chinesischen Bibeln gedruckt werden. Und der Erste, der sich durch Morrisons Zeugnis bekehrte, war A-ko.

Ich habe auch herausgefunden, dass bei dem ersten größeren China-Projekt der Bibelgesellschaft Mitte des 19.

Jahrhunderts eine Million Bibeln gedruckt wurden. Die Bibeln mussten in kleinen Mengen ins Land geschmuggelt werden, da alles, was ausländisch war, mit dem größten Misstrauen betrachtet und nicht ins Land gelassen wurde.

Mit unserem Projekt Perle stehen wir also in einer langen Tradition von Menschen, die im Glauben lebten. Wir können es nicht, aber Gott!"

Es folgte eine Gebetsrunde, in der die Männer aus tiefster Seele ihre dringenden Anliegen – vor allem den Schlepper – vor den Herrn des Himmels und der Erde brachten.

Der Planungsteil der Besprechung begann mit einer Liste der Fehler, die es zu vermeiden galt. Auch sie wurden auf der Flipchart notiert:

Was nicht passieren darf

- Unsere Freunde in China in Gefahr bringen.
- Internationale politische Verwicklungen.
- Verhaftungen oder Todesfälle.
- Von Kommunisten gesehen oder gehört werden.
- Entdeckung der Ladung.
- Verdächtiges Aussehen.
- Verlust von Bibeln auf See.
- Verlust von Bibeln beim Entladen.
- Zu langer Aufenthalt am Strand.
- Schwieriges Entladen für die chinesischen Freunde.

Anschließend wandte sich die Diskussion der Besatzung des Schleppers zu. „Wir brauchen 20 Leute", wiederholte Captain Bill. „Auf dem Lastkahn wird es eine Kabine für zwei Personen geben, sodass die übrigen 18 auf dem Schlepper schlafen müssen. In der Kapitänskajüte gibt es gewöhnlich eine Koje. Wir brauchen also ein Vorderdeck, das Platz für 16 Personen hat. Was die Personen betrifft, die die Besatzung bilden werden, sitzen die ersten sechs hier in diesem Raum."

Wer sollten die übrigen 14 sein? Captain Bill fand, dass sein persönlicher Assistent, Ronald, eine gute Wahl wäre. Er war ein philippinischer Medizinstudent, der aus gesundheitlichen Gründen sein Studium unterbrochen hatte.

Doug kam zu dem Schluss, dass er zwei weitere seiner Mitarbeiter – Terry Madison und Michael Bruce – entbehren konnte, und schlug ferner seinen Sohn, Douglas junior, vor.

Jim meldete sich: „Ich kenne einen prima Mann in Phoenix, Jerry Simmons. Außerdem möchte ich Todd Miller vorschlagen, der schon zu Dougs Mitarbeitern gehört."

„Gut", sagte Bill, „das wäre dann meine halbe Mannschaft. Jim, wir bräuchten dann nur noch acht."

Vor dem Ende der Besprechung zeigte Doug den anderen die eine der beiden Infrarot-Nachtsichtbrillen. „Fragt mich bitte nicht, wie viel ich für die löhnen musste."

Jetzt waren es noch 74 Tage bis zum Start.

6. Der Schlepper

Die Rotorblätter des Helikopters begannen sich zu drehen, erst langsam, dann immer schneller. Doug schnallte sich auf dem Passagiersitz hinter dem Piloten an; Pablo saß bereits auf dem hintersten Platz. Sie stellten ihre Kopfhörer so ein, dass sie sowohl mithören konnten, wie der Tower von Manilas Inlandsflughafen die Starterlaubnis gab, als auch mit dem Piloten reden. Bald schwebten sie über dem heißen Häusermeer. Doug war ganz begeistert von seinem ersten Hubschrauberflug; die drückende Schwüle bemerkte er kaum.

Der Pilot wies sie auf einige Wahrzeichen der Stadt unter ihnen hin. Den alten amerikanischen Friedhof mit seinen endlosen Reihen weißer Marmorkreuze und Davidssterne, die aus dem gepflegten Grün des Rasens hervorleuchteten, brauchte er nicht besonders zu erwähnen. Der Friedhof erinnerte an die Toten des Zweiten Weltkriegs auf den Philippinen. Doug und auch Pablo hatten ihn schon mehr als einmal mit amerikanischen Gästen oder Verwandten besucht; heute sahen sie seine Schönheit zum ersten Mal aus der Luft.

Der Helikopter flog über Palmenwälder; hier und da rutschte ein kleines Dorf mit strohgedeckten Bambushütten vorbei.

„Da vorne, hinter Tagaytay, ist der Taal-See!“, rief der Pilot in sein Mikrofon.

„Mannomann!“, schrie Doug, als sie auf die in der Mitte des großen Binnensees liegende Vulkaninsel zuflogen. Bald schwebten sie direkt über dem offenen Schlund des Kraters, in welchem der kleinere, salzige Kratersee lag, der seinerseits eine kleine Insel hatte, die als Vulcan Point bekannt war.

„Das ist ja toll!“ *So* schön hatten sie sich diesen Flug nicht vorgestellt …

Doug und Pablo waren unterwegs zu Bills „Paradise“, um sich mit ihm über Projekt Perle zu beraten. Hätten sie die Reise mit dem Auto gemacht, wären sie drei lange, heiße Stunden nach Batangas unterwegs gewesen; dort hätten sie noch am Vormittag am Pier eintreffen müssen, um die nur einmal am Tag verkehrende Fähre zu erreichen, die über die Verde-Island-Passage nach Puerto Galera auf Mindoro fuhr. Die Fähre wäre erst am nächsten Tag nach Batangas zurückgekehrt, und dann hätte noch die lange Autofahrt zurück nach Manila vor ihnen gelegen, auf einer überfüllten Straße, auf der man ständig Ochsen, Pferden und Wasserbüffeln ausweichen musste. Im Hubschrauber dauerte die Hin- und Rückreise nur je eine halbe Stunde; der Pilot würde sogar auf sie warten, und sie wären am Abend wieder zu Hause und könnten in ihren eigenen Betten schlafen.

Bald begannen sie den Anflug auf eine Lichtung am Weststrand von Puerto Galera. Den Namen (wörtlich: „Galeonen-Hafen“) hatten die Spanier der Bucht gegeben, denn sie bildete einen natürlichen, geschützten Hafen. Das allein machte sie schon wichtig, doch jetzt hatten zudem Touristen ihre Korallenriffe, weißen Sandstrände und freundlichen Menschen entdeckt. Durch die Landung an der westlichen Seite der Bucht vermieden sie die zahlreichen fliegenden Händler am Pier, die schier alles verkauften, von Blumenkränzen über Erdnüsse bis zu Zigaretten.

Bill und seine aus Hawaii stammende Frau Lil wohnten auf einem Hausboot, das in Küstennähe auf der Ostseite der großen Bucht vor Anker lag. Seit sieben Jahren hatten sie auch ein Stück Land gepachtet, was ihnen erlaubt hatte, einen schmalen Steg vom Strand zu ihrem Boot zu bauen.

„Ich kann verstehen, warum Bill hier wohnt!" Doug ließ seinen Blick durch die Bucht schweifen. Die Sonne, die grünen Kokospalmen, der weiße Sand und der azurblaue Himmel waren ein Gemälde wert – oder doch wenigstens eine Postkarte.

Sie sagten dem Piloten, wann sie wieder zurückfliegen wollten, und stiegen in ein langes, schmales, kanuähnliches Boot (die Filipinos nannten es *Banca*), um den kurzen Weg zu Bills Hausboot zurückzulegen. Dies war die Etappe der Reise, die Doug am wenigsten zusagte. Das Boot war motorisiert und hatte auf beiden Seiten Ausleger, aber Doug, dessen massiger Körper den Sitz mehr als ausfüllte, hatte Angst davor, zu kentern.

Nach nur zehn Minuten waren sie am kleinen Schlauchbootfloß, das mit dem Achterdeck von Bills und Lils Hausboot verbunden war.

„Willkommen in Paradise, Brüder!", rief Bill zur Begrüßung, als der *Banca*-Führer den Motor abstellte und sein Boot neben das Hausboot gleiten ließ. Bill packte das Tau und machte das Boot am Floß fest.

„Hallo, Bill, wie geht's?", fragte Doug mit einem breiten Lächeln. Er ging die kurze Rampe vom Floß zum Achterdeck hoch und begrüßte Bill und Lil mit seiner üblichen bärenstarken Umarmung.

Bald saßen sie auf bequemen Liegestühlen, ein Glas *Calamansi*-Saft aus typisch philippinischen, limettenartigen Früchten in der Hand, und schauten nach Westen auf die Bucht hinaus. Bill und Lil hatten ihr Hausboot nach Westen ausgerichtet, sodass sie abends den herrlichen Sonnenuntergang genießen konnten. „Ihr habt es unwahrscheinlich schön hier, Bill", begann Doug. „Würde gerne mal mit Judy hierherkommen, am besten mit dem Hubschrauber."

„Und was ist so wichtig, dass ihr mit dem Hubschrauber kommt, Doug? Das ist bestimmt kein Höflichkeitsbesuch!“, grinste Bill. „Oder hast du im Lotto gewonnen?“

Doug ignorierte die Frotzelei und erwiderte: „Pablo und ich haben uns mal angeschaut, wie weit wir mit dem Projekt sind, und ich habe festgestellt, dass wir in einigen Punkten nicht recht weiterkommen – vor allem bei dem Schlepper. Und dann möchte ich mir auch mal das Ausbildungslager für die Bootsbesatzung anschauen, das du gerade baust, und hören, was für Fortschritte der Bau des Lastkahns macht.“

„Also, da hinten am Ufer kannst du den Rohbau der Schlafbaracke für die Besatzung sehen“, entgegnete Bill. „Wir müssen nur noch die elektrischen Leitungen verlegen und die Etagenbetten reinstellen.“

„Und du solltest mal die Seeaquarien sehen, die er für den Kahn und für die Schleppübungen baut“, fügte Pablo hinzu.

„Gut“, nickte Doug. „Ich hab gestern ein Telex von Jim bekommen. Er hat mehrere neue Kandidaten für die Schlepperbesatzung gefunden. Sie werden bald hier sein. Und was macht der Lastkahn? Ich glaube, den haben wir gesehen, als wir auf dem Weg hierher über die Werft flogen.“

Bill setzte sein leeres Glas auf dem Beistelltisch ab und beugte sich vor. „Die EEI-Leute beteuern alle fünf Minuten, dass sie das Ding pünktlich fertig kriegen, aber ich habe da meine Bedenken. Ich glaube, wir müssen jemand abstellen, der vor Ort ist und denen Feuer unterm Hintern macht, sonst wird das nichts.“

„Ich hätte da …“ Doug überlegte. „Frank Phillips, unser Direktor in Hongkong, hat früher in der Luftfahrtindustrie gearbeitet. Ich werde ihn mal fragen, ob er bereit wäre, rüberzukommen und das zu machen.“

Bill nickte und fuhr fort: „Unser größtes Problem ist der Schlepper."

Er zeigte auf Pablo. „Wir beiden haben uns in Taiwan und Hongkong umgesehen, ohne Erfolg. Ich habe ja immer gedacht, wir finden den Schlepper hier auf den Philippinen, und eigentlich denke ich das immer noch, aber bis jetzt haben wir nichts gefunden, was auch nur entfernt brauchbar wäre. Wir sind auf Cebu und Mindanao gewesen und in Manila. Ich will nicht irgendwas kaufen und es dann später bereuen."

„Und wir haben überall Anzeigen geschaltet", fügte Pablo hinzu.

„Schaut euch weiter um. Ich werde einen dringenden Gebetsaufruf abschicken – natürlich in verschlüsselter Form", sagte Doug. „Wir müssen nach wie vor strikte Geheimhaltung wahren, wenn das Unternehmen gelingen soll."

Bald hatte Doug alles mit Bill besprochen, was ihm auf dem Herzen lag. Er trank seinen Saft aus und reichte das Glas mit einem Dankeschön an Lil zurück, dann umarmte er Bill und Lil zum Abschied.

Als Pablo Bill die Hand schüttelte, sagte er: „Ich komme nächste Woche wieder, wegen des Lastkahns."

„Grüßt Judy und Dianne von mir!", rief Lil, als die *Banca* sich geräuschvoll auf den Weg machte. „Und bringt sie nächstes Mal mit; ich könnte mal ein paar weibliche Gäste brauchen."

China, Februar 1981

Chan und Matthew Lo schoben sich auf eine Bank im Eisenbahnwaggon dritter Klasse. Sie waren auf dem Weg in die im Inneren Chinas liegende Provinz Henan; die Reise würde zwanzig Stunden dauern. Lili und Mei-Ling hatten sie zum Bahnhof gebracht. Es gab Chan einen Stich, so weit von Mei-Ling wegzufahren. Sie hatten so viel zusammen gearbeitet in den letzten Wochen, und er merkte auf einmal, wie gerne er in ihrer Nähe gewesen war.

Matthew, ein Wanderprediger aus Shantou, der die letzten zwölf Jahre in einem Arbeits- und Umerziehungslager verbracht hatte, hatte Chan eingeladen, ihn auf dieser Fahrt zu begleiten. Als einer der Verantwortlichen für die Auslieferung der Bibeln beim Projekt Perle würde Chan mit verschiedenen Hauskirchenleitern in Henan über die Lieferung der sehnsüchtig erwarteten Bibeln sprechen.

Die zu beiden Seiten des Gelben Flusses liegende Provinz Henan ist die Wiege der 5.000 Jahre alten chinesischen Kultur. Hier hatten vom 11. Jahrhundert vor Christus bis zum Jahre 1127 nach Christus über zehn Dynastien ihre Hauptstadt. Sie hinterließen in den 31 großen Städten und 99 Bezirken der heutigen Provinz eine Fülle von Ruinen und Denkmälern. Im Jahre 1981 war die Hauptstadt von Henan Zhengzhou, und die Gesamtbevölkerung der Provinz betrug 70 Millionen Einwohner.

Es waren presbyterianische Missionare aus Kanada gewesen, die dieses Gebiet für das Evangelium öffneten. Der bekannteste der Pioniere war Jonathan Goforth, der zusammen mit seiner Frau Rosalind 1888 eine Missionsarbeit im Norden von Henan begann. Das Leben der Goforths war nicht leicht; fünf ihrer elf Kinder starben.

Als 1900 der Boxeraufstand losbrach, mussten sie um ihr Leben fürchten und flohen. Jonathan wurde überfallen und erlitt eine Schwertwunde, aber beide überlebten und konnten sich in Sicherheit bringen. Bereits 1901 kehrten sie nach China zurück.

Die Berichte über die Erweckungen in Wales (Großbritannien) und Korea, die sie erreichten, hinterließen einen tiefen Eindruck auf Jonathan. Während eines Besuchs in Nordostchina erlebte er aus erster Hand die Erweckung in der Mandschurei, was sein Leben und seine Arbeit verwandelte; ab jetzt war er nicht mehr ein Missionar auf seiner Station, sondern in erster Linie Evangelist und Erweckungsprediger.

Jonathan Goforth hat die Erhörung seiner Gebete um eine Erweckung in Henan nicht mehr erlebt. Aber die Erhörung kam. Ende der 1970er- und Anfang der 1980er-Jahre kam es zu einem explosionsartigen Wachstum der Kirche in der Provinz; über eine Million Menschen vertrauten ihr Leben Christus an. Jetzt war Matthew Lo nach Henan unterwegs, um die neuen Gläubigen zu ermutigen und weiter das Evangelium zu predigen.

Der Eisenbahnwaggon glich der sprichwörtlichen Sardinenbüchse. Zwei Soldaten standen im überfüllten Gang, auf der Bank gegenüber saß eine dreiköpfige Familie. Alle starrten sie Matthew an, einen kleinen Mann in abgetragenem dunkelblauem Mao-Anzug, mit dunklem, sich allmählich lichtendem Haar, dessen zerfurchtes Gesicht von den harten Jahren zeugte, die er hinter sich hatte. Chan, der sich leise mit Matthew unterhielt, fragte sich, was los war, dass die anderen Passagiere ihn so unverhohlen betrachteten.

Schließlich hielt einer der beiden Soldaten es nicht mehr aus. Er beugte sich vor und fragte: „Alter, sag uns, warum du so glücklich bist."

Matthew, der ein Meister darin war, die Menschen zum Reden zu bringen, antwortete mit einem Lächeln und einer Frage: „Nun, was meint ihr?" Er schaute in die Runde. „Sagt mir, was das Schönste wäre, das euch je passieren könnte, und ich werde euch sagen, ob mir das passiert ist."

Die Mitreisenden ließen sich nicht lange bitten. Die junge Ehefrau gegenüber sagte: „Ein großes Haus würde mich zum glücklichsten Menschen in der Welt machen.“

Der junge Mann, der auf der anderen Seite von Matthew saß, sagte: „Ich möchte einfach von einer schönen, wunderbaren Frau geliebt werden.“

Ein anderer sagte: „Ich hätte gerne einen Pass nach Amerika“, und der eine der Soldaten rief: „Wenn ich der Oberbefehlshaber der Volksbefreiungsarmee sein könnte, wäre ich der glücklichste Mann der Welt!“

Matthew begann, über das ganze Gesicht zu grinsen.

Die anderen fragten: „Hast du was von diesen Dingen? Bist du deshalb so fröhlich?“

„Jawohl“, entgegnete Matthew. „Ich habe das alles, und noch viel mehr.“ Den Mitreisenden blieb der Mund offen stehen. Matthew lächelte wieder; er hatte ihre ganze Aufmerksamkeit.

„Lasst mich sehen“, sagte er verschmitzt. „Ich habe einen Palast, der so groß ist, dass jeder Kaiser, der ihn sieht, grün vor Neid wird. Ich werde von dem schönsten Wesen in der ganzen Welt leidenschaftlich geliebt. Ich habe die Freiheit zu gehen, wohin ich will. Und ich bin ein guter Freund des Mächtigsten auf der ganzen Erde.“

Er fuhr fort: „Ich habe alle diese Dinge von ein- und derselben Person bekommen. Ihr Name ist Jesus Christus.“

Chan staunte. Der Gesichtsausdruck von Matthews Zuhörern wurde nicht spöttisch oder abweisend, als er den Namen „Jesus“ erwähnte. In ihren Augen war einfach eine unersättliche Neugierde.

Mehrere Stunden lang redete Matthew über Jesus. Er zog seine zerschlissene Bibel aus der Tasche und ging sie durch, ein Buch nach dem anderen. Es wurde Nacht, und Chan nickte wiederholt ein; wenn er wieder aufwachte, war Matthew immer noch am Reden, und die anderen hörten ihm wie gebannt zu.

Am Spätnachmittag des folgenden Tages kamen sie an ihrem Zielbahnhof an. Matthew schüttelte den Mitreisenden fest die Hände. Er und Chan stiegen aus dem Zug in die frostkalte Luft hinaus.

„*Ni hao* (Hallo)!" Ein lächelnder junger Mann kam ihnen auf dem Bahnsteig entgegen. Er stellte sich mit dem Namen Wang vor und flüsterte: „Ihr seid meine Gebetserhörung; euch hat Gott geschickt." Dann führte er sie durch das Bahnhofsgebäude nach draußen auf die Straße und wies auf drei rostige Fahrräder.

„Das ist unser Taxi", lächelte er. „In fünf Stunden werden wir in meinem Dorf sein."

Australien, Neuseeland und Südostasien, Mitte Februar 1981

Als 1980 *Gottes Schmuggler in China* herauskam, bedeutete dies, dass Doug als der Autor eine kleine Präsentationstournee durch Australien und Neuseeland machen musste. Er war so mit dem Projekt Perle beschäftigt, dass er eigentlich für nichts anderes Zeit hatte, aber er gab sein Bestes.

Doug – alias Bruder David – wurde überall herzlich aufgenommen und konnte 100.000 Dollar für das Projekt Perle zusammenbringen. Als er in Neuseeland fertig war, konnte er es kaum erwarten, wieder nach Hause zu kommen. Am letzten Abend in Neuseeland hatte er eine Besprechung mit der Leitung von Open Doors Neuseeland, in der Wohnung des Direktors.

„Brüder", begann er, „ihr wisst sicher alle, dass wir um eine Million Bibeln für China gebeten worden sind. Wir brauchen eure Hilfe."

Nachdem er seine Gesprächspartner um strikteste Diskretion gebeten hatte, legte Doug ihnen den Plan für Projekt Perle vor. „Der Lastkahn wird gerade gebaut und die Bibeln sind im Druck, aber wir brauchen noch einen guten Schlepper. Wir haben uns überall umgeschaut, aber bis jetzt nichts Gescheites gefunden."

Man beschloss, ins Gebet zu gehen, wenn nötig, die ganze Nacht hindurch. Als sie beteten, sagte einer der Brüder wiederholt: „Ich habe den Eindruck, dass der Herr mich immer wieder an Singapur erinnert."

Nach einer Weile sagte Eddie Cairns: „Hört auf zu beten. Gott hat mir eine Vision gegeben. Ich sah einen großen Schlepper, der auf vier Stützen aufgebockt war. Die Unterseite war rostrot, und über dem Schlepper hing das Geäst eines großen Baumes."

Die Gruppe betete erneut: „Herr, wo in Singapur ist dieser Schlepper?"

Die Antwort kam: „Drei Kilometer vom Flughafen."

***

In den Abendnachrichten kam die Meldung, dass alle internationalen Flüge von und nach Australien gestrichen waren – Doug hatte den Rückflug nach Manila über Sydney gebucht. Damit wurde es nun also nichts.

Früh am nächsten Morgen fuhr der Direktor von Open Doors Neuseeland Doug zum Flughafen des neuseeländischen Auckland, wo er für ihn den letzten Platz auf einem Flug nach Manila via Singapur ergattern konnte. Die Anschlüsse waren nicht gut, Doug würde in Singapur übernachten müssen.

Als Doug sich in der Maschine niederließ, musste er an das Gespräch mit der Neuseeland-Leitung von Open

Doors denken. Hatte Gott ihnen nicht gesagt, dass der Schlepper in Singapur war? Und jetzt war er wie durch ein Wunder auf dem Weg nach Singapur – der grünen Gartenstadt, durch die nicht weit vom Flughafen entfernt ein Fluss verläuft. Es war gut möglich, dass er den Schlepper an diesem Fluss finden würde.

Als die Maschine gelandet war, nahm Doug rasch sein Gepäck und marschierte zu den Taxis. „Fahren Sie mich zu einer Schiffswerft!“, befahl er dem Fahrer.

Der Fahrer fragte höflich: „Was für ein Schiff suchen Sie?“

„Einen Schlepper. Etwa drei Kilometer von hier.“

Sie fuhren die Uferstraße entlang. Doug schaute über den Fluss. Dann sah er es – ein hohes, pastellfarben gestreiftes Gebäude auf einem umzäunten Areal. Links ragten mehrere hohe Bäume mit überhängenden Zweigen empor, und unter den Bäumen, am Flussufer, lag auf einem vierbeinigen Untergestell nicht ein Schlepper, sondern gleich zwei – schwarz, mit rostroter Unterseite.

Es war schon nach 17 Uhr, und die Tore der Werft waren verschlossen. Aber die Männer vom Wachdienst informierten Doug, dass die beiden Schlepper für eine Firma in Indonesien gebaut worden waren, die jedoch Konkurs gemacht hatte. Der Innenausbau war daher noch nicht ganz fertiggestellt, aber eines der Boote konnte man noch kaufen.

Doug ließ sich die Anschrift der Werftbesitzer geben und zu seinem Hotel fahren, wo er vor lauter Aufregung kaum schlafen konnte. In Manila angekommen, rief er am nächsten Tag sofort Captain Bill und Pablo an. „Packt eure Koffer, heute Abend fliegen wir drei nach Singapur. Ich habe einen Schlepper gefunden!“

„Na, was sagst du?" Doug schaute den Captain erwartungsvoll an.

„Das ist ein echt tolles Boot!", erwiderte Captain Bill.

„Ist es das Richtige für uns?"

Bill sah Doug fest an. „Es ist nicht mein Ideal, aber es entspricht dem, was ich in unserer ersten Besprechung als Minimum genannt habe. Erinnerst du dich? Ich habe gesagt, dass der Bug hoch sein muss und dass das Boot etwa 30 Meter lang sein und eine 1.000-PS-Maschine haben muss."

„Nun, es hat 128 Bruttoregistertonnen, ist gute 29 Meter lang und hat einen 900-PS-Motor", erklärte Doug stolz. „Aber du hast meine Frage noch nicht beantwortet. Ist es das Richtige für uns?"

„Doch, natürlich", erwiderte Captain Bill.

Die drei Männer inspizierten den Schlepper erneut. Der Motor war neu, sauber und groß. Das Vorderdeck bot genügend Platz, um acht Kojen mit Etagenbetten für sechzehn Männer einzubauen. Über dem Schlafquartier war eine kleine Kombüse mit einem anschließenden Speiseraum, dessen festgeschraubter Tisch zehn, zur Not auch zwölf Personen Platz bot. Nebenan gab es genügend Toiletten und Duschen. Hinter der Brücke lagen zwei separate Schlafkabinen mit je zwei Kojen – die eine Kabine für den Kapitän und den Ersten Offizier, die zweite für den Kommodore und den Seelsorger. Die Brücke war hochmodern und bot nicht nur ein klassisches Ruder- und Kompass-System, sondern auch eine hydraulische Steuerung und Seefunkausrüstung. Rechts neben dem Ruder waren die Armaturen für die Bedienung des Motors.

„Pablo", sagte Doug, „wir haben nur noch 100.000 Dollar auf unserem Konto, aber gehen wir zu den Besitzern der Werft und machen wir ihnen ein Angebot."

Henan, China

Während Matthew nach der langen Zugfahrt seinen wohlverdienten Schlaf genoss, unterhielten sich Chan und Wang bis tief in die Nacht über die Versorgung der Provinz Henan mit Bibeln. Gemeinsam entwarfen sie einen detaillierten Plan für die Verteilung der Bibeln, sobald diese in China angekommen waren.

Am nächsten Abend war es mit der friedlichen Atmosphäre vorbei. Ein Besucher war ins Dorf gekommen, der sagte, dass die Sicherheitsbehörden auf der Suche nach einem Evangelisten und seinem Begleiter waren.

„Ich hab's geahnt", sagte Matthew. „Das war bestimmt dieser stille junge Mann im Zug. Der hat uns verpfiffen."

Matthew, Chan und Wang stiegen ohne Umschweife wieder auf ihre Fahrräder und fuhren mitten in der Nacht über holprige Feldwege aus dem Dorf hinaus.

Nach vier Stunden erreichten sie einen Busbahnhof, von dem aus gerade ein Bus zu einer der größeren Städte der Provinz abfahren sollte. Der Fahrer sagte, dass der Bus voll sei, aber sie beredeten ihn so lange, bis er sie einsteigen ließ. Der kleine, alte Matthew Lo und der hochgewachsene, junge Chan ließen sich im Mittelgang nieder.

Die Busfahrt dauerte acht Stunden, und sämtliche Sitzplätze waren belegt. Matthew legte sich der Länge nach in den Gang und schlief sofort ein, um erst wieder aufzuwachen, als sie am Morgen die Außenbezirke ihres Zielortes erreichten. Chan döste auf dem Boden sitzend vor sich hin, seine langen Beine unter einem der Sitze. Die beiden wussten noch nicht, was für ein Wunder Gott bewirkt hatte, um ihnen ihre Flucht zu ermöglichen.

Doch später schrieb Wang einen Brief an Chan, in welchem er berichtete, dass er, als er zu seinem Dorf zurückradelte, an einem Auto des Büros für öffentliche Sicherheit vorbeikam, dem keine zwei Kilometer von der Bushaltestelle das Benzin ausgegangen war. Der Motor schien noch warm zu sein; lange konnte der Wagen noch nicht gestanden haben. Hätte er normal funktioniert, hätte er den Bus mit Sicherheit eingeholt.

Als Wang auf seinem Fahrrad an dem liegen gebliebenen Auto mit seinen drei frustrierten Insassen vorbeifuhr, sah er, dass einer von ihnen der junge Mann war, der Matthew und Chan auf dem Bahnsteig so angestarrt hatte. Er hatte auch im gleichen Waggon gesessen wie sie.

Wang fuhr in seinem Brief fort, dass er ein paar Wochen später in einer Hausversammlung in einem Nachbarort gewesen war. Dort berichtete ein junger Christ, dass er in der fraglichen Nacht an der Tankstelle Dienst gehabt hatte, als ein Auto der Sicherheitsbehörden vorfuhr. Der Fahrer wies ihn an vollzutanken, und zwar schnell.

Durch das offene Fenster des Wagens hörte der junge Tankwart, dass die Sicherheitsoffiziere vorhatten, einen Evangelisten und seinen Begleiter, die gerade mit dem Zug angekommen waren, zu verhaften. Der Tankwart hörte auf, den Tank zu füllen, sodass die Sicherheitsleute mit einem kaum viertelvollen Tank weiterfuhren.

Singapur, Samstag, 21. Februar 1981

„Ihr braucht einen spitzeren Bleistift!“, sagte Doug.

Die chinesischen Besitzer der Robin-Werft schauten sich verdattert an. Dougs leiser, aber heftiger Kommentar war die Antwort auf ihre Preisvorstellungen. Eine Million Singapur-Dollar verlangten sie für den Schlepper; da der Singapur-Dollar damals einen halben US-Dollar wert war, bedeutete das einen Preis von 500.000 US-Dollar.

Die Werftbesitzer hatten die Redensart mit dem Bleistift noch nie gehört, aber sie errieten korrekt, dass Doug über den verlangten Preis nicht glücklich war. „Das ist natürlich inklusive der von der amerikanischen Schifffahrtsbehörde verlangten Sicherheitsausstattung“, fügten sie hastig hinzu.

Doch Doug blieb standhaft, worauf die Besitzer sich in ein Nebenzimmer zurückzogen, aus dem sie alsbald wieder auftauchten, um zu fragen: „Und was sind Ihre Vorstellungen über die Zahlungsmodalitäten?“

„Wir zahlen 100.000 Dollar sofort und den Rest bei Lieferung.“

Wieder zogen die beiden sich zurück, um sich in aufgeregtem Flüsterton zu beraten.

Dann kamen sie wieder heraus, breit lächelnd. „Hier ist unser letztes Angebot: Sie leisten eine sofortige Anzahlung von 100.000 Dollar. Wir werden den Schlepper nach Ihren Angaben ausrüsten, mit der vollen vorgeschriebenen Sicherheitsausstattung einschließlich Radar, Sonar, Autopilot, UKW-Funk und Satellitennavigationssystem. In 30 Tagen, also am 23. März, zahlen Sie dann die restlichen 380.000 US-Dollar und holen das Boot ab oder verlieren Ihre Anzahlung.“

Doug hatte bei seinen Preisvorstellungen nicht an die

Kosten für die endgültige Ausrüstung des Schiffs gedacht. „Wie meinen Sie das, dass wir unsere Anzahlung verlieren?“ Er hob skeptisch seine Augenbrauen.

„Nun, etwa so viel Geld werden wir für die fertige Ausrüstung des Schiffs brauchen. Ach ja, und einen Ihrer Offiziere, der uns die nötigen Anweisungen gibt.“

Doug holte tief Luft und sah Pablo an. „Glaubst du, dass Gott uns innerhalb von 30 Tagen 380.000 Dollar geben kann?“

„Wenn du das glaubst, glaube ich es auch“, erwiderte Pablo trocken. Doug war derjenige, der die Gabe des Gottvertrauens hatte. „Wenn wir den Schlepper nicht kriegen, können wir das Projekt vergessen.“

Und sie unterschrieben beide den Kaufvertrag.

Noch 56 Tage bis zum Start von Projekt Perle.

„Paradise“, Ende Februar 1981

„Dies sind Bill Schwartz, Alastair Barr und Cor Beukema.“ Die drei Männer, die Lil ihrem Mann als neue Besatzungsmitglieder des Schleppers vorstellte, waren alle Anfang dreißig. „Cor ist Holländer, Bill ein Amerikaner, der im Mittleren Osten arbeitet, und Alastair ist Schotte“, erklärte sie. Cor war großgewachsen und muskulös und hatte kurzgeschorenes hellbraunes Haar. Bills Markenzeichen war sein widerspenstiger weißblonder Haarschopf, und Alastair war untersetzt, er hatte dunkles, welliges Haar und ein einnehmendes Lächeln. Die drei hatten den Großteil des Tages mit der strapaziösen Autofahrt von Manila nach Puerto Galera verbracht.

„Freut mich echt, euch zu sehen“, sagte Captain Bill. „Es wartet eine Menge Arbeit auf uns.“

„Wir wissen ja nur ganz grob, worum es geht", sagte Bill Schwartz. „Dr. Jim hat ziemlich geheimnisvoll getan, als er uns gefragt hat. Er sagte, er könne uns nicht viel sagen, und er hat auch kaum was gesagt." Bill war ein wichtiger Mann im Open Doors-Team auf Zypern.

„Jim hat gesagt, wir können immer noch Nein sagen, wenn ihr uns aufgeklärt habt", fügte Alastair mit seinem schottischen Akzent hinzu. Er arbeitete seit mehreren Jahren für den britischen Zweig von Open Doors.

Captain Bill erklärte das Projekt. Dann fragte er: „Also: Wie sieht's aus? Macht ihr mit oder nicht?"

„Es war eigentlich die ganze Zeit schon klar, dass wir mitmachen", sagte Cor. „Gott hat uns allen dreien einen sehr deutlichen Wink gegeben." Und die drei erzählten Captain Bill, wie Gott sie geführt hatte.

„Habt ihr Erfahrungen mit Schiffen?", fragte Captain Bill.

„Ich nicht", antwortete Bill Schwartz. „Aber ich habe mich schon immer für Schiffe interessiert."

„Ich habe ein bisschen Erfahrung", sagte Alastair. „Aber vor allem habe ich Autos repariert, und gelernt habe ich Elektriker."

„Ich mache gerne das Mädchen für alles", sagte Cor. „Aber auf einem *größeren* Schiff habe ich noch nie gearbeitet."

„Okay, dann mal in die Hände gespuckt."

Als Erstes halfen die drei Männer Captain Bill, die hastig errichtete Schlafbaracke für die Besatzungsmitglieder, die sich hier in Puerto Galera auf ihren Einsatz vorbereiten würden, fertigzustellen. Alle drei arbeiteten voller Energie und begannen mit den Dingen, die sie am besten konnten. Alastair installierte im Nu die nötigen elektrischen Leitungen. Bill schweißte die Gestelle der Etagenbetten zusammen, während Cor allen mit seiner erstaunlichen Muskelkraft zur Hand ging. Captain Bill fand, dass seine Mannschaft vielversprechend aussah. Zum ersten Mal hatte er den Eindruck, dass das Projekt gelingen könnte.

„Ich sehe ein großes Problem auf uns zukommen“, sagte Captain Bill zu Bill Schwartz. „Wir heißen beide Bill!“ Sie lachten, und Captain Bill fügte hinzu: „Also: Ab jetzt bist du Bill, und ich bin Captain Bill – oder einfach Captain. Das müsste hinhauen.“

„Jawoll, Captain“, sagte Bill.

Captain Bill verbrachte Stunden damit, wegen der Verpackung der Bibelpaketblöcke Ferngespräche mit Jim zu führen. Dr. Jim hatte Angst, dass die Blöcke zu groß und schwer wären und dass beim Verladen die oberen Pakete die unteren zerquetschen würden. Er fragte sich auch nach wie vor, ob die Blöcke tatsächlich schwimmfähig wären.

„Halbieren wir doch einfach die Blöcke und machen wir halt doppelt so viele“, schlug Captain Bill vor. „Das würde bedeuten, dass wir 232 Blöcke zu je einer Tonne haben.“

„Also gut“, sagte Jim. „Ich werde den ersten Block, der angefertigt wird, im Wasser testen.“

Noch 49 Tage bis zum Start.

Henan, China

Chan hatte seine Planungen für die Verteilung der Bibeln in der Provinz Henan beendet, und Matthew hatte den Eindruck, dass er für einen bekannten Evangelisten, hinter dem das Büro für öffentliche Sicherheit her war (eine „unerwünschte Person“), genügend Zeit in Henan verbracht hatte. Sie wollten gerade das Haus verlassen, in dem sie gewohnt hatten, als es an der Tür klopfte. Als sie öffneten, stand der Dorfsekretär der kommunistischen Partei vor ihnen. Ihr Schreck war groß.

„Wer von euch ist der Evangelist Matthew?", fragte der Parteiboss.

Um Chan zu schützen, trat Matthew sofort nach vorne. „Das bin ich!"

„Könntest du eben mitkommen und für meinen achtjährigen Sohn beten? Er ist sehr krank, und der Arzt weiß sich keinen Rat."

Von den anderen Personen, die in dem Raum versammelt waren, waren Seufzer der Erleichterung zu hören. Matthew fragte: „Warum sind Sie zu mir gekommen? Warum glauben Sie, dass ich helfen kann?"

„Weil ich gehört habe, dass du einen Draht zu einem Gott hast, der wirklich mächtig ist", erwiderte der Funktionär einfach.

Matthew ließ nicht locker. „Wie kommen Sie darauf, dass ich bereit bin, Gott um Heilung für Ihren Sohn zu bitten? Bis jetzt sind Ihnen die Christen doch nicht gerade sympathisch gewesen."

Chan spürte, wie die Luft in dem Raum zu knistern begann. Ging Matthew hier nicht etwas zu weit? Dieser Parteimann war mächtig. Ein Wort von ihm, und sie würden die nächsten Monate im Gefängnis verbringen.

Mit bewegter Stimme erwiderte der Parteisekretär: „Mein ganzes Leben lang hat man mir eingetrichtert, zu hassen – die Traditionen, den Kapitalismus, den Westen. Ständig heißt es: ‚Du musst hassen, hassen, hassen!' Aber mit dem ganzen Hassen habe ich nichts erreicht, und China auch nicht. Ich weiß, dass Hass nur zerstört. Aber ich habe noch etwas Liebe, die Liebe zu meinem Sohn, und ich weiß, dass ich ohne dieses bisschen Liebe, die ich zu ihm habe und er zu mir, erledigt bin. Es heißt, dass die Christen einen Gott der Liebe verehren. Vielleicht hat dieser liebende Gott Mitleid mit meinem Sohn."

Schockierte Stille im Raum. Solche Worte hatte man von dem Parteimann noch nie gehört.

Matthew antwortete leise: „Es stimmt, wir beten einen Gott der Liebe an, und dieser Gott ist es auch, der Ihnen die Liebe gegeben hat, die Sie zu Ihrem Sohn verspüren. Aber es ist nicht nötig, dass Sie *mich* darum bitten, für Ihren Sohn zu beten. Warum beten Sie nicht einfach selber?"

„*Ich* – zu Gott beten?", japste der Mann. „Ja, meinst du, er wird mir zuhören?"

„Natürlich", entgegnete Matthew. „Und jetzt fangen Sie einfach an. Beten Sie, und wir werden mit Ihnen beten."

Der verzweifelte Vater stotterte das erste Gebet seines Lebens zusammen. „Gott, wenn du die Liebe bist, dann rette meinen Sohn, damit – damit er ein Leben für dich führen kann."

Der ganze Raum sagte: „Amen!" Dann gingen alle mit dem Parteichef mit, um zu sehen, wie es seinem Sohn ging. Falls jemand Bedenken gehabt hatte, waren diese völlig unnötig gewesen. Als sie am Haus ankamen, war der Junge kerngesund, und Jesus Christus hatte zwei neue Menschen gefunden, die ihm nachfolgten und ihn liebten.

Während der Zugfahrt zurück nach Hause tauschten sich Chan und Matthew über die Ergebnisse ihrer Reise aus. Sie taten es im Flüsterton, damit keine Spitzel sie belauschen konnten. Chan hatte alles erreicht, was er erreichen wollte, und Matthew hatte in einem abgelegenen Dorf über 50 Menschen zu Christus führen können. Er hatte auch eine neue Hausgemeinde gegründet.

Jetzt freute er sich schon auf seine nächste Evangelisationsreise am kommenden Wochenende in die Provinz Anhui.

„Und wann ruhst du dich mal aus?“, fragte Chan.

„Ausruhen kann ich mich im Himmel“, lächelte Matthew.

7. Wunder

Keith war nach Manila gekommen, um an mehreren Sitzungen des Leitungsteams teilzunehmen. Seine Begeisterung kannte keine Grenzen. Er bat Doug um Erlaubnis, als Erster etwas sagen zu dürfen.

„Auf dem Weg hierher habe ich in Hongkong einen Zwischenhalt gemacht und mich mit Mama und Papa Kwang getroffen.“ Keith lächelte breit. „Mama Kwang hatte gerade einen Anruf von Lili bekommen. Als wir letzten Monat hier in Manila unsere zweite Planungsteamsitzung für Projekt Perle hatten, haben die Hauskirchenleiter wieder eine dreitägige Gebets- und Fastenversammlung gehabt, und ratet mal, was Gott ihnen da als Bibelstelle für uns gegeben hat: 2. Mose 14,19 und 20! Genau die Stelle, über die Doug in unserer Andacht hier gesprochen hat! Mir wird ganz kribbelig, wenn ich daran denke!“ Keith rieb sich über seinen langen dichtbehaarten Arm.

„Ist kribbelig sein eine Geistesgabe?“, zog ihn Pablo auf.

Keith fuhr grinsend fort: „Meine Brüder, Gott steht hinter dem Projekt Perle, und er will, dass wir das wissen.“

Die Runde nickte einmütig.

San Francisco, Kalifornien, 26. Februar 1981

Jerry Simmons kratzte sich seinen frühzeitig ergrauenden Kopf. In der Lagerhalle waren sechsunddreißig Mitarbeiter unter seiner Leitung emsig an der Arbeit. Den Fußboden bedeckten große Stapel durchsichtiger Folien, Klebebänder, schwerer Plastikplanen und Polypropylenschnüre. Er betrachtete die Arbeiter und musste lächeln.

Es hatte sich keine Firma gefunden, die bereit war, die wasserdichte Verpackung von einer Million Büchern zu übernehmen. Also hatte Dr. Jim das Verpacken selber organisiert. Er hatte diverse Kirchen und Gemeinden in und um San Francisco kontaktiert und jungen Leuten, die sich ein Taschengeld verdienen wollten, einen zweiwöchigen Arbeitseinsatz angeboten. Am ersten Tag des Projekts hatte eine ganze Schlange von langhaarigen Hippies und Obdachlosen vor der Tür gestanden. Viele von ihnen waren frischgebackene Christen, die ganz begeistert von ihrem neuen Glauben waren. Jim und Jerry hatten die übliche Bitte um Geheimhaltung geäußert, ohne sich darüber auszulassen, wie und wo die Bibeln ausgeladen werden sollten.

Einer der jungen Männer hatte trocken bemerkt: „Wenn das so ein Geheimprojekt ist, warum steht dann auf den Druckereipaletten überall ‚Chinesische Bibeln'?"

Gott, schütze uns vor uns selber, hatte Jim still gebetet.

Der Verpackungsprozess, den Jerry unter sich hatte, war einfach, aber langwierig. Als Erstes wurden die in Plastikfolien verpackten Bücherkartons zu Blöcken zusammengestellt, die je vier Kartons lang, zwei Kartons breit und sechs Kartons hoch waren. Diese Blöcke wurden dann mit Klebeband in schwere, durchsichtige Plastikfolien verpackt und zusätzlich mit längs und quer laufenden Verpackungsbändern gesichert. Um das Ganze kam jeweils ein Stück der schweren bläulichen Plastikplane, in die der Block eingeschweißt wurde. Zum Schluss wickelte man die schwarze Polypropylenschnur viermal von oben nach unten und dreimal quer um jeden Block, um ihm mehr Stabilität zu geben; diese Verschnürung ermöglichte es auch, die Blöcke mit einem Kran zu heben. Die ganze Prozedur musste für jeden Block wiederholt werden, insgesamt 232 Mal!

Als der erste Block fertig war, fuhren Jim und Jerry das Ein-Tonnen-Monster auf einem Lastwagen zur Bucht von San Francisco, wo sie es mittels eines gemieteten Krans ins Wasser hievten. Die beiden Männer staunten. Der Block war nicht nur stabil und wasserdicht, er schwamm auch anstandslos, und zwar so, dass er noch gute 20 Zentimeter über den Wasserspiegel ragte. Stellte sich ein Mann auf den schwimmenden Block, schwamm er weiter, jetzt noch mit einer knappen Handbreit über dem Wasser. Captain Bill hatte recht gehabt.

Jetzt zählte Jerry die Tage, bis alle Bibeln fertig verpackt waren und er wieder zurück auf die Philippinen fliegen konnte, um zusammen mit der übrigen Crew in Captain Bills „Paradise" für seinen Einsatz als Seemann zu üben.

Die Stimme eines der jungen Männer, Sean, riss ihn aus seinen Gedanken. „Jerry, wir haben ein Riesenproblem! Die Bindemaschine, die die Polypropylenschnur um die Blocks zieht, geht nicht mehr!"

Jerry inspizierte das Gerät. Er sah mit einem Blick, dass die Riffelung des Schwungrades, das die Schnur straffte, völlig stumpf geworden war. Kein Wunder, dass das Ding nicht mehr ging. Sein erster Gedanke war: *Wo kriegen wir um diese Zeit ein Ersatzgerät her?* Sechsunddreißig Augenpaare sahen ihn an und warteten auf eine Lösung. Ohne die Bindemaschine konnten sie nicht weiterarbeiten.

„Ich bete eben mal", sagte Sean. Zusammen mit mehreren anderen bildete er spontan einen Kreis. Sie hielten sich an den Händen und begannen zu beten. Jerry staunte nur so über ihren Glauben.

Sean hielt das defekte Gerät hoch und begann: „Vater im Himmel, du weißt, was für ein Problem wir gerade haben. Das ist *dein* Projekt, es ist *dein* Wort, das unsere Brüder und Schwestern in China so dringend brauchen. Und jetzt geht diese Bindemaschine nicht mehr. Ich bitte dich in dem mächtigen Namen Jesu, dass du sie reparierst – nicht nur für uns, sondern zu deiner Ehre und für dein Volk in China. Amen."

Die sechsunddreißig jungen Männer gingen ohne zu zögern zurück an ihre Arbeit, gerade so, als ob sie wüssten, dass das Gerät jetzt wieder funktionierte. Jerry hörte nichts mehr von ihnen bis zur nächsten Kaffeepause.

„Na, geht das Bindeding einigermaßen?", fragte er schließlich vorsichtig.

Die Antwort kam wie aus der Pistole geschossen: „Einigermaßen? So gut ist es noch nie gegangen!"

Manila, Freitag, 27. Februar 1981

Michael Bruce, der kaufmännische Direktor von Open Doors Asien, wischte sich den Schweiß vom Gesicht. Seit Stunden versuchte er, den großen Container mit den Booten und sonstigem Material, das Captain Bill in den USA gekauft hatte, durch den philippinischen Zoll zu bringen. Die beiden großen Boston Whaler sahen sehr gebraucht aus, was hilfreich war, aber der bürokratische Spießrutenlauf für so viele Einfuhrgegenstände auf einmal wollte kein Ende nehmen.

Die Zöllner konnten die niedrigen Preise, die in der Zollerklärung angegeben waren, nicht glauben; wenn allein die Frachtkosten sich auf fast 8.000 Dollar beliefen, warum war dann der Rest so billig? Gut, die Whaler selber machten einen ramponierten Eindruck, aber die beiden 235-PS-Außenbordmotoren waren noch in der Originalverpackung. Und dann die drei Zodiac-Schlauchboote, jedes noch einmal mit Außenbordmotor …

„Gott, ich brauch' ein Wunder", murmelte Michael.

New Manila, Dienstag, 10. März 1981

Doug und Pablo, die mittlerweile tiefgebräunt und bärtig waren, saßen wieder in Dougs Büro und studierten das Projektdiagramm. Was war noch zu erledigen, welche Termine mussten eingehalten werden? Es sah nicht gut aus.

„Ich habe gerade mit Dr. Ed gesprochen", sagte Doug. „Es ist nicht zu glauben, aber es scheint, dass zurzeit kein Geld mehr für Projekt Perle kommt. Kein Open Doors-Büro kann aus dem laufenden Haushalt was beisteuern. Dr. Ed sagt, die Leitung macht sich allmählich echt Sorgen. Und in zwei Wochen brauchen wir die 380.000 Dollar für den Schlepper. Was brauchen wir noch?" Dougs Stirn lag in tiefen Falten.

„Captain Bill sagt, der nächste Schritt, bevor wir losfahren können, ist die Anmeldung des Schleppers und die Lizenzierung der Offiziere und der Mannschaft", sagte Pablo.

„Kannst du mir das noch mal erklären?" Doug seufzte.

„Alle Schiffe, die auf See fahren, müssen in irgendeinem Land registriert sein. Außerdem muss jedes Schiff Offiziere haben, die eine entsprechende Lizenz besitzen. Selbst die einfachen Matrosen brauchen eine einfache Seemannslizenz. Die meisten Länder – auch die Philippinen – verlangen darüber hinaus, dass ihre Schiffsbesatzungen die Staatsbürgerschaft haben. Das geht bei uns nicht, da wir eine internationale Besatzung haben werden; folglich müssen wir das Schiff unter einer Billigflagge registrieren lassen."

„Was für 'ner Flagge?"

„Eine Billigflagge. Wenn wir offiziell unter der Flagge eines Dritte-Welt-Landes wie zum Beispiel Panama oder Liberia fahren, nennt man das eine Billigflagge. Diese Länder verdienen damit einen Haufen Geld; die Registrierung eines größeren Fracht- oder Containerschiffs kostet pro Jahr mehrere tausend Dollar."

„Brauchen unsere Leute dann immer noch so eine Seemannslizenz?", fragte Doug.

„Selbstverständlich, und das ist noch ein größeres Problem. Anfang dieser Woche war ich in der Botschaft von Panama in Singapur; das ist die einzige Billigflagge, die in unserer Gegend eine Vertretung hat. Ich erklärte den Beamten unsere ozeanografischen Projekte, aber die Reaktion war mehr als kühl. Der Chef dort, ein Mr. Sanchez, meinte, dass sie unseren Schlepper vielleicht registrieren können, wenn wir das nötige Kleingeld beibringen, aber dass sie unmöglich unsere Crew registrieren oder unsere Offiziere von der Lizenz freistellen können. Die nächste Sackgasse lässt grüßen."

Doug lehnte sich in seinem übergroßen Klubsessel zurück. Er sah müde und frustriert aus. „Also, ich weiß nur, Gott will, dass wir das Projekt Perle durchziehen. Ich weiß, dass für ihn nichts zu schwer ist. Wir müssen auf ihn vertrauen, egal, wie groß die Hindernisse sind. Ich schlage vor, dass du …"

„Doug, entschuldige, wenn ich störe, aber ich hab' gerade Pastor Chuck Smith am Telefon!" Ein aufgeregter Keith steckte seinen Kopf durch die Nebentür des Büros. Als Keith sich dem Asien-Team von Open Doors angeschlossen hatte, hatte er den Kontakt zu Pastor Chuck Smith, seinem ehemaligen Kollegen an der Calvary Chapel in Kalifornien, aufrechterhalten. „Kann ich ihm das mit Projekt Perle und dem Geld, das wir für den Schlepper brauchen, sagen?"

Doug zog seine Stirn in noch mehr Falten und überlegte, dann sagte er: „Keith, du weißt, wie geheim dieses Projekt ist. Ich will nicht, dass noch mehr Leute eingeweiht werden. Äh ... Also gut, sag's ihm, aber verrate nichts!"

Keith nickte mit einem wissenden Lächeln und ging zurück ans Telefon, um seinem Kollegen und Freund zu erklären, dass Open Doors dringend Geld für ein „Fahrzeug" für Projekt Perle benötigte und dass der Zahlungstermin schon in zwei Wochen war.

Es dauerte etwas, bis Doug sich wieder beruhigte, nachdem Keith die Tür geschlossen hatte. „Wie wollen wir das Überraschungsmoment beibehalten, wenn jeder das Projekt kennt?", fragte er laut, ohne eine Antwort von Pablo zu erwarten.

Keith kam wieder herein. „Doug, Pastor Chuck möchte, dass wir beide sofort nach Kalifornien kommen, um uns persönlich mit ihm über Projekt Perle zu unterhalten."

Doug schien es nicht zu hören. Er nickte zerstreut und fuhr in seinem Gespräch mit Pablo fort. „Ich weiß, dass Geld in Asien die Türen öffnet. Wann fliegst du wieder nach Singapur?"

„Dieses Wochenende, wenn ich Captain Bill in Paradise besucht habe."

„Doug." Keiths Stimme wurde dringend. „Hast du gehört, was ich gerade gesagt habe? Ich habe da ein gutes Gefühl. Chuck würde uns nicht bitten zu kommen, wenn er nicht echt an dem Projekt interessiert wäre."

Doug lächelte. „Hoffen wir, dass du recht hast. Wir könnten seine Hilfe gut gebrauchen." Er drehte sich zurück zu Pablo. „Geh bitte gleich am Montagmorgen wieder in die panamaische Botschaft und nimm Bargeld mit, aber nicht zu wenig, damit Mr. Sanchez sieht, dass wir die Registrierung des Schiffs und was sonst noch nötig ist bezahlen können. Und wir werden jeden Tag gemeinsam für die Sache beten, so lange, bis alles klar ist."

Pablo ging zur Tür. Doug rief ihm hinterher: „Ach, übrigens: Wir haben einen Namen für den Schlepper gefunden – *Michael*, nach dem Schutzengel, der für Israel kämpfte." Er fügte halblaut hinzu: „Schutzengel werden wir jede Menge brauchen können …"

Pablo lächelte. „Dann heißt unser Lastkahn sicher *Gabriel*?"

„Nein. Der kriegt einen Frauennamen, *Gabriella*."

Noch 39 Tage bis zum Start.

Costa Mesa, Kalifornien, Freitag, 13. März 1981

Pastor Chuck Smith hieß Doug, Keith, Dr. Jim und Dr. Ed mit einem einladenden Lächeln und warmem Händedruck in seinem Büro in Costa Mesa willkommen.

Nach den üblichen Bemerkungen über den Flug und das Wetter sagte er: „Bevor ich vielleicht in das Projekt einsteige, bräuchte ich natürlich etwas mehr Hintergrundinformationen."

Doug begann seine lange Geschichte über den Bibelnotstand in China, den Erfolg des Projekts Regenbogen und die darauf erfolgte Bitte um eine Million chinesische Bibeln. „Wir glauben, dass Gottes Hand dahintersteht", fuhr er fort, „und Dr. Jim wird Ihnen jetzt das Technische erklären. Es gibt natürlich vieles, das streng geheim ist, aber Dr. Jim weiß, wie viel er verraten kann."

Jim begann eine detaillierte Beschreibung des Schleppers und des Lastkahns sowie der Pläne für das Laden und Entladen der Bibeln.

Als er fertig war, fragte Pastor Chuck: „Und wie viel Geld braucht ihr, Doug, um den Schlepper zu kaufen? Wie hoch stellt ihr euch unseren Beitrag vor?"

Jim dachte: *Mach's halblang, Doug! Nenn einen Betrag, der vernünftig ist – etwas, das Chuck nicht zu wehtut und das wir in ein paar Tagen kriegen können. Zum Beispiel 50.000 Dollar oder so …*

Doug erwiderte, ohne zu zögern: „Pastor Chuck, wir brauchen 380.000 Dollar!"

Jim wurde fast ohnmächtig. *Jetzt ist alles aus, gleich schmeißt er uns raus!*

Aber Pastor Chuck verzog keine Miene. Er überlegte einen Augenblick, dann sagte er: „Ich muss darüber erst mal nachdenken. Und natürlich mit dem Gemeindevorstand reden. Geht ihr so lange zurück in euer Hotel. Ich melde mich, wenn ich ein Ergebnis habe."

Santa Ana, Kalifornien, Freitag, 13. März 1981

Die Luft knisterte vor Spannung, als Dr. Ed Neteland die abendliche Sitzung des Open Doors-Leitungsteams und des Vorstands von Open Doors USA eröffnete. Er begann mit einem Gebet. Auch Sealy Yates war da, für den Internationalen Vorstand. Doug war gebeten worden, ebenfalls zu kommen, um über den Fortschritt von Projekt Perle zu berichten.

Aber der eigentliche Grund für die Sitzung war, dass es weltweit an Geld für das Projekt mangelte. Da es keinen strategischen Plan zur Mittelbeschaffung gegeben hatte, fehlten diese jetzt an allen Ecken und Enden. Die Open Doors-Leitung hatte unter anderem eine treuhänderische Rolle, die an der kitzligen Schnittstelle zwischen Glauben und Praktikabilität oft Entscheidungen verlangte. Die Herzen dieser Männer standen hinter dem Projekt, aber ihre Köpfe sagten, dass sie vorsichtig sein mussten. Als

Vorstandsmitglieder fühlten sie sich verantwortlich für finanzielle Entscheidungen, die ODI ins Schlingern bringen konnten. Der Schatzmeister war besorgt darüber, dass Doug 100.000 Dollar des Werkes in die Anzahlung für ein Schiff investiert hatte, ohne zu wissen, womit er den Rest des Kaufpreises bezahlen sollte.

Doug hatte beschlossen, das Drama dieses Abends seinen natürlichen Lauf nehmen zu lassen. Er gab seinen Bericht und beantwortete Fragen über die Fortschritte bei der Planung für die Lieferung der Bibeln. Er sagte, dass das meiste nach Plan lief. Seine Sorgen wegen der rechtzeitigen Fertigstellung des Lastkahns und der Lizenzen für die Besatzung behielt er für sich; er glaubte weiter an ein Wunder Gottes. Dann schilderte er, wie er und Pablo am 21. Februar in Singapur einen Kaufvertrag für den Schlepper *Michael* unterzeichnet hatten und dass das Schiff zurzeit so ausgerüstet wurde, dass es den internationalen Sicherheitsstandards entsprach.

„Und was steht im Vertrag?“, fragte Dr. Ed.

„Also“, sagte Doug, „wir hatten noch 100.000 Dollar auf der Bank, und wir beschlossen, dieses Geld zur Anzahlung zu verwenden. Der Vertrag sieht vor, dass diese Anzahlung verfällt, wenn wir nicht binnen 30 Tagen die Restsumme von 380.000 Dollar bezahlen.“

Der Schatzmeister meldete sich. „Wie konntet ihr so was machen, Doug, wenn keinerlei Aussichten bestehen, dass wir so viel Geld hereinbekommen? Und jetzt sind von den 30 Tagen nur noch zehn übrig!“

Doug sah ihn an und erwiderte: „Weil ich Gottvertrauen habe und weil Gott treu ist.“ Er machte eine Pause und fuhr fort: „Eine Stunde vor Beginn unserer Sitzung hier hat Pastor Chuck Smith von der Calvary Chapel mich angerufen und gesagt, dass wir morgen früh in seinem Büro vorbeikommen und einen Scheck über 380.000 Dollar abholen können."

Einen Augenblick ungläubiges Japsen und offene Münder, dann rief alles durcheinander: „Halleluja!", und die Sorgenfalten verwandelten sich in strahlende Mienen.

Doch trotz dieses Wunderberichts erhielt Doug nur ein verhalten grünes Licht, mit dem Projekt fortzufahren. Wie einer der Teilnehmer der Sitzung sich erinnert: Das warme Gefühl der vollen, rückhaltlosen Unterstützung fehlte irgendwie.

Singapur, Montag, 16. März 1981

Vier Menschen saßen an einem Frühstückstisch in einem Café, hinter einer der marmorverkleideten Säulen in der kleinen Lobby des Seaview Hotels. Auf einem Schild an der Wand stand zu lesen: „Singapurs freundlichstes Hotel". Wer die kleine Gruppe beobachtete, mochte sich fragen, warum sie alle dauernd auf die Tischplatte hinabschauten und mit wem sie da sprachen.

Vor der Gebetsgemeinschaft berichtete Dr. Jim den anderen von seinem kürzlichen Besuch bei Pastor Chuck Smith und der darauf folgenden Open Doors-Vorstandssitzung. Dann sagte er: „Pablo, wir werden hier den ganzen Morgen beten, so lange, bis du uns melden kannst, dass es mit der Registrierung geklappt hat. Und ich werde auch darum beten, dass genügend Gelder in das USA-Büro kommen, um die Lieferung der Bibeln von San Francisco nach Hongkong zu bezahlen. Dr. Ed hat mich gerade informiert, dass im Augenblick keine Mittel für das Projekt zur Verfügung stehen."

Jim war am vergangenen Abend in Singapur eingetroffen. Als Erster Offizier auf der *Michael* sollte er beim Einbau der elektronischen Ausrüstung in das Schiff dabei sein. Vor seiner Anreise hatte er eine Crew für die Jungfernfahrt des Schleppers von Singapur zu Captain Bills „Paradise" auf der Insel Mindoro engagiert. Einige der Männer trainierten bereits in Paradise für ihren Einsatz, andere hielten sich bereit, direkt nach Singapur zu fliegen.

„Wir beide bleiben heute Morgen auch hier und beten." Alastair sprach für sich und Cor. Die beiden waren in Singapur, um die Logistik der Ausrüstung der *Michael* zu einem seetüchtigen Schiff mit einer Besatzung von zwanzig Mann zu managen. Alastair würde Erster Maschinist werden. „Wir haben Gottes Gebetserhörung bei der Lieferung der Beiboote aus den USA erlebt, und wir glauben, dieses Problem wird er auch lösen", fügte er hinzu.

„Ach ja, wie ist das überhaupt gelaufen?", wollte Pablo wissen. Er war so mit den Ereignissen in Singapur beschäftigt gewesen, dass er die Ankunft der Boote und sonstigen Ausrüstung aus den USA in Paradise gar nicht mitbekommen hatte.

„Es war voll verrückt", sagte Cor. „Wir sind mit fünf Mann auf Captain Bills Schiff *Windsong* nach Manila gefahren. Michael Bruce hatte Überstunden gemacht, um den Papierkrieg mit dem Zoll zu gewinnen. Wir mussten lange warten, aber dann konnten wir schließlich den Container verladen und zurück nach Puerto Galera fahren."

„Es war halb drei morgens, als wir ankamen", fügte Alastair hinzu. „Mit zehn Leuten haben wir den Rest der Nacht damit verbracht, die Boote und das ganze Zeug auszuladen. Sogar Lil hat mitgemacht.

Einen Teil der Navigationsausrüstung aus dem Container haben wir gestern mit hierher nach Singapur gebracht. Die übrigen Männer der Crew sind in Paradise geblieben, um weiter zu trainieren und die Beiboote auszuprobieren. Sie können's kaum erwarten, die Jungfernfahrt mit dem neuen Schiff zu machen."

Da müssen sie noch länger warten, dachte Pablo, *so weit sind wir noch lange nicht.* Laut sagte er: „Wir brauchen viel Gebet, viel Geld und noch viele Wunder." Dann nahm er seine Aktentasche mit dem Geld und ging hinaus auf die Marine Parade Road, wo er fast sofort eines der blauen Taxis anhalten konnte für die kurze Fahrt zur panamaischen Botschaft.

***

Buenos dias. Man begrüßte sich. Dann öffnete Pablo nervös seine Aktentasche und legte, wie Doug ihn instruiert hatte, einen ganzen Stapel Banknoten auf den Schreibtisch von Mr. Sanchez, dem Leiter des Büros der „Panama Marine Authority".

Mr. Sanchez grinste breit. „Na, Sie wollen *wirklich* registriert werden. Sieht so aus, als ob Sie genug dabei haben."

Pablo staunte. Der Mann schien wie verwandelt zu sein. „Wenn das nicht reicht, kann ich noch mehr holen", sagte er zur Sicherheit.

„Fangen wir mal an", sagte Mr. Sanchez. „Zuerst haben wir die einmalige Anmeldungsgebühr, nach Größe des Schiffs gestaffelt. Sie beträgt für einen 96 Fuß langen Schlepper 1.000 US-Dollar. Dazu kommt die Regierungsgebühr; sie beträgt 20 US-Cent pro Nettotonne, plus 20 Prozent Zusatzsteuer." Er studierte rasch sein Gebührenblatt und fuhr fort: „Das macht ganze 30 Dollar und 72 Cent.

Und dann haben wir noch die Jahressteuer von 10 US-Cent pro Nettotonne ... plus sonstige Abgaben. Wir runden das mal ab zu ... 100 Dollar."

Pablo zählte 1.131 Dollar auf den Schreibtisch, schob das Geld zu Mr. Sanchez hin und sagte: „Bitte mit Quittung."

Mr. Sanchez schob das Geld in seine Schublade. „Die Quittung werden Ihre Registrierungspapiere sein, die auf Sea Biosystems ausgestellt werden."

„Und was ist mit den übrigen Punkten?", fragte Pablo vorsichtig. „Wir brauchen noch Ihre Erklärung, dass die Offiziere im ersten Jahr keine Lizenz brauchen."

„Das ist eine andere Geschichte", erwiderte Mr. Sanchez. „Erzählen Sie mir erst mal, was Sie so machen bei Ihren ozeanografischen Forschungen."

Pablo schickte ein stummes Dankgebet zum Himmel, dass er in der letzten Zeit so oft mit Captain Bill zusammen gewesen war. Er konnte Bills Story fast wörtlich auswendig.

Er erklärte lang und breit Captain Bills Vision und seine persönlichen Erfahrungen mit der See, dem Tauchen und Korallenriffen. Mr. Sanchez fragte: „Und wie groß wird die Besatzung sein?"

„Genau vierzehn Mann, dazu der Kapitän, der Erste Offizier und der Erste Maschinist. Die Leute werden gerade bei uns auf den Philippinen eingearbeitet und werden binnen einer Woche hier in Singapur sein."

„Okay. Da Ihr Kapitän ein erfahrener Mann zu sein scheint und Ihre Crew eine Ausbildung bekommen hat, können wir auf die Offizierslizenzen für das erste Jahr verzichten. Das macht dann weitere 500 Dollar. Aber alle Ihre siebzehn Besatzungsmitglieder einschließlich der Offiziere müssen hier bei der ‚Panama Marine Authority' eine Einfache Seemannslizenz erwerben. Dazu muss jeder von Ihnen sich einer gründlichen ärztlichen Untersuchung unterziehen. Die Lizenzen kosten das Stück 100 Dollar. Wenn nötig, öffnen wir auch am Samstag, um die Lizenzen beschleunigt auszustellen."

„Es kann sein, dass in Hongkong noch ein paar extra Besatzungsmitglieder zu uns stoßen", murmelte Pablo.

„Kein Problem", sagte Mr. Sanchez. „Gehen Sie einfach in unsere dortige Vertretung; das Lizenzierungsverfahren dort ist das gleiche wie hier."

Pablo beherrschte sich, bis er wieder draußen auf der Straße stand. Dort machte er einen Luftsprung und rief: „Jaaa! Danke, Gott!"

Singapur, Samstag, 21. März 1981

Siebzehn Männer aus der halben Welt saßen in dem Konferenzzimmer im obersten Stock des Seaview Hotels in Singapur. Doug prüfte, ob die Tür auch abgeschlossen war, dann trat er in die Mitte des Raumes und ging im Kopf noch einmal durch, was er der Gruppe gleich sagen würde. Die Männer unterhielten sich in gedämpftem Ton. Einige waren alte Freunde, andere hatten sich noch nie gesehen. Mehrere, die bei dem stets lächelnden Keith saßen, strahlten.

Die Besatzungsmitglieder des Schleppers *Michael* hatten gerade ihre Gesundheitsprüfung zur Erlangung der Seemannslizenz hinter sich gebracht. Keith, der für gewöhnlich beim Gehen einen Stock benutzte, hatte diesen extra in seinem Hotelzimmer gelassen und die Prüfung mit fliegenden Fahnen bestanden, obwohl er täglich zwölf Tabletten für sein Herz einnehmen musste.

Und jetzt waren sie also hier zusammengekommen, um einige letzte Anweisungen zu erhalten, bevor es ernst wurde. Jeder der Männer hatte ein Papier unterzeichnet, das ihn zur Verschwiegenheit verpflichtete und Open Doors von jeglicher Verantwortung im Falle von Inhaftierung, Tod oder Verletzung entband. Morgen würde die *Michael* zu ihrer Jungfernfahrt zu den Philippinen auslaufen.

Doug ergriff mit einem breiten Lächeln das Wort. „Männer, dies ist eine wichtige Besprechung, und wir haben vieles, wofür wir danken können. Projekt Perle hat bereits zahlreiche Wunder gesehen. Nicht nur seid ihr heute *alle* hier, wir haben auch einen Schlepper, der hochoffiziell registriert und zugelassen ist.“ Und er berichtete noch einmal, wie sie die *Michael* gefunden und gekauft hatten.

„Vor 28 Tagen unterzeichneten Pablo und ich hier in Singapur den Kaufvertrag, ohne zu wissen, woher wir das Geld bekommen würden. Die Zahlung ist am Montag fällig. Vor zwei Wochen wusste ich immer noch nicht, wo das Geld herkommen würde, und ich muss gestehen, es war eine echte Glaubensprobe für mich.

Für alle, die es noch nicht wissen: Gott zeigte Pastor Chuck Smith von der Calvary Chapel und seinem Gemeindevorstand, dass sie die gesamten 380.000 Dollar, die wir noch für den Schlepper schuldeten, spenden sollten. Die telegrafische Überweisung ist gestern eingetroffen. Und das ist der Grund dafür, dass ihr jetzt hier seid und vor allem, dass wir morgen in See stechen können.“

Pfiffe, Applaus, laute „Halleluja“-Rufe.

„Pablo hat mich informiert, dass ihr alle eure Einfache Seemannslizenz bekommen habt. Sogar Keith und ich haben eine gekriegt, und das ist das nächste Wunder!“ Keith war nicht der Einzige, der eine angeschlagene Gesundheit hatte. Doug hatte bereits etliche Herzanfälle hinter sich und war stark übergewichtig.

„Eine Million chinesische Bibeln sind fertig gedruckt und verpackt und zurzeit in 25 Containern nach Hongkong unterwegs, um dort auf die *Gabriella* verladen zu werden.

Michael und Terry werden morgen nach Manila zurückfliegen, um im Büro nach dem Rechten zu sehen, aber sie werden in Hongkong wieder zu uns stoßen, bevor wir Kurs auf China nehmen. Und Jerry Simmons, Sealy Yates und die anderen, die unsere Crew später noch verstärken werden, werden ihre Seemannslizenzen bekommen, wenn wir in Hongkong sind.

Bevor ich euch sage, was ich auf dem Herzen habe, möchte ich, dass zunächst Captain Bill und unser Erster Offizier und Marineveteran Dr. Jim euch ein paar wichtige Informationen geben."

Captain Bill erhob sich und strich sich über seinen Bart. „Wir haben nicht halb so viel Zeit zum Üben gehabt, wie ich eigentlich gewollt hätte, aber in Paradise ist alles bereit. Die beiden Boston Whaler und die drei Schlauchboote sind einsatzbereit, dazu einige der Seeaquarien, die uns zur Tarnung und zum Üben dienen.

Diejenigen unter euch, die noch nicht in Paradise waren, werden diese Boston Whaler ins Herz schließen. Es sind die knapp sieben Meter langen ‚Outrage'-Modelle mit 6-Zylinder/235 PS-Außenbordmotor. Sie saufen pro Meile 7,5 Liter Treibstoff aus ihren 300-Liter-Tanks, aber dafür sind sie bis zu 80 Stundenkilometer schnell, und das in der rauesten See! Außerdem sind sie so gut wie unsinkbar.

Ich habe Cor zur EEI-Werft in Batangas geschickt, die den Aquarienlastkahn baut, damit's schneller geht. Das Ding ist schwer im Rückstand. Ich habe die Konstruktion des Kahns wieder mal nachgebessert, ebenfalls, damit's schneller geht.

Auf der Werft hat es das nächste Wunder gegeben. Cor ist durch ein Loch in dem Lastkahn drei Meter tief gefallen und unverletzt auf den Füßen gelandet. Außer dass er total mit Farbe verschmiert war, ist ihm nichts passiert."

Pfiffe und lautes Hallo. John Kulisich klopfte Cor auf den Rücken und sagte: „Wir gehören zusammen!"

Bill fuhr fort: „Inzwischen ist Frank Phillips von Open Doors Hongkong in Batangas, um Cor zu vertreten. Ich hoffe, er wird die Sache beschleunigen können, während wir unterwegs zu den Philippinen sind.

Der nächste große Schritt, der vor uns liegt, ist unsere siebentägige Jungfernfahrt. Gestern haben wir die Seetests mit der *Michael* gemacht; es ging alles gut. Heute sind wir voll damit beschäftigt gewesen, den nötigen Treibstoff und restlichen Proviant aufzutreiben. Ich habe auch alle Seekarten besorgt, die wir für das Projekt brauchen werden. Auf der Brücke ist alles bereit; nur den Autopiloten haben wir noch nicht anschließen können, das kommt später.

Wir stechen morgen um 12 Uhr mittags in See. Bitte seid alle Punkt 8 Uhr da. Ich werde so geduldig wie möglich sein bei eurer Einarbeitung, aber wenn wir auf See sind, hört alles auf mein Kommando, und das sofort.

Wir werden drei Wachen für die Brücke und den Maschinenraum haben. Ihr findet den Wachplan und eure Aufgaben morgen auf der Brücke angeschlagen. Keith, unser Seelsorger, übernimmt die Gebetswache. Er möchte so viel Zeit wie möglich auf dem Löschturm zehn Meter hoch in der Luft verbringen."

Captain Bill bemerkte die besorgten Blicke und fügte hinzu: „Ich habe ihm gesagt, dass er sich anschnallen soll, wenn er während der Reise da oben ist.

Ich werde der Brückenoffizier während der Alpha-Wache von 8 bis 12 Uhr abends und vormittags sein. Erster Offizier Jim ist Brückenoffizier während der Bravo-Wache von 12 bis 4 Uhr, nachts und nachmittags. Und Zweiter

Offizier Pablo wird die Charlie-Wache übernehmen, jeweils von 4 bis 8 nachmittags und morgens.

Ein großes Problem ist, dass wir keinen Schiffskoch haben. Ich werde von Fall zu Fall Leute für die Zubereitung der nächsten Mahlzeit abordnen. Bitte macht auch da mit; es hebt die Moral und beflügelt das Projekt."

Die Männer grinsten einander an und nickten amüsiert.

„Erster Offizier Jim geht mir bei einigen der technischen Dinge zur Hand, und ich übergebe jetzt an ihn."

Jim dankte den Männern zunächst, dass sie sich bereit erklärt hatten, zur Mannschaft der *Michael* zu gehören. Wie immer trug er Leinenschuhe und Jeans, aber sein kurzärmeliges Hemd hatte seine übliche gut gebügelte Form verloren, denn er hatte den ganzen Tag in der notorisch schwülen Singapur-Luft im Ruderhaus des Schleppers verbracht. Unter anderem hatte er im Privatspind von Captain Bills Kabine sorgfältig die Nachtsichtbrillen und die Sprechfunkgeräte versteckt, die sie bei der Ankunft an der chinesischen Küste benötigen würden.

Er fuhr fort: „Ich möchte euch allen sagen, dass ich während dieses Projekts bereits eine ganze Menge über Gottes Treue gelernt habe. Die Reaktion von Pastor Chuck Smith hat mir gezeigt, dass man, wenn man dringend etwas braucht, bereit sein muss, groß zu denken und groß zu bitten. Anschließend muss man dann abwarten, wie viel der Betreffende bereit und in der Lage ist zu geben. Dougs Ungeniertheit und Pastor Chucks Hilfsbereitschaft – das hat mich echt beeindruckt."

Jim warf einen Blick auf seine Liste. „Und jetzt zu den einzelnen Punkten. Zunächst die Brücke: Sie ist das Zentrum des Unternehmens, wenn der Schlepper fährt, und wir sollten auf ihr echt ein hohes Maß an Disziplin einhalten. Wenn ihr gerade keinen Dienst habt und die Brücke betreten wollt, müsst ihr zuerst den Ersten Offizier um Erlaubnis bitten. Die Brücke ist zum Arbeiten da und nicht zum Herumstehen.

Zweitens ein Wort über die Leute, die am Tag schlafen müssen. Im Vorderdeck werden bis zu vierzehn Mann gleichzeitig schlafen. Da einige von euch die Nachtwache haben, wird es immer welche geben, die versuchen, tagsüber ein paar Stunden Schlaf zu kriegen. Bitte nehmt Rücksicht auf sie. Es ist schon so schwer genug zu schlafen, wenn gleich nebenan der Maschinenraum ist.

Drittens: Habt keine Hemmungen, Fragen zu stellen. Wir erwarten von niemandem, dass er allwissend ist. Wir werden versuchen, uns auf euren Kenntnisstand einzustellen. Das heißt nicht, dass wir eure Intelligenz unterschätzen. Wir werden gemeinsam viel Neues über Schiffe und die Kunst der Navigation lernen.

Versucht nicht, den Helden zu spielen. Wenn ihr krank werdet oder eure Wache nicht durchhalten könnt oder übermüdet seid, meldet euch und bittet um Hilfe!

Captain Bill wird euch alle zu gegebener Zeit eine Feuerübung, eine Mann-über-Bord-Übung und eine Alle-Mann-von-Bord-Übung machen lassen. Wir wollen nicht, dass wir im Ernstfall jemanden auf dem Schiff vergessen!

Ich möchte mit einer Bibelstelle enden, die mein Vater mir für dieses Projekt gegeben hat. Josua 1,9: ‚Sei mutig und entschlossen! Lass dich nicht einschüchtern, und hab keine Angst! Denn ich, der Herr, dein Gott, bin bei dir, wohin du auch gehst.‘“

Doug ergriff wieder das Wort. „Danke, Jim. Wir schätzen es sehr, dass du zu unserem Projektteam gehörst.“ Er schaute in die Runde und fuhr fort: „Männer, bevor wir in See stechen, möchte ich euch etwas über den Hintergrund des Abenteuers aufklären, auf das ihr euch da eingelassen habt. Am einfachsten wäre es, wenn ihr alle mein Buch lest, aber das können wir nicht mit an Bord nehmen; auf diesem Dampfer darf nichts sein, was nach Open Doors riecht. Ihr wisst ja, ihr arbeitet nicht für Open Doors, sondern für Sea Biosystems. Für alle, die mein Buch nicht gelesen haben, hier schnell das Wichtigste:

Ich weiß, dass Gott mich nach China gerufen hat; das ist meine große Leidenschaft geworden. In keinem anderen Land der Welt haben die Christen so gelitten wie in China, am schlimmsten während der Kulturrevolution, die 1976 endete. Viele Gläubige wurden inhaftiert und gefoltert, viele erlitten den Märtyrertod. Tausende und Abertausende von Bibeln wurden verbrannt.

Renommierte Missionsexperten haben die chinesische Kirche für tot und erledigt erklärt. Wir wissen, dass dem nicht so ist. Aus der Asche ist eine gereinigte Kirche erstanden, die rasend schnell wächst. Wir glauben, dass es heute in China mindestens 10 Millionen Christen gibt und dass täglich neue hinzukommen.

Jetzt hat Deng Xiaoping, der neue Führer Chinas, eine Phase der ‚Vier Modernisierungen' ausgerufen. Man rechnet damit, dass das Land sich mehr öffnen wird als je zuvor. Aber nach wie vor gibt es keine Bibeln für die so schnell wachsenden Gemeinden, und darum müssen wir auf ihre Bitte um eine Million Bibeln reagieren.

Bruder Andrew ist ein überzeugter Anhänger der *persönlichen* Bibelverbreitung. Wir werfen diese Bibeln nicht irgendwo mit dem Fallschirm ab, sondern geben sie persönlich in die Hände von einheimischen Christen, die sie dann ebenfalls persönlich weiterverteilen.

Dieses Projekt ist sehr spannend, aber es ist kein Spiel. Dahinter steht ein geistlicher Kampf. Der Teufel will nicht, dass diese Bibeln zu den chinesischen Christen kommen.

Wir können diesen Kampf nur mit geistlichen Waffen gewinnen. Vergesst also während dieses Projekts das Beten nicht. Zurzeit sind in aller Welt Christen dabei, für Projekt Perle zu beten. Das ist der Grund, warum ich glaube, dass wir siegen werden."

Doug zog unvermittelt ein Atemspray aus seiner Hosentasche, öffnete weit seinen Mund und schoss zwei Stöße hinein. Es passte so wenig zum Ernst seiner Worte, dass alle laut loslachten. Ein wenig löste sich die Spannung, die sich im Laufe dieses Abends, wo die Männer den ganzen Ernst ihres Unternehmens erst so richtig begriffen, aufgebaut hatte. Doug lächelte und fuhr fort, als sei nichts gewesen:

„Auch wenn es euch vielleicht schon nervt, möchte ich noch einmal wiederholen, dass dies ein Geheimunternehmen ist. Es wird nur mit Hilfe des Überraschungsmoments gelingen. Achtet strikt auf die nötige Geheimhaltung und Sicherheit. Jetzt, wo wir die Schiffe haben, werden die Herausforderungen größer werden. Seid wachsam!

Morgen ist Sonntag. Sobald wir in internationalen Gewässern sind, werden wir auf dem Lastkahn das Abendmahl miteinander feiern. Und jetzt geht lieber ins Bett! Kann sein, dass es für eine Weile die letzte Gelegenheit ist, richtig auszuschlafen."

Noch 28 Tage bis zum Start von Projekt Perle.

8. Jungfernfahrt ins Paradies

Der frisch lackierte Schlepper *Michael* glänzte in der Sonne. Der Rumpf und der speziell zum Schieben von Lastkähnen geformte Bug waren in traditionellem Schwarz gehalten, ebenso das lange, niedrige Achterschiff; am Heck prangten in Weiß der Name des Schiffs und des Landes, unter dem es registriert war. Das Achterdeck war grün, bis auf die beiden etwa 30 Zentimeter breiten, in Schwarz gehaltenen Schleppseilführungen, die zu beiden Seiten fest an den Metalldollborden befestigt waren. In diesen Führungen konnte das Stahlschleppseil sich frei nach links und rechts bewegen, wenn der Kurs sich änderte, ohne mit der Ladung unten auf dem Achterdeck in Konflikt zu geraten. Dort würden sie einen Teil der ozeanografischen Ausrüstung lagern, die ja ihre Tarnung sein sollte.

Die zweistöckigen Aufbauten (oben war das Ruderhaus) glänzten in hellem Weiß, ebenso der hohe Fockmast und Löschturm. Auf dem hinteren Deck des Ruderhauses gab es einen weißen Davit – einen dreh- und schwenkbaren Kran zum Herunterlassen des steuerbordseits hängenden Rettungsbootes.

Direkt hinter dem Mast kam der hellgrün gestrichene Schornstein des Maschinenraums. Die seitlich am Ruderhaus hängenden roten Rettungsringe vervollständigten die Farbpalette.

Von der Fahnenstange hinter dem Schornstein, am hinteren Ende des Achterdecks, flatterte stolz eine brandneue Panama-Flagge mit ihren roten, blauen und zwei weißen Quadranten (letztere mit einem blauen und einem roten Stern), während die rotweiße Singapur-Flagge hoch am stolzen weißen Fockmast hing.

Der Name *Michael* prangte nicht nur am Heck des Schiffs, sondern auch, ebenfalls in Weiß, zu beiden Seiten des hohen Bugs.

Joseph Lee war als Erster der Steuermann (Captain Bill und Jim standen ebenfalls auf der Brücke), als das Schiff aus dem Hafen von Singapur hinaus ins Südchinesische Meer fuhr. Ohne Kahn im Schlepp erreichte die *Michael* mit Leichtigkeit über zehn Knoten. Aber dieses Tempo machte es schwieriger, sie auf Kurs zu halten. Jedes Mal, wenn Joseph nach hinten schaute, sah das Kielwasser nicht wie eine gerade Linie, sondern eher wie ein „S“ aus.

„Ist schon gut, Joseph“, lächelte Captain Bill. „Das hast du bald raus.“

Die Crew auf der Brücke lernte, wie man Radar, Satellitennavigationssystem und UKW-Funk benutzte, um mit der Küste und anderen Schiffen in Verbindung zu treten und Notrufe zu senden.

Einer nach dem anderen der frischgebackenen Matrosen wurde von Jim und Captain Bill in die Kunst des Steuerns eingeführt. „Nein, nein, du steuerst ja nach dem Kompassfehler“, musste Captain Bill mehr als einmal sagen. Da das Magnetfeld der Erde und die Meridiane nicht hundertprozentig identisch sind, muss die geringe Abweichung beim Kompasskurs immer wieder berücksichtigt werden, lernten sie.

Das Wetter war schön, und alles war neu an diesem ersten Tag, sodass die meisten Crewmitglieder, die gerade keinen Dienst hatten, sich auf dem offenen Achterdeck oder auf dem Oberdeck über dem Ruderhaus aufhielten und zuschauten, wie die schöne Silhouette von Singapur langsam immer kleiner wurde.

Pablo saß vorne am Bug und ließ die Beine seitlich herabbaumeln, den Rücken an den Poller gelehnt, an dem man die Taue festmachte. Er liebte den Salzgeruch des Ozeans und die tropische Schönheit der Stadt. Der Druck der vergangenen vier Wochen fiel von ihm ab, und er wünschte sich, dass dieser Augenblick nicht mehr aufhörte. Aber schon bald war die Skyline von Singapur nur noch ein kleiner Punkt am Horizont.

„Alle Mann zum Ruderhaus!", rief Schiffsseelsorger Keith den dienstfreien Crewmitgliedern zu. Als sie auf der kleinen Brücke standen, sahen sie den Zettel an der Anschlagtafel:

Alpha-Wache: Captain Bill
Joseph L.
Terry H.
Todd M. – Maschinenraum
Ronald P. – Maschinenraum
Bravo-Wache: Jim Schmook
Bill S.
Douglas S. sen.
Cor B. – Maschinenraum
Godfrey O. – Maschinenraum
Charlie-Wache: Pablo
John K.
Douglas S. jun.
Alastair B. – Erster Maschinist
Sonny L. – Maschinenraum

Als alle Männer versammelt waren, begann Keith: „Zu Beginn unserer Jungfernfahrt mit der *Michael* wollen wir unserem Herrn für all seine Güte danken. Und wir möchten uns mit unserem Herrn Jesus verbinden in dem Sakrament, das er uns zu seinem Gedächtnis hinterlassen hat. Reicht es einander weiter, als Zeichen dafür, wie wir einander dienen wollen auf dieser Reise und bei diesem ganzen Unternehmen."

Die Männer reichten sich das Brot und den Wein weiter. „Der Leib Christi, für dich gebrochen…, das Blut Christi, für dich vergossen …“

Gezhou, China

Der Hof hinter Samuel Wus winzigem Haus war voll von lächelnden Gesichtern. Es war dunkel, und die Gläubigen, die zum Gottesdienst der Hausgemeinde wollten, traten einzeln in den Hof, nachdem sie von Samuels beiden jungen erwachsenen Töchtern, Rachel und Leah, begutachtet worden waren. Ihre Mutter war vor zwei Jahren an Krebs gestorben, und jetzt waren sie es, die ihrem Vater halfen. Vom Dach des Hauses hing eine einsame Petroleumlaterne herunter, die den Gästen etwas Licht gab, um sich in dem überfüllten Hof zurechtzufinden.

Als Samuel den Eindruck hatte, dass alle gekommen waren, ging er selber zur Hintertür seines Hauses und hinaus in den Hof. Er musste unwillkürlich lächeln. Es war gar nicht so lange her, dass die Gemeinde bequem in sein Haus gepasst hatte. Jetzt waren es so viele, dass der wesentlich geräumigere Hof sic kaum fassen konnte. Er merkte, wie zwei Tränen sein zerfurchtes Gesicht hinunterliefen. *Danke, Herr, dass du deine Gemeinde baust, so wie du es verheißen hast!*

Er lächelte wieder, als er die Erwartung in den Gesichtern sah. Irgendwie schienen alle zu merken, dass dies eine ganz besondere Versammlung war. Vielleicht lag es an den seltenen Gästen, die heute Abend gekommen waren – Lili und Mei-Ling.

Während seine beiden Töchter draußen vor der Tür blieben, um die Versammlung rechtzeitig warnen zu können, falls die Sicherheitspolizei anrückte, begann Samuel leise, zu den Menschen im Hof zu sprechen. „Brüder und Schwestern, ich schlage vor, dass wir heute Abend nicht laut singen; wir müssen noch mehr als sonst auf unsere Sicherheit bedacht sein. Ich möchte mit einem Gebet beginnen, in welchem ich Gott um seinen Segen und Schutz bitte, und dann werden Lili und Mei-Ling aus unseren Schwestergemeinden in Dahao und Queshi zu uns sprechen. Bitte behaltet das, was sie euch sagen werden, für euch; niemand, der nicht zu uns gehört, darf davon erfahren."

Nach dem Gebet dankte Lili Pastor Samuel für seine Einleitung und bat ihn, ihr seine Bibel auszuleihen. Außer ihm schien niemand hier eine zu besitzen. Lili selber hatte ein kleines Neues Testament des Projekts Regenbogen in der Jackentasche ihres Mao-Anzugs, aber heute wollte sie eine Stelle aus dem Alten Testament lesen.

Sie begann: „Ich möchte euch einige Verse aus einem Psalm Davids vorlesen. Es ist der 119. Psalm, der das längste Kapitel der Bibel ist. In diesem Psalm sagt David uns, dass Gottes Wort ewig ist und fest im Himmel steht. Es ist süßer als Honig, es macht uns weise und gibt uns Frieden. Gottes Wort ist auch ein Licht für unseren Weg, wie die Laterne dort oben in der Ecke.

Ich lese die Verse 105 bis 112:

> ‚Dein Wort ist wie ein Licht in der Nacht, das meinen Weg erleuchtet. Was du in deinem Wort festgelegt hast, das will ich tun, gerechter Gott! Ich habe einen Eid darauf geleistet, und dazu stehe ich. Doch jetzt bin ich völlig am Ende! Herr, schenke mir neue Kraft, wie du es versprochen hast! Herr, nimm meinen Dank als ein Opfer an, und lass mich erkennen, was du von mir willst! Mein Leben ist ständig in Gefahr, trotzdem vergesse ich dein Gesetz nicht. Die Gottlosen wollen mich in ihre Fallen locken. Doch ich lasse mich nicht von deinen Geboten abbringen. Was uns als dein Wille überliefert wurde, ist

> mein kostbarer Besitz für alle Zeit und erfüllt mich mit Freude. Entschlossen will ich mich an deine Ordnungen halten, solange ich lebe.‘

Ich weiß, dass ihr alle Gottes Wort täglich in die Tat umsetzen und im Licht leben wollt. Einige Brüder aus dem Westen haben versprochen, uns heimlich viele Exemplare von Gottes Wort für die Kirche hier in China zu bringen. Jeder von euch wird eines bekommen. Aber wir brauchen eure Hilfe bei der Lagerung und Verteilung der Bibeln an die anderen Christen. Im Augenblick kann ich euch nur bitten, euch für diese Hilfe bereitzuhalten, wie die Gläubigen in meiner Gemeinde in Dahao.“

Mei-Ling trat vor und fügte hinzu: „Wir haben bereits Hilfszusagen von 1200 anderen Brüdern und Schwestern in den Gemeinden in Queshi, Yuxin, Mianbe und Hexi. Sie werden weiter reisen müssen als ihr, um die Bibeln abzuholen.“

Lili fuhr fort: „Zurzeit können wir euch nur so viel sagen, dass die Bibeln in der Fischerbucht Dawandu am Ende der Beishan-Bucht ankommen werden, also ganz hier in der Nähe. Pastor Samuels Töchter, Rachel und Leah, werden euch den genauen Tag und die Uhrzeit mitteilen, sobald wir Genaueres wissen. Bringt alles mit, was Räder hat – Fahrräder, Lasträder, alles, was ihr kriegen könnt –, und natürlich eure Bambusstangen, damit ihr die Kisten transportieren könnt.

Bitte sagt dies nur Brüdern und Schwestern weiter, denen ihr absolut vertrauen könnt und die bereit sind, ebenfalls mitzuhelfen. Und seid euch darüber im Klaren, dass dies ein gefährliches Unternehmen ist. Es kann sein, dass ihr im Gefängnis landet oder sogar euer Leben verliert.“

Samuel Wu trat langsam nach vorne. „Also: Wie viele von euch sind bereit, zu helfen?“

Alle Hände gingen hoch.

„Wer hat eigentlich heute Abend gekocht?", fragte Captain Bill nach dem Abendessen des zweiten Tages. Vor dem Essen hatte er mit der gesamten Schiffsmannschaft eine Notfallübung gemacht und ihnen die Rettungsboote, Schwimmwesten, Feuerlöscher und Notfallmaßnahmen vorgestellt.

„Ich glaub', das war ein Team, sozusagen", erwiderte Pablo vorsichtig.

„Das Zeug war ungenießbar! Die beste Methode, die Moral an Bord zu ruinieren, ist schlechtes Essen. Jetzt muss ich auf diesem Dampfer auch noch den Schiffskoch machen!" Captain Bill verzog das Gesicht.

„Gut, dass er nicht auch noch hier gefrühstückt hat heute", bemerkte Terry Hickey, als der Kapitän in seine Kabine gegangen war. „Godfrey hat den Porridge gemacht. Er dachte, der linke Wasserhahn ist das heiße Wasser. Aber es war der Salzwasserhahn!"

Die Männer, die um den Esstisch saßen und sich noch gut an das Frühstück erinnerten, stöhnten zustimmend auf.

Das Abendessen hatte Ronald gekocht. Er hatte es „Hühnerfrikassee" genannt, aber das Fleisch war so klein geschnitten gewesen, dass niemand ein Stück gefunden hatte.

Der Morgen kam, und Captain Bill hielt sein Wort. Als die Männer von Pablos Wache ihre Schicht um 8 Uhr beendeten und zur Kombüse und dem Speiseraum hinunterstiegen, wehte ihnen ein einladender Knoblauchduft entgegen. Das Essen schmeckte noch besser, als es roch. Die Salzluft des Meeres macht einen Matrosen doppelt hungrig, besonders, wenn er die Nacht über gearbeitet hat. Der Kapitän musste mindestens vier große Töpfe Reis für seine hungrige Mannschaft kochen. Doch für viele auf dem Schiff war dieses Frühstück für die nächsten Tage die letzte richtige Mahlzeit, denn bald kamen leichte Böen auf, die das Schiff rollen ließen und manchem jede Lust aufs Essen nahmen. Sonny wurde so seekrank, dass er, wenn er nicht im Maschinenraum gebraucht wurde, auf dem Achterdeck blieb.

Terry Hickey gab seine Wache ab, weil ihm oben im Ruderhaus immer übel wurde; seinen Platz in der Alpha-Wache übernahm Schiffsseelsorger Keith. Auf dem Unterdeck ging es Terry wesentlich besser, und er begann, sich dort einzusetzen, die Toiletten zu reinigen und die Kleidung der Crew zu waschen. Dann gab Captain Bill ihm Kochunterricht, und Terry wurde ein erstklassiger Schiffskoch. Die anderen fanden für ihn den liebevollen Spitznamen „Mutter Hickey“. Er gab sein Bestes, um die Moral auf dem Schiff zu heben.

Der Kapitän hielt sein Wort und half Terry weiter beim Kochen. Eines Abends kochte er einen köstlichen Rindfleischeintopf, ein anderes Mal gab es Schweinefleisch süßsauer. Und Ronald bügelte seine ersten Experimente mit einer guten Chop-Suey-Mahlzeit aus.

***

„Captain, Generator Eins ist aus, und ich kann den Fehler nicht finden.“ Alastairs schottischer Akzent kam über den Bordfunk aus dem Maschinenraum.

„Na, prima“, murmelte Captain Bill. Erst hatte das Radar seinen Geist aufgegeben, dann der Satellitennavigator, ein schwarzer Kasten an der Wand, der jedes Mal, wenn ein Satellit über das Schiff flog, die Position nach geografischer Länge und Breite angab. Damit blieb ihnen als einzige

Navigationsmethode das sogenannte Koppeln mit Hilfe des Schiffskompasses; wenigstens der funktionierte noch.

Als Nächstes war das Ladegerät für die Notbatterien defekt, dann der Kühlschrank in der Kombüse. Und jetzt also einer der Generatoren.

Alle neuen Schiffe absolvieren eine Art Probefahrt, um etwaigen Mängeln auf die Spur zu kommen, aber die Mängelzahl auf dieser Fahrt war mehr als hoch. Dazu noch mehrere Tage raue See. Auf diese Weise wurde aus dem unerfahrenen Haufen notgedrungen schnell eine brauchbare Crew. Captain Bill erteilte seinen Leuten auch den dringend nötigen Sicherheitsunterricht und machte Feuerlöschübungen.

Nach 170 Stunden erreichte die *Michael* sicher die Philippinen und ankerte in der Bucht von Batangas. Captain Bill hatte sich ohne Radar und Satelliten als Navigationsgenie erwiesen.

Doug, Keith und Jim gingen rasch an Land, um sich nach Manila und in die USA zu begeben, wo übervolle Schreibtische auf sie warteten. Captain Bill konnte es kaum erwarten, zurück zu Lil zu kommen. Er erledigte schnell die Zollformalitäten. Er hatte vor, nachzusehen, wie weit die EEI-Werft mit dem Bau des Lastkahns war, bevor er mit der *Michael* die Verde-Island-Passage durchquerte und in Paradise ankerte, um das Mannschafts- und Projekttraining fortzusetzen.

Noch 20 Tage bis zum Start von Projekt Perle.

Shantou, China, März 1981

Lili und Mei-Ling schlenderten die Uferpromenade in Shantous Stadtpark entlang. Kleine Jungen fischten mit selbstgebastelten Netzen im Wasser. Der Park war voller Menschen, die beiden jungen Frauen beachtete niemand.

Hinter der kleinen Brücke am östlichen Ende der Promenade wurde die Silhouette eines groß gewachsenen jungen Mannes sichtbar, der in ihre Richtung kam. Dann sah Mei-Ling, dass es Chan war, und ihr Herz begann schneller zu schlagen. Jetzt war er da. Er schloss sich ihnen an, ohne ein Wort des Grußes, aber er konnte seine Freude kaum verbergen – die Freude darüber, Mei-Ling wiederzusehen, und die Freude darüber, den beiden zu erzählen, wie seine und Matthew Los Reise nach Henan verlaufen war.

„Ich glaube, die Brüder in Henan würden die ganze Million Bibeln nehmen, wenn wir sie dorthin bringen könnten“, beendete er seinen halb geflüsterten Bericht.

„Nun“, entgegnete Lili, „wir könnten hier in der Provinz Guangdong auch eine Million loswerden. Ich staune nur so, wie schnell die Gemeinden wachsen und wie sehr sie sich nach Bibeln sehnen. Ich werde demnächst mit Enoch Ma in die Innere Mongolei fahren, um zu sehen, ob dort alles bereit ist. Chan, könntest du wieder zu Matthew fahren, in die Provinz Anhui, und dort nach dem Rechten schauen? Mei-Ling wird inzwischen Gemeindeleiter in der Provinz Zhejiang besuchen. Ich glaube, das wären dann die letzten Reisen, die wir machen müssen, bevor die Bibeln kommen.“

Mei-Ling schaute schüchtern zu Chan hoch und erzählte: „Wir haben etwa 2.000 Brüder und Schwestern mobilisiert, die zur Fischerbuch Dawandu am Strand von Beishan kommen werden, um bei der Weiterleitung der Bibeln zu helfen. Einige von ihnen haben Fahrräder, Dreiräder und andere kleinere Fahrzeuge."

„Und was noch toller ist", fügte Lili hinzu, „Peter Wangs Gemeinden in Chaoyang haben Kontakte, die uns eine ganze Flotte von Fahrzeugen zur Verfügung stellen können. Mit denen wird die Verteilung sehr schnell gehen. Chan, ich möchte, dass du das zusammen mit Peter leitest.

Unsere Verteilungswege nach Guangzhou, Beijing und Shanghai und sogar in die inneren Provinzen sind alle vorbereitet. Aber wir müssen sehr vorsichtig sein. Gestern kam eine Schwester zu mir, die mir berichtete, einer der Drei-Selbst-Pastoren in ihrer Stadt habe bereits Gerüchte gehört, dass hier in dieser Gegend bald eine Bibelschmuggelaktion laufen soll. Es muss einen Judas in unseren Gemeinden geben. Ab jetzt treffen wir uns am besten nur noch hier im Freien oder bei Lao Zhao. Und Mama Kwang sagt, dass wir noch mehr Gebetstreffen halten müssen. Der Teufel versucht, was er kann, um dieses Projekt zu stoppen."

Batangas, Philippinen, Sonntag, 29. März 1981

„Oh, nein! Das Ding kann man noch lange nicht ins Wasser lassen!", rief Captain Bill aus, als er und Pablo den Schleppkahn *Gabriella* zusammen mit Frank Phillips inspizierten. „Warum ist er nicht fertig?"

„Ich hab' alles versucht", war Franks einfache Antwort. Er hatte sich sogar mit dem Projektleiter der EEI, Commander Jimenez, angefreundet – etwas, was in der philippinischen Kultur sehr wichtig ist. Aber was er auch versuchte, es war schwierig, den Bau des Kahns auf der EEI-Werft in Batangas zu beschleunigen. Wenn die Werft ein Auto gewesen wäre, sie hätte nur einen Gang gekannt – den ersten.

„Sie haben ein paar Fragen über das Zugwerk, die ich ihnen nicht beantworten kann“, fügte Frank hinzu. Er hatte in den USA in der Flugzeugindustrie gearbeitet; ein Schleppkahn war Neuland für ihn.

„Ich werde dir Cor und John als Verstärkung schicken“, sagte Captain Bill. „Das ist alles, was ich machen kann.“

Als Captain Bill mit Cor sprach, nickte der bereitwillig, dann fragte er grinsend: „Hat sich der Speiseplan bei denen geändert? Letztes Mal gab’s zum Frühstück Fisch mit Reis, zum Mittagessen Reis mit Fisch und abends wieder Fisch mit Reis!“

„Erst muss ich Commander Jimenez fragen, ob seine Techniker sich auch mal das Radar auf der *Michael* anschauen können“, antwortete der Captain. „Das heißt, sobald er mit seinem Reis und Fisch fertig ist!“

***

Die ganze Crew fand, dass „Paradise“ seinen Namen zu Recht trug. Es war eine idyllische, sonnige, stille Ecke in der Puerto-Galera-Bucht. Die *Michael* sah zwischen den vielen kleinen Segelschiffen wie ein Riese von einem anderen Stern aus. Das Sahnehäubchen in der Idylle war Lils gute Küche. Sie nahm „Mutter Hickey“ unter ihre Fittiche, und sein Repertoire an köstlichen Menüs wuchs beträchtlich.

Cor schrieb seiner Frau Gerri nach Hause, dass er zurzeit im Paradies wohne. Er beschrieb die Bäume und Früchte und fügte hinzu, es sei so warm, dass er fast im Adamskostüm herumliefe.

Pablo und Captain Bill tranken ihren Morgenkaffee auf dem Deck des Hausboots der Tinsleys. Das Wetter war himmlisch, aber der Kapitän sah bedrückt aus.

„Du musst zugeben, dass bis jetzt alles nach Plan gelaufen ist“, sagte Pablo.

„Aber es gibt so viele Probleme; ich glaube nicht mehr, dass wir's rechtzeitig schaffen“, entgegnete Captain Bill.

„Ich versteh' dich gut. Wir müssen halt unser Möglichstes tun, um den Zeitplan einzuhalten.“

„Du hast ja recht. Dieser elende Druck macht mich halt nervös. Alles muss ich selbst machen, wie's scheint!“

„Vergessen wir mal den Kahn und den Schlepper“, sagte Pablo. „Wie sieht's mit dem Training der Mannschaft aus? Was brauchen wir da noch?“

„Ich habe bereits mehrere Holzkisten gebaut, die die gleiche Größe haben wie die eingeschweißten Bibelblöcke. Die Männer müssen üben, sie mit den kleinen Booten durch das Wasser zu ziehen, wie später, wenn es ernst wird und wir die Bibeln an den Strand bringen. Sie müssen das im Stockdunkeln machen, ohne jedes Licht, um ihr Nachtsichtvermögen zu schärfen.

Unser Plan sieht vor, dazu die Boston Whaler zu benutzen. Ich möchte, dass du, Pablo, das erste Boot fährst und Bill Schwartz das zweite – sofort, ab heute. Ihr beiden werdet die Einzigen sein, die ans Steuer dieser schnellen Boote dürfen. Ihr werdet auch dafür sorgen, dass sie jederzeit genug Treibstoff haben und einsatzbereit sind. Ihr werdet auch ihre Verladung auf die *Gabriella* managen.

Aber ich möchte, dass die Übrigen auch ihren Spaß haben“, fuhr der Kapitän fort. „Und als Erstes möchte ich ihnen etwas Unterricht im Sporttauchen mit Sauerstoffausrüstung geben, damit sie die Schönheit dieser Korallenriffe kennenlernen. Und du kannst inzwischen helfen, unsere neue Amateurfunkausrüstung auf der Brücke der *Michael* zu installieren – du weißt schon, das Gerät, das wir letzten Monat in Hongkong gekauft haben.“

Pablo nickte.

„Ein amerikanischer Arzt, der Tom heißt und hier in Puerto Galera auf seiner Jacht wohnt, hat versprochen, uns bei der Antenne zu helfen. Er hat auf seiner Jacht eine installiert, die sehr gut funktioniert. Du kannst ihn gleich mit dem Whaler abholen."

„Gut. Ich geh' gleich an die Arbeit", meinte Pablo. „Sobald das Funkgerät funktioniert, kann ich vielleicht Dean Keaney in unserer Basis in Manila kontaktieren und ein Gespräch mit meiner Frau arrangieren. Bin eine Ewigkeit nicht mehr zu Hause gewesen."

***

„Pablo, wach auf." Lil versuchte, es so leise zu sagen, dass sie die anderen Männer nicht weckte. „Bill ist immer noch nicht zurück mit dem Whaler, und jetzt ist es ein Uhr morgens. So lange wegzubleiben, ohne mich anzurufen, das macht er sonst nie."

Pablo versuchte, sich den Schlaf aus den Augen zu reiben. „Okay, ich nehm' den anderen Whaler und fahr' ihn suchen." Bill Schwartz und Cor, die ebenfalls aufgewacht waren, wollten mit.

Mit Höchstgeschwindigkeit fuhren die drei nach Osten durch die Verde-Island-Passage. Die Nacht war warm und ruhig, und das Boot flog wie ein Pfeil. Als Erstes fuhren sie zum Pier von Batangas, um zu sehen, ob hier jemand Captain Bill gesehen hatte, aber der Pier war menschenleer. Die Auskunft des einsamen Nachtdienst-Beamten von der Küstenwache, dass vor dem Morgen niemand per Funk erreichbar war und die Küstenwache folglich eine Suchaktion erst bei Tagesanbruch starten konnte, machte die Sache nicht einfacher.

Die drei Männer fuhren, den Blick auf den dunklen Ozean geheftet, langsam nach Norden, zur EEI-Werft, um zu sehen, ob Captain Bill vielleicht dort war. Es hatte geheißen, dass der Stapellauf der *Gabriella* kurz bevorstand. Aber es war kein Captain Bill zu sehen und auch kein anderes Boot in der Verde-Island-Passage. Die drei gaben es schließlich auf und fuhren zurück nach Paradise. Wo war ihr Kapitän? Es war vier Uhr morgens.

***

Am Morgen lagen beide Whaler wohlvertäut neben dem Hausboot, und die Erleichterung war groß. Captain Bill hatte mit Tom (dem amerikanischen Arzt) nach Batangas fahren wollen, ohne zu wissen, dass der Whaler, den er genommen hatte, nicht vollgetankt war, sodass ihnen unterwegs der Treibstoff ausging. Beim Mittagessen berichtete Bill der Crew das Drama.

„Tom dachte, wir würden an Land treiben. Es war ein Uhr mittags und eine Bullenhitze. Wir trugen beide nur Shorts und hatten keine Hemden dabei.

Anstatt auf die Küste zuzutreiben, trieben wir aber in einem Halbkreis durch die Bucht, nie mehr als eine Meile vom Ufer entfernt. Einmal legte ich meine Tauchermaske und Flossen an und versuchte, das Boot zu ziehen, aber die Wellen waren zu stark.

Nach acht Stunden kamen wir bei einer großen Werft an Land. Es war inzwischen Abend, und wir blieben nur so lange, bis wir jemanden auftreiben und ein paar Werkzeuge ausleihen konnten, um zu sehen, ob das Problem wirklich nur der leere Tank war.

Ich schlug Tom vor, uns weiter die Küste entlangtreiben zu lassen, bis wir zu EEI kamen, wo unser Kahn gebaut wird. Ich wusste, dass sie uns dort helfen und Treibstoff geben würden. Einmal hörten wir das Motorengeräusch eines anderen Whalers, und dann sahen wir seine Lichter. Es waren Pablo, Bill und Cor. Aber ihr drei hattet an die 30 Knoten drauf und konntet uns durch den Motorenlärm nicht hören. Wir waren nur 200 Meter entfernt.

Nun gut, wir schafften es zur EEI-Werft. Dort haben wir aufgetankt, und gegen fünf heute Morgen waren wir wieder hier.

Aber ich muss euch eines sagen: Als wir so dahintrieben, hab ich 'ne Menge nachgedacht. Ich war ja ziemlich geschafft nach all den Problemen. Aber Gott hat mich daran erinnert, dass dies *sein* Projekt ist und dass es durch ihn und nicht durch mich gelingen wird.

Also, Jungs: Gehn wir wieder an die Arbeit!"

***

Während der langen Arbeits- und Trainingstage in Paradise wuchs die Crew zu einer Schicksalsgemeinschaft zusammen. Die Männer lernten zwar das Sporttauchen, hatten aber kaum Zeit, es zu üben. Aber die gute Kameradschaft bei den Mahlzeiten und anderen Tätigkeiten, wo alle beisammen waren, hielt Moral und Erwartungen hoch.

Es gab immer etwas Neues zu tun. Beim Schleppen der hölzernen Nachbildungen der Bibelblöcke ließen die starken Motoren der Whaler die Schleppseile wiederholt reißen, weil der Wasserwiderstand der weitgehend unter Wasser schwimmenden Kisten einfach zu groß war. Captain Bill sah schließlich ein, dass für das Ziehen der Bücherblocks die richtige Devise nicht lautete: „So viel Power wie möglich", sondern: „Schön langsam und gleichmäßig". Was bedeutete, dass nicht die Whaler, sondern die Schlauchboote das Richtige für dieses Schleppen waren. Die brauchten zwar volle Kraft, um die Blöcke überhaupt in Bewegung zu setzen, aber bewegten sie sich einmal, dann schwammen sie brav in die gewünschte Richtung, ohne dass die Schleppseile rissen. Womit das nächste Projekt geboren war: die Konstruktion von T-förmigen Schleppkupplungen, die an den hinteren hölzernen Bodenbrettern der drei Schlauchboote angebracht wurden. Jeden Tag gingen die Schleppübungen weiter.

Als Nächstes mussten hölzerne Plattformen mit daneben angebrachten Davits gebaut werden, um die Schlauchboote auf die *Michael* laden und von ihr zu Wasser lassen zu können. Einmal mehr war es ein Segen, dass Bill Schwartz so ein guter Schweißer war. Man übte das Zu-Wasser-Lassen der Schlauchboote so lange, bis auf Captain Bills Kommando alle drei Boote binnen drei Minuten im Wasser und bemannt waren.

Die beiden Boston Whaler fanden ihren Platz zu beiden Seiten der Kajüte auf dem Achterdeck der *Gabriella*. Zum Herablassen und Hochziehen der Boote konstruierten sie je einen Davit, der mit einer Handwinde bedient wurde.

Jeden Abend kam die Crew zu einer Andacht zusammen. Bill Schwartz und Godfrey aus Trinidad machten abwechselnd den Vorsänger und Gitarrenspieler. Keith hatte Todd zu seinem Stellvertreter als Crew-Seelsorger ernannt, wenn er nicht anwesend war, und Todd nahm seine neue Aufgabe sehr ernst. Jeden Abend las die Gruppe in der Bibel und tauschte sich über einen Text und den vergangenen Tag aus.

Dann kam die erlösende Nachricht, dass die *Gabriella* fertig zum Stapellauf war. Captain Bill wies die Crew an, zu packen, die Treibstofftanks und die ozeanografische Ausrüstung auf das Achterdeck des Schleppers zu laden und sich auf die Fahrt nach Batangas vorzubereiten. Er gab Lil einen Abschiedskuss und lenkte die *Michael*, die beiden Boston Whaler im Schlepptau, aus der Bucht von Puerto Galera hinaus.

Noch 13 Tage bis zum Start.

9. Kurs auf Hongkong

Die *Gabriella* war endlich vom Stapel gelaufen – mit erheblicher Verspätung und um einiges teurer als in den Voranschlägen vorgesehen, aber der Lastkahn war stabil und er schwamm. Der kastenähnliche Rumpf und das Deck waren königsblau gestrichen. Die Kabine auf dem Achterdeck und die Sicherheitsausrüstung auf ihrem Dach waren rein weiß gehalten. Die Davits für die Boston Whaler standen wie zwei blaue Wachsoldaten zu beiden Seiten des Achterdecks.

Die Werft, auf der die *Gabriella* gebaut worden war, lag hoch über der Gezeitenmarke, sodass der Kahn auf speziellen Rollen ins Wasser bugsiert werden musste. Der Rumpf wog gut 100 Tonnen, und über 50 Männer waren damit beschäftigt, die Rollen gerade zu halten. Zwei Kräne sorgten für die nötige Schubkraft. Der Kahn bewegte sich nur unwillig; erst gegen zwei Uhr morgens glitt er mit einem gewaltigen Platschen ins Wasser.

Captain Bill und seine Männer waren mit weiteren Problemen auf der *Michael* beschäftigt.

***

„Tut mir leid, Captain", sagte Alastair, der Erste Maschinist. „Ich hab alles geprüft, aber das Ding geht nicht."

„Habt ihr alle Dioden überprüft?", fragte Captain Bill.

„Jawohl, doppelt und dreifach!"

Auch der zweite Generator auf dem Schlepper hatte seinen Geist aufgegeben. Nur die Notbeleuchtung, die durch die Batterien gespeist wurde, funktionierte noch. Da das Schiff gleich vor der EEI-Werft in der offenen Bucht vor

Anker lag, waren sie buchstäblich gestrandet. Ohne die Generatoren konnten sie noch nicht einmal den Anker lichten.

„Pablo, wir müssen was tun, und das schnell!“, rief der Kapitän. „Die EEI-Elektriker haben die Generatoren geprüft und nichts gefunden. Wir liegen hier mit fast der ganzen Crew vor Anker und wollen in zwei Tagen in See stechen. Und die technischen Installationen auf dem Kahn sind immer noch nicht ganz fertig.“

„Ich kümmere mich darum, Captain; mach du das mit der *Michael*“, antwortete Pablo.

„Okay, aber zuerst möchte ich mit der Crew beten. Das hier wird allmählich zu viel!“ Und Captain Bill rief mit seiner lautesten Stentorstimme: „Alle Mann an Deck! Alle in der Kombüse und im Vorderdeck zu mir aufs Achterdeck! Alle Mann an Deck!“

Die Männer, die glaubten, dass dies ein Notalarm war, kamen angerannt. Als Letzter kam Joseph, sein Gesicht weiß vor Angst. Er hielt die Hände ausgestreckt und rief: „Wo ist das Deck? Wo ist das Deck?“

Der Kapitän lachte. „Du stehst die ganze Zeit drauf, Joseph!“ Die anderen brachen ebenfalls in Gelächter aus. Josephs Gesichtsfarbe wechselte von Weiß zu Rot.

„Ich habe nichts dagegen, mit so grünen Anfängern wie euch zu arbeiten“, sagte Captain Bill. „Ihr habt euch gut gemacht die letzten Wochen. Aber es geht mir auf den Nerv, wenn der Satan uns sabotieren will. Er ist schon längst besiegt, aber er muckt immer wieder auf. Nehmt euch alle an den Händen; wir wollen gemeinsam unseren himmlischen Vater bitten, dem Teufel eins auf die Nase zu geben, damit er uns endlich in Ruhe lässt.“

Die Gebetsrunde dauerte einige Zeit. Dreizehn Männer schauten nicht mehr auf die Probleme vor ihnen, sondern auf Gott und baten ihn, ihnen zu helfen. Sie spürten, wie der Himmel sich auf das Deck herabsenkte.

***

Pablo lenkte den Boston Whaler durch die Dunkelheit bis an den Kai der Keppel-Bootswerft in Batangas und machte ihn fest. Er und Doug stiegen aus und gingen den langen Pier entlang zum Büro der Werft. Doug, Keith und Jim waren wieder zur Crew gestoßen, die jetzt, hier in Batangas, sechzehn Mann stark war. Michael Bruce, Terry Madison und möglicherweise Sealy Yates würden später in Hongkong dazukommen und damit die Besatzung auf neunzehn Mann verstärken – einer oder zwei weniger als die Idealzahl, die Captain Bill vorschwebte.

Die Schiffswerft Keppel, die gleich neben der EEI lag, hatte ihren Schlepper geschickt, um der Ankerwinde der *Michael* mit Strom auszuhelfen, und dann angeboten, einen externen Notstromgenerator zur Installation auf Deck zu verkaufen und einzubauen. Der Preis: schlappe 15.000 Dollar.

Der Umschlag mit dem Geld steckte in einer der Taschen von Pablos Cargo-Hose. Er und Doug marschierten mehrere Minuten schweigend durch die Dunkelheit. Dann fragte Doug: „Wie findest du dieses Projekt bis jetzt so, Pablo?"

„An so was Großem war ich noch nie beteiligt, Doug. Das ist einfach toll!"

„Und das ist erst der Anfang", sagte Doug. „Ich glaube, Gott hat noch viel größere Projekte für uns in petto!"

Noch größer?, dachte Pablo. *Besser nicht! Das hier ist schon fast eine Nummer zu groß für mich …*

Die beiden bezahlten die Rechnung und gingen den Pier entlang zurück zu dem Whaler, um die kurze Rückfahrt zum Schlepper anzutreten. Am nächsten Tag hatten sie Strom satt auf der *Michael*, und alle Geräte funktionierten wieder. Bill Schwartz und der Erste Maschinist Alastair errichteten aus Sperrholz eine Art Schutzhütte für den Generator, aber Captain Bill war nicht wirklich zufrieden. Die ganze Lösung war ein Provisorium – mehr nicht.

***

„Wir liegen voll im Zeitplan und müssen heute in See stechen. Die 25 Container mit der Million chinesische Bibeln sind in Hongkong und warten darauf, dass wir sie an Bord nehmen." Doug leitete eine weitere Sitzung des inneren Planungsteams; die sechs Männer saßen auf dem kleinen Deck über dem Ruderhaus, das nur über eine Leiter erreichbar, aber dafür ruhig war. Eine grüne Vinylplane schützte das Deck vor den Elementen.

„Es musste alles so schnell gehen, und wir sind ein zusammengewürfelter Haufen", sagte Captain Bill skeptisch. „Die Generatorverkleidung sieht wie ein Holzschuppen aus, und wir haben den Lastkahn noch kein einziges Mal ausprobiert. Nach dem Murks, den die EEI uns bei seiner technischen Ausrüstung geliefert hat, weiß ich noch nicht mal, ob das Ding so unter Wasser sinken und wieder hochkommen wird, wie wir das wollen. Zurzeit liegt der Kahn in einem seichten Becken, wo es unmöglich ist, das zu testen. Am besten schleppen wir ihn jetzt gleich nach Paradise, probieren über Nacht alles aus und laufen dann morgen in aller Frühe nach Hongkong aus."

„Captain, Jerry hat den Kahn überprüft und sagt, dass alles bestens funktioniert. Wenn wir unseren Zeitplan einhalten wollen, müssen wir *heute* losfahren." Dougs Stimme wurde dringend.

Die vier anderen im Kreis schwiegen. Dies schien ihnen ein Problem zu sein, das allein den Kapitän und den Commodore betraf. Natürlich wäre es das Vernünftigste gewesen, den Kahn mindestens einmal zu testen, aber der Zeitplan war genauso wichtig.

„Ich sehe das anders", sagte Captain Bill. Er strich sich über seinen Bart und fuhr fort: „Aber gut, selbst wenn unsere Mannschaft noch nicht mit dem Kahn geübt hat, setzen wir sie oder den Schlepper keiner unmittelbaren Gefahr aus. Und ich hatte mich ja verpflichtet, bei Dingen, die nicht direkt sicherheitsrelevant sind, Weisungen entgegenzunehmen.

Machen wir einen Kompromiss: Ich gebe den Männern heute Nachmittag Unterricht im Kahnschleppen. Danach verstauen wir die Boston Whaler auf dem Lastkahn, tanken alles voll und nehmen die nötigen Wasser- und Essensvorräte an Bord. Dann können wir heute Abend um 23.30 Uhr Kurs auf Hongkong nehmen. Mit sieben Knoten werden wir pünktlich dort eintreffen."

***

„Scheint gut zu schleppen, das Ding", meinte der Kapitän, als er Pablo am nächsten Morgen um 8 Uhr bei der Wache ablöste. In der vergangenen Nacht hatten sie den Kahn zum ersten Mal an den Schlepphaken genommen.

Die scheidende Charlie-Mannschaft betete für die sie ablösende Alpha-Mannschaft. Die Sitte, dass die alte Wache für die neue betete, hatte Schiffspastor Keith eingeführt. Dann gingen die Charlie-Leute ins Bett.

„*Gabriella, Gabriella,* hier Schlepper *Michael*", rief Captain Bill ins Mikrofon des CB-Funkgeräts. Er rief Jerry, Cor und Godfrey auf dem Kahn an. Sie waren dort, um noch ein paar Arbeiten durchzuführen, die der Kapitän ihnen aufgetragen hatte. Der Lastkahn hatte seinen eigenen Generator und sein Schweißgerät.

„Schlepper *Michael*, hier *Gabriella*. Guten Morgen. Stopp." Jerrys Stimme kam klar und deutlich aus dem Lautsprecher.

„Wie geht's bei euch, Jerry? Stopp."

„Alles bestens. Haben gut geschlafen und werden demnächst mit der Arbeit beginnen. Stopp."

„Habt ihr genügend Proviant? Stopp."

„Jawohl."

„Bleibt in Kontakt mit uns, vor allem, wenn ihr was braucht. Stopp und Ende."

Augenblicke später kam ein Anruf von Alastair im Maschinenraum. „Captain, der Startkompressor klopft so komisch."

„Könnt ihr ihn reparieren? Habt ihr Ersatzteile?", fragte Captain Bill.

„Sieht so aus, ja."

„Dann fangt mal gleich an."

Doug erschien auf der Brücke. „Wie geht's, Captain?"

„Nun, seit wir in See gestochen sind, sind wir im Durchschnitt acht Knoten schnell." Noch hatte die *Gabriella* keine Ladung an Bord.

„Preist den Herrn!", erwiderte Doug grinsend. „Sieht so aus, als ob wir's pünktlich schaffen."

***

Pablo genoss den Tagesablauf an Bord. Die vierstündigen Wachen und achtstündigen Ruhezeiten gaben dem Leben einen festen Rhythmus. Seine Mannschaft auf der Brücke hatte keine Schwierigkeiten, Captain Bills Kompasskurs-

Instruktionen zu befolgen, den Radarschirm abzulesen und allgemein das Meer zu beobachten. Sie fanden, dass „ihre" Wache die beste war; auf ihr konnten sie jeden Sonnenuntergang und Sonnenaufgang genießen.

Der Kapitän hatte den Brückenwachen erklärt, dass Schleppverbände auf See in jeder Situation „Vorfahrt" haben. Die *Michael* hatte ihre Schleppflaggen gehisst, und nachts leuchteten vom Fockmast außer den üblichen Positionslichtern, die jedes Schiff auf See braucht, auch die Schlepplichter.

Das Interessanteste an der Wache war das Navigieren und das Eintragen von Position, Richtung und Geschwindigkeit auf den Seekarten, die auf dem kleinen Kartentisch am hinteren Ende der Brücke auslagen. Mit Hilfe dieser Angaben konnte man leicht den Satellitennavigator lesen und jedes Mal, wenn ein Satellit die *Michael* passierte, die exakte geografische Länge und Breite auf den Seekarten festhalten, worauf man sie mit den früheren Positionen vergleichen und den Kurs berechnen konnte.

Am Abend des zweiten Tages stand Douglas junior am Ruder, als John Kulisich, der das Radar beobachtete, plötzlich rief: „Pablo, von backbord nähert sich ein Frachter mit 45 Grad zu unserem Kurs! Er wird nicht langsamer, ich glaube, wir sind auf Kollisionskurs!"

Pablo sprang ans Backbordfenster und schaute durch sein Fernglas nach Südwesten. Tatsächlich: Ein großer Frachter fuhr rasch auf die *Michael* zu. Eigentlich brauchte man gar kein Fernglas, um das festzustellen.

„Ronald! Geh schnell runter zum Captain und frag ihn, was wir machen sollen!", rief Pablo.

Captain Bill saß gerade mit etwa zehn weiteren Besatzungsmitgliedern beim Abendessen und war dabei, eine längere Geschichte zu erzählen. Ronald, ganz der sanfte

Filipino, traute sich nicht, ihn zu unterbrechen, und blieb geduldig wartend in der Kombüsentür stehen.

Oben auf der Brücke geriet Pablo allmählich in Panik. In den Instruktionen, die er bekommen hatte, waren Veränderungen in der Geschwindigkeit nicht vorgesehen; zu starkes Bremsen oder Beschleunigen konnte das Schleppseil durcheinanderbringen und im schlimmsten Fall, wenn die Zug- oder Druckkräfte zu stark wurden, das Zugwerk des Lastkahns ruinieren. Die einzige andere Option war ein vorübergehender Kurswechsel. Pablos Hand schwebte über den Bedienschaltern der Maschine. Er überlegte fieberhaft. Der Frachter machte keine Anstalten auszuweichen. Sollte er die Maschine anhalten?

Der Frachter war noch 30 Meter von der *Michael* entfernt, als Ronald sich endlich ermannte und fragte: „Captain, was machen wir mit dem großen Schiff da draußen?"

Der Kapitän schaute durch das Bullauge und sprang auf. Seinen 50 Jahren zum Trotz schoss er wie ein Teenager die Leiter zum Ruderhaus hoch. Keine 15 Sekunden, und er war auf der Brücke. Pablos Hand lag auf dem Schalter zum Drosseln der Maschine. Plötzlich spürte er die große Hand von Captain Bill auf der seinen. Ihm wurde sofort wohler; sein Chef hatte die Lage unter Kontrolle.

Der Kapitän schaute angespannt zu, wie der Frachter mit vielleicht zehn Meter Abstand am Bug des Schleppers vorbeirauschte. Vom Heck flatterte die Flagge der Philippinen. Captain Bill murmelte: „Ihr Gangster!" Er hatte große Lust, dem Frachter per Funk seine Meinung zu sagen, ließ es aber bleiben.

Nach diesem Vorfall waren die Männer auf der Brücke doppelt wachsam.

***

Der Himmel war schwarz geworden, die Wellenberge auf dem Südchinesischen Meer wurden zusehends höher. Sauerstoffflaschen flogen über das Achterdeck des Schleppers.

„Todd, nimm dir 'ne Schwimmweste und komm mit mir!", schrie Captain Bill.

Todd Miller, ein kräftiger, sportlicher junger Mann, hatte gerade Dienst im Maschinenraum. Als sie aus der Tür hinaus aufs Deck traten, begrüßte sie ein salziger Gischtschwall; um ihre Füße schäumte das Meerwasser.

„Nimm das Seil hier und bind es dir um den Bauch", rief der Kapitän. „Das ist deine Rettungsleine. Und dann geh aufs Achterdeck und bind die Sauerstoffflaschen und Benzinfässer, die sich aus der Verzurrung gelöst haben, wieder fest!"

Todd machte ein verdutztes Gesicht, befolgte aber die Anweisung.

Auf dem hin- und herrollenden Achterdeck herrschte das Chaos. Jedes Mal, wenn der Schlepper nach backbord rollte, schoss das Wasser durch die Speigatt, eine unverschlossene, gesicherte Abflussöffnung, und über die niedrige Reling. Wenn das Schiff sich in die andere Richtung senkte, stand Todd bis über die Knie im Wasser.

Mit einiger Mühe gelang es Todd, die hin- und herrollenden Flaschen und Kanister aus dem Wasser hervorzufischen und wieder festzubinden. Es war eine Szene, die er nie mehr vergessen würde; er hatte buchstäblich den Film seines Lebens vor seinem inneren Auge vorbeirollen sehen.

***

Etwas später, mitten in der Nacht, schreckten die Männer, die im Vorschiff schliefen, unvermittelt hoch. Das Schiff rollte nicht nur heftig nach links und rechts, jetzt stampfte es auch vom Bug zum Heck und wieder zurück. Der Sturm peitschte den Regen fast waagerecht über das Deck. Die Wellen schienen haushoch geworden zu sein, die Brecher krachten mit einer Gewalt gegen den Rumpf, dass das ganze Schiff dröhnte und zitterte.

Bald stank es im Vorschiff so bestialisch nach Erbrochenem, dass die meisten Männer ihre Zuflucht im Speiseraum suchten. Doch dort war es noch schlimmer, denn ein ganzes Glas Instant-Kaffee war von einem Brett auf den Boden gefallen und zerbrochen, und der Kaffee-Geruch half denen, die bereits seekrank waren, nicht gerade. Das Schiff stampfte und rollte so heftig, dass an ein Aufwischen des Kaffees nicht zu denken war. Der Wasch- und Toilettenraum schien noch der sicherste Ort zu sein, und die Männer versammelten sich dort.

Die *Michael* erlebte ihren ersten schweren Sturm, und nur wenige aus der Mannschaft waren in der Lage, ihre Wache durchzustehen. So hohe Wellen hatte Captain Bill im Südchinesischen Meer noch nie erlebt; sie waren doppelt so groß wie im Lotsenhandbuch für das Chinesische Meer beschrieben. Später notierte er in sein Logbuch:

> „Der Bug schoss nach unten, als wollte er sich von der wütenden See verschlucken lassen. Dann das Zittern, als die Stahlplatten des Schleppers *Michael* von vorn bis achtern vibrierten. Tonnen von Salzwasser schossen über das Deck, und durch die Fenster des Ruderhauses sah man nur noch die Nacht und die Gischt, die mühelos bis über die Plattform des Löschturms – über zehn Meter über der Meeresoberfläche – schoss. Die See machte den nächsten Versuch, unser kleines Schiff zu verschlingen.

Dann, langsam, wie jemand, der sich aus einem nassen Grab befreit, stieg der 30-Meter-Schlepper wieder nach oben, ein stolzes Monument von Menschenhand in einer Wüstenlandschaft aus riesigen Wellenbergen mit zerstiebenden Kämmen und schaumbedeckten Hängen ... Es war, als ob die anstürmenden Wellen uns von unserem Ziel wegdrücken wollten. Ich schaute nach achtern, zu dem königsblauen Lastkahn, der uns mit hundert Meter Abstand folgte. Sein Bug schoss zum Himmel hoch, bis man den halben Unterboden sah. Einen kurzen Augenblick balancierte der Kahn auf dem Wellenkamm, dann krachte er ins nächste Tal. Ich wusste noch nicht, dass die dreiköpfige Besatzung sich an ihre Kojen festgebunden hatte, um nicht wie Geschosse durch die Luft zu fliegen und gegen die Kabinendecke zu krachen ...

Ich schaute zur Seite, wo der Steuermann stand. Sein Gesicht hatte die gleiche Farbe wie der bleierne Himmel draußen. Ich fragte mich, wie lange es noch dauern würde, bis auch er nach draußen stürzen und das, was er an dem Abend gegessen hatte, wieder von sich geben würde. Seine Fingerknöchel waren weiß um die Speichen des Steuerrads aus Mahagoni geklammert; er hielt sich mit aller Kraft an ihnen fest, um nicht wie ein Ball gegen die Seitenwände des Ruderhauses zu fliegen. Mehrere der Kabinenhocker lagen bereits über den Boden verstreut, ihre Beine abgebrochen von den heftigen Kollisionen mit dem Stahl der Schotts.

Ich stand, die Beine Balance suchend gespreizt, über den Kartentisch gebeugt und grübelte. Sollte ich die Geschwindigkeit weiter verringern oder den Kurs ändern, um die Belastung von Schlepper und Kahn zu vermindern?

Einer aus meiner Wache lachte. ‚He, schaut euch den Captain an!', rief er über das Toben der See den anderen zu. Meine nackten Füße rutschten auf dem nassen Fußboden des Ruderhauses hin und her, erst eine Handbreit in die eine Richtung, dann in die andere. Ich merkte es kaum; ich war ganz mit den Problemen eines Kapitäns beschäftigt, der einen Schlepper und einen 200-Tonnen-Kahn sicher durch einen Orkan auf hoher See bringen muss."[1]

Der Sturm tobte etwa 30 Stunden lang. Es waren Stunden, auf die die Besatzung gerne hätte verzichten können. Aber es gab auch lustige Augenblicke. Etliche aus der Mannschaft waren schwer seekrank. Die Seekrankheit ist eine Reizung des Innenohrs; hier reagiert jeder Mensch anders.

Der Erste Maschinist Alastair Barr war stolz darauf, dass sein Innenohr robuster als das der meisten anderen war. Nachdem er mehrere Wachen hintereinander hinter sich gebracht hatte, ging er tatsächlich in die Kombüse, wo er sich trotz des penetranten Kaffee-Gestanks einen dicken schottischen Haferbrei zum Frühstück machte. Nach dem Frühstück kletterte er die Leiter zum Ruderhaus hoch, um durch die offene Tür auf der Backbordseite mit Captain Bill zu reden. Pablo stand gerade am Steuer, und der Kapitän rutschte nach wie vor auf dem nassen Boden hin und her.

„Wie sieht's unten aus, Alastair?", fragte Captain Bill.

„Sehr gut, Captain. Ich hab drei Wachen gemacht, und jetzt ist Todd dran. Ihm ist ein bisschen übel, aber sonst geht's ihm gut. Ich hab gerade mein Frühstück fertig gegessen", sagte Alastair stolz.

Der Kapitän sah ihn überrascht an. „Was hast du gegessen?"

Im gleichen Augenblick rollte der Schlepper heftig nach backbord, alsbald gefolgt von Alastairs Frühstück, das in den Wellen verschwand.

„Du brauchtest mir das nicht zu zeigen, sagen hätte genügt", lachte der Kapitän.

Erst grinste Alastair, dann befühlte er seinen Mund, und das Entsetzen kroch in sein Gesicht. Zusammen mit dem Frühstück war auch seine Teilprothese mit den oberen Schneidezähnen über Bord gegangen. „Jetzt hab ich 'nen Platten im Gesicht", stöhnte er, „ich glaube, ich gehe besser ins Bett!" Sprach's und kletterte wieder nach unten.

Als der Sturm sich endlich legte, machten Keith, Joseph, Jim und Captain Bill sich im Speiseraum über eine zerbrochene Wassermelone her und improvisierten einen Wettbewerb im Melonenkern-Weitspucken durch das Bullauge. Nach so vielen Stunden Fasten war die Melone das reinste Festessen.

***

In dem stillen Wetter, das auf den Sturm folgte, fuhr die *Michael*, die *Gabriella* im Schlepp, ohne Mühe den Lamma-Kanal hinauf zum Hafen von Hongkong. Pablo meldete sich per Schiffsfunk bei allen Lotsenpunkten an.

Bei Green Island kamen zwei große Schlepper, um die *Gabriella* an ihre Anlegestelle zu bringen. Es war nicht einfach, die Schleppseile zu lösen und an die beiden großen Schlepper zu übergeben. Als Nächstes stieg ein Lotse an Bord der *Michael.* Captain Bill hatte nicht gewusst, dass auch Schlepper einen Lotsen brauchten. Der Lotse war ein älterer Chinese, der einen Trenchcoat und einen leichten, schmalkrempigen Hut trug.

„Ahhed langsam!", kam sein erster Befehl. Die *Michael* schob sich im Schneckentempo am Hongkong Western Anchorage und der Stonecutters-Insel vorbei.

„Maschine stoppen!", befahl der Lotse, als sie den Kai im Hafen Sham Shi Po in Kowloon erreichten.

„Ahhed langsam! Maschine stoppen! Pot rudda! Langsam achtern! Maschine stoppen!" Der Lotse bellte seine Befehle, aber machte einen verunsicherten Eindruck. Er war große Frachter gewohnt und nicht diesen kleinen Schlepper. Schließlich sah er Captain Bill an, wedelte ungeduldig mit den Armen und sagte: „Sie selber anlegen!"

Na dann gute Nacht, dachte Captain Bill, *dieser Kerl hat den ganzen Nachmittag gebraucht, um uns hierherzubringen, und jetzt kann er noch nicht mal selber anlegen!*

Ein paar Minuten später war die *Michael* vertäut, eine halbe Stunde später auch die *Gabriella.*

Auf dem Kai warteten in 25 Seecontainern eine Million chinesische Bibeln, wasserdicht zu Ein-Tonnen-Blöcken verpackt. Endlich. Alles lief nach Plan, das Abenteuer konnte beginnen.

Nur noch vier Tage bis zum Start.

10. Was eine Bibel kosten kann

Die Federung des uralten, überfüllten Busses, in dem Chan saß, hatte bessere Zeiten gesehen. Zwölf Stunden dauerte die Fahrt nach Anhui, und immer wieder musste der Fahrer unvermittelt ausweichen, wenn der nächste Bauer seinen frisch geworfelten Reis zum Trocknen auf der Straße ausgelegt hatte. Durch die Löcher im halb durchgerosteten Fußboden wirbelte unablässig der Staub hoch.

Die Provinz Anhui schließt sich an Henan im Osten Chinas an und wird durch den Jangtsekiang bewässert. 1981 lebten hier 50 Millionen Menschen. Unter anderem wurden Reis, Gerste und Baumwolle angebaut. Der Süden Anhuis ist gebirgig; dreißig Gipfel erreichen 1.500 Meter und mehr. Die Hauptstadt, Hefei, ist für ihre Technische Hochschule bekannt.

1869 begann die von Hudson Taylor geleitete China Inland Mission (heute: Überseeische Missionsgemeinschaft) eine Missionsarbeit im Norden der Provinz. Fünfzehn Jahre lang war sie die einzige evangelische Mission in Anhui. Nach dem Boxeraufstand von 1900, der 146 Missionare das Leben kostete, nahm die Missionstätigkeit einen großen Aufschwung. 1905 unterhielten fünf Missionsgesellschaften 23 Missionsstationen, und es gab 1.543 evangelische Christen; 1920 waren es zehn Gesellschaften mit 172 Missionaren auf 33 Stationen, und die Zahl der Gläubigen hatte sich mehr als verdreifacht auf 5.000, davon zwei Drittel Männer.

Am 8. Dezember 1934 erlitten die Missionare John und Betty Stam in Anhui den Märtyrertod. Im gleichen Jahrzehnt kam es zu einer großen Erweckung. Dies führte zu einer stabilen einheimischen Kirche, die bis zum heutigen Tag wächst und gedeiht. In diese Provinz fuhr Chan also.

Als er endlich aus dem Bus aussteigen konnte, war ihm schlecht vor Erschöpfung. Gut, dass Matthew Lo ihn am Busbahnhof abholte. Neben Matthew stand Pastor Cho Ling, Matthews und Chans Gastgeber für das Wochenende.

Bald saßen die drei am schlichten Küchentisch des Pastors, jeder mit einer großen Schüssel Reis und einer dampfenden Tasse Tee vor sich, und unterhielten sich über Anhui und Projekt Perle.

Pastor Cho Ling erzählte von einem kürzlichen Besuch bei Christen im gebirgigen Süden der Provinz, die sich in Höhlen zu ihren Gottesdiensten trafen. „Die letzte Höhle, die ich besuchte", sagte er, „diente siebzig Gläubigen nicht nur als Kirche, sondern auch als Wohnung. Alle siebzig hatten nur eine einzige Bibel und eine Zahnbürste, die sie alle benutzten." Die Männer verzogen keine Miene über die Zahnbürste, aber die eine Bibel fanden sie schlimm.

„Gut, Bruder Ling", sagte Chan, als sie sich Tee nachgossen, „du hast uns erzählt, wie dringend deine Leute Bibeln brauchen. Wie geht es ihnen sonst so?"

„In den letzten Jahren haben unsere Gemeinden viel Verfolgung erlitten, aber durch Gottes Gnade und Schutz konnten wir in dem Werk, zu dem er uns berufen hat, Schritt für Schritt immer mehr wachsen.

Wir brauchen dringend Mitarbeiter und Gemeindeleiter und führen immer wieder Schulungen durch. Einmal hatten sich etwa siebzig künftige Leiter zu solch einer Schulung versammelt. Nun, jemand aus der Drei-Selbst-Kirche ging zur Sicherheitspolizei und zeigte uns an. Die Polizei rückte an und umstellte unseren Versammlungsort.

Was sollten wir machen? Wir mussten die Bücher, Kassetten und sonstigen Materialien den Beamten aushändigen. Danach wurden die Polizisten gewalttätig und begannen, die Christen zu schlagen. Mit Seilen banden sie uns an den Händen zu zweit aneinander, ganz fest.

Sie führten uns ab nach draußen und teilten uns in zwei Gruppen auf. Die eine Gruppe, die aus 42 Personen bestand, wurde zu einer Station der Sicherheitspolizei abtransportiert, die übrigen 28 kamen in das nächstgelegene Polizeirevier. Der Polizeibus musste mehrere Touren fahren, weil es so viele Menschen waren.

Die Brüder und Schwestern ließen sich nicht einschüchtern. Gemeinsam sangen wir unserem Gott Loblieder. Die Polizisten verstanden die Welt nicht mehr und fragten uns, wie wir so singen konnten, wo wir doch gerade verhaftet worden waren. Zur Antwort zitierten wir ihnen aus Römer 8,35-39: ‚Was also könnte uns von Christus und seiner Liebe trennen? Leiden und Angst vielleicht? Verfolgung? Hunger? Armut? Gefahr oder gewaltsamer Tod? … Denn ich bin ganz sicher: Weder Tod noch Leben, weder Engel noch Dämonen … oder sonst irgendetwas können uns von der Liebe Gottes trennen, die er uns in Jesus Christus, unserem Herrn, schenkt.‘

Darauf befahl der Polizeichef, uns in ein unterirdisches Gefängnis zu sperren, die Schwestern in der einen Ecke, die Brüder in der anderen. Die Polizisten versuchten, uns mit elektrischen Schlagstöcken zu traktieren, aber die Stöcke funktionierten nicht. Aus lauter Wut und Frust schlugen sie uns schließlich mit den Fäusten. Die Brüder und Schwestern ließen dies in Gottes Kraft über sich ergehen. Wir waren bereit, uns schlagen zu lassen, weil so viele Menschen so dringend das Evangelium brauchten. Verglichen mit dem Schrei nach dem Evangelium, den wir täglich hörten, war unser Leiden etwas Kleines.

Die Polizisten warfen uns vor, uns illegal versammelt zu haben. Wir erwiderten, dass wir nichts gegen die Geset-

Der Lastkahn „Gabriella“ wird auf den Philippinen gebaut

Der „Michael-Strand“ bei Shantou an der Südostküste Chinas

Das Trainingszentrum „Paradise“ im geschützten Hafen von Puerto Galera auf Mindoro/Philippinen

In der Schlangenbucht im Hongkonger Norden trainieren Männer der Crew mit den Beibooten

Das Planungsteam auf der Suche nach einem geeigneten Schlepper

In Singapur gefunden: der Schlepper „Michael“

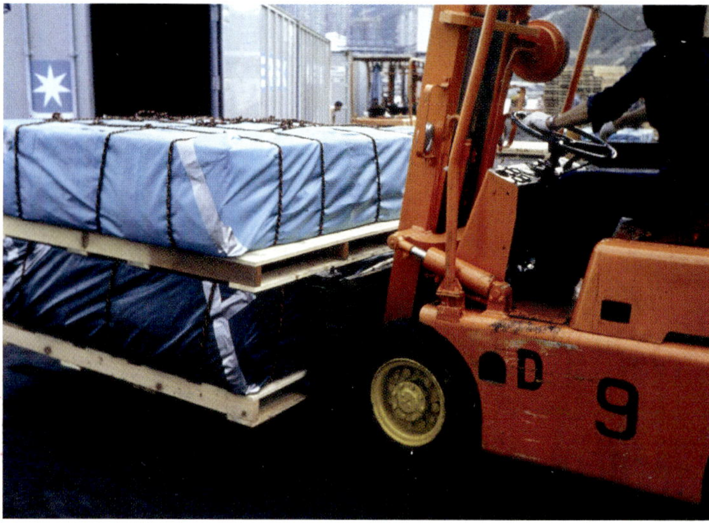

Die Bibeln in Blocks zu je einer Tonne,
verpackt in wasserdichten Kartons

Eine Million Bibeln werden in Hongkong
auf den Schleppkahn „Gabriella“ geladen

Das schnelle Zu-Wasser-Lassen der Beiboote will gelernt sein

Die „Gabriella“ am kurzen Schleppseil hinter der „Michael“
im Hafen von Hongkong

Andacht der Crew auf den Bibelkartons auf der „Gabriella“ …

… und im Speiseraum auf der „Michael“

Die Besatzung übt das Abladen der Bibelkartons von Hand

Der Kran wird installiert

Viel gelesene Perle-Bibel in chinesischer Sprache
zwanzig Jahre später

Zwanzig glückliche Männer – Auftrag ausgeführt

ze getan hatten und einfach das ganz normale Leben von Christen führten, die in einem Staat mit Religionsfreiheit leben. Die Polizisten sagten darauf, dass sie jedes Recht hatten, uns zu bestrafen, weil wir unseren Versammlungsort nicht hatten registrieren lassen.

Als Nächstes versuchten die Beamten, mit den Besitzern des Hauses, wo sie uns verhaftet hatten, einen Kuhhandel zu machen. Sie sagten ihnen, dass sie bereit wären, uns freizulassen, wenn sie für jeden von uns 500 Yuan bekämen – das ist mehr, als manch ein Landarbeiter in einem ganzen Jahr verdient. Unsere Mitarbeiter sprachen mit den Hausbesitzern und baten sie, sich nicht von der Polizei einwickeln zu lassen. Sie blieben denn auch standhaft und weigerten sich – selbst als die Polizisten von 500 auf 400, 300, 200 und schließlich 10 Yuan heruntergingen.

Da die Schlagstöcke weiter nicht funktionierten, beschlossen die Polizisten, uns die Decken wegzunehmen, die wir gegen die Nachtkälte brauchten. Aber wir riefen zu Gott: ‚Herr, wir wissen, dass du uns liebst, und so werden wir dich weiter loben und preisen!' Die ganze Nacht und bis in den Morgen hinein tanzten, sangen und beteten wir. Wir sangen einander zu:

‚Wir sind keine Fremdlinge mehr,
Gott hat sich offenbart, er ist hier.
Darum lasst uns uns freuen
und einander Mut machen.
Der Herr ist bei uns;
jagen wir dem Ziel nach,
das er uns gegeben hat,
und bleiben wir nicht stehen.
Er hat uns befohlen,
von Dorf zu Dorf zu gehen
und den Menschen seine Gaben
freimütig zu geben.

Lasst uns zusammenstehen.
Wie stark der Wind und die Wellen auch sind,
sie werden uns nicht hindern an unserem Auftrag,
der uns vorantreibt.
Nehmt euch an der Hand
und steigt auf den Berg, der vor uns liegt.
Egal, wie hoch er ist,
er wird uns nicht den Blick verstellen
auf das große Ziel.
Lasst uns einander lieben,
weil wir bald unseren Herrn
von Angesicht zu Angesicht sehen werden.‘

Als Nächstes versuchten die Sicherheitsbeamten es mit Aushungern. Zwei Tage lang brachten sie uns nichts mehr zu essen. Dann bekam einer der Oberen es mit der Angst zu tun, was geschehen könnte, wenn einer von uns in ihrem Gewahrsam an Unterernährung starb. Sie befahlen einer Schwester, uns eine Mahlzeit zu bringen. Sie brachte uns allen zu essen und zu trinken, und wir feierten wieder.

Dann entdeckte einer der Polizisten auf dem Polizeirevier, dass eine der inhaftierten Christinnen seine leibliche Schwester war. Er sagte zu ihr: ‚Ich sehe zu, dass du hier herauskommst. Warum bist du überhaupt hier?‘ Sie erklärte, wie sie verhaftet worden war, und sagte ihm, dass sie erst dann nach Hause gehen würde, wenn alle anderen ebenfalls freigelassen wurden; solange ihre Glaubensgeschwister noch hier waren, würde sie bei ihnen bleiben.

Früh am Morgen ging einer der Verhafteten auf die Toilette. Der Polizeichef, der gerade ebenfalls dort war, fragte ihn, ob er krank war. Der Mann erwiderte, dass er sich in der Tat erbrochen hatte. Der Revierleiter fragte ihn, ob er an Gott glaubte und ob es denn nun einen Gott gab oder nicht. Der Mann antwortete, er wisse, dass es Gott gibt; er wäre sonst kein Christ.

‚Wo ist Gott denn?', fragte der Polizeichef weiter. Der christliche Bruder erinnerte ihn daran, wie auf einmal die elektrischen Schlagstöcke nicht mehr funktioniert hatten, und erklärte, dass dies nur ein Beweis unter vielen für Gottes Existenz sei.

Das Gespräch endete damit, dass der Bruder freigelassen wurde. Aber nicht nur das, sondern der Polizeichef bat ihn, nach seiner Freilassung auf einen Besuch zu ihm zu kommen; er wolle weiter mit ihm reden.

Der nächste Schritt war, dass die Polizei die Verwandten der übrigen Inhaftierten aufforderte, sofort zu kommen und ihre Lieben abzuholen; sie bräuchten nur eine kleine Geldstrafe zu bezahlen.

Die Verwandten sagten, dass dies leider nicht ging, da sie alle sehr arm waren. Sie erklärten der Polizei, dass sie keine 10 Yuan übrig hatten – und wenn sie sie hätten, würden sie sie für die Mission verwenden.

Schließlich wurden wir fast alle freigelassen. Diejenigen, die Geld dafür bezahlt hatten, bedauerten später, dass sie nicht mehr Gottvertrauen gehabt hatten. Nur zwei wurden nicht freigelassen. Es waren Lehrer, die andere Christen ausgebildet hatten. Die Sicherheitspolizei hatte vor, Anklage gegen sie erheben zu lassen und sie für zwei oder drei Jahre in ein Straflager zu schicken.

Ein Verwandter einer dieser beiden Lehrer hatte einen guten Draht zum leitenden Funktionär der Sicherheitspolizei und redete mit ihm. Daraufhin ließ dieser die geplante Anklage fallen und ordnete an, dass die beiden Lehrer ein ‚Bewährungsgeld' von je 200 Yuan zahlen sollten. Falls sie nach ihrer Freilassung weiter andere Christen schulten oder das Evangelium predigten, würde die Polizei die 200 Yuan als Geldstrafe einbehalten; andernfalls würden sie das Geld nach einer Bewährungszeit zurückerhalten.

‚Aber wie können wir den Mund halten und das Evangelium nicht mehr predigen?', fragten die beiden Lehrer. ‚Dies ist unser Lebensstil, ob zu Hause, unterwegs oder im Gefängnis. Wir haben unser Leben Gott gegeben und wollen nur noch für ihn arbeiten.'

Auch diese Brüder kamen schließlich frei, und wir konnten alle zusammen Gottesdienst feiern und Gott loben und danken. Heute sind wir stärker als je zuvor. Je mehr die anderen versuchen, die Fahne Christi herunterzureißen, umso höher flattert sie. Je stärker die Verfolgung, desto größer die Erweckung."

Chan lächelte. „In Henan haben die Gläubigen mir gesagt, dass wir Christen wie der Bambus sind. Je mehr man uns herunterschneidet, umso schneller wachsen wir wieder hoch!"

„Amen", erwiderte Cho Ling. „Unsere Arbeit ist seitdem stark gewachsen, und unsere Geschwister arbeiten jetzt in den Provinzen Xinjiang, Sichuan, Liaoning und an vielen anderen Orten. Der Großteil unserer Missionsarbeit hat im Süden von Sichuan stattgefunden, wo viele Menschen ihr Leben Jesus gegeben haben und viele Kranke geheilt worden sind.

Ein Bruder dort – er heißt Kwan – war früher der Anführer einer etwa vierhundertköpfigen Jugendbande gewesen. Als er Jesus annahm, hörte er nicht nur auf, Böses zu tun, sondern fing auf der Stelle an, die Botschaft von Jesus weiterzusagen. Kurz nach seiner Bekehrung sah er am Straßenrand eine alte Frau, die vor Schmerzen weinte. Er fragte sie, was ihr fehlte, und sie sagte, dass sie furchtbare Kopfschmerzen hatte.

‚Lass mich für dich beten, dann wirst du geheilt', sagte Kwan.

Sie erwiderte: ‚Nein, anschließend willst du ja nur Geld von mir haben.'

Kwang erklärte: ‚Ich bin ein anderer geworden, ich habe Jesus angenommen. Ich will dein Geld nicht.‘

Gut, die Frau kniete sich neben der Straße hin, und der junge Mann bat Gott, sie zu heilen. Augenblicklich hatte sie keine Schmerzen mehr. Die beiden waren natürlich längst nicht mehr allein. Zahlreiche Passanten waren stehen geblieben. Sie staunten nur so, sausten nach Hause und brachten Kwan ihre Kranken.

Kwan betete im Stillen: *Gott, ich bin doch gerade erst ein frischgebackener Christ! Ist das hier richtig?* Aber als er für diese Menschen betete, heilte Gott auch sie.

Dann kam ein Beamter der Sicherheitspolizei vorbei und fragte, was hier vorging. Kwan sagte ihm, dass er Jesus nachfolgte. Der Polizist zog ein Paar Handschellen hervor, um ihn festzunehmen. Kwan betete wieder im Stillen: *Herr Jesus, du weißt, dass ich noch nicht lange Christ bin. Wenn der mich abführt, werden diese Menschen hier nicht an dich glauben. Bitte gib, dass die Handschellen nicht funktionieren!*

Der Sicherheitspolizist versuchte verbissen, die Handschellen zu öffnen, damit er sie Kwan umlegen konnte. Aber er schaffte es nicht. Die Umstehenden sagten: ‚Warum wollen Sie den jungen Mann verhaften? Er hat nichts Böses getan, er hat für unsere Krankheiten gebetet, und jetzt sind wir alle gesund.‘ Der Polizist gab es schließlich auf und befahl allen, sie sollten nach Hause gehen.“

Chan sagte: „Ihr habt wirklich viele Wunder Gottes erlebt. Für euch ist es sicher kein Problem zu glauben, dass er euch Tausende von Bibeln schicken wird.“

„Ja“, antwortete Cho Ling, „und je mehr Bibeln wir haben, desto stärker wird unsere missionarische Arbeit, denn wir haben eine große Vision. Schon jetzt, wo wir so wenige Bibeln haben, gehen unsere Leute als Missionare hinaus.

Wer das tut, verabschiedet sich zuerst von seinen Eltern und Geschwistern und sagt dabei den Text des folgenden Liedes auf:

> ‚Hand in Hand, Hand in Hand,
> lass uns gemeinsam Jesus folgen.
> Lass dich von nichts abhalten,
> hab keine Angst vor der Straße, die vor dir liegt.
> Denke immer an das Eine.
> Geh vorwärts, schau nicht zurück.
> Packe den Wind, fahre hinaus auf die Wellen,
> öffne die Schwingen des Glaubens
> und breite den Namen Jesus aus.
> Es ist Zeit, deinen Eltern, Brüdern, Schwestern Ade zu sagen.
> Ich bin bereit, auf die Straße des Evangeliums zu gehen.
> Es wird nicht leicht sein, aber ich will fest stehen
> und nach vorne schauen,
> trotz Wind und Frost und Schnee und Regen.
> Meine Schritte werden immer fester und entschlossener,
> weil ich auf das Neue Jerusalem schaue.‘“

Matthew hatte die ganze Zeit schweigend zugehört. Jetzt drehte er sich, während ihm die Tränen über die Wangen liefen, zu Chan hin und fragte: „Verstehst du jetzt, was mich antreibt und warum mein Dienst mir so eine Erfüllung gibt?“

***

Lili hatte sich dem Wanderevangelisten Enoch Ma und seiner Frau auf eine Reise in die Innere Mongolei im äußersten Norden Chinas angeschlossen. Sie hatten ihr Quartier in Baotou, im Haus der Witwe Wen Rou und ihrem Sohn.

Die autonome Region Innere Mongolei mit ihrer Hauptstadt Hohhot ist die drittgrößte Provinz Chinas und grenzt an die Mongolei. Die Innere Mongolei fiel während der chinesischen Revolution von 1911, die China zur Republik machte, an China, als die Äußere Mongolei ihre Unabhängigkeit erklärte und sich mit Russland verbündete. Noch 1981 bestand die 20 Millionen zählende Bevölkerung ethnisch mehrheitlich aus Mongolen und nicht aus Han-Chinesen.

Im 19. Jahrhundert hatten europäische und nordamerikanische Missionare das Evangelium in die Innere Mongolei gebracht. Mehrere Missionsstationen mit kleinen Krankenhäusern und Kirchen waren entstanden. Der Terror der maoistischen Kulturrevolution (1966-76) löschte die Gemeinden fast aus. Doch danach kam es dank der unermüdlichen Arbeit chinesischer Evangelisten zu einem Neuanfang. 1981 bestand in der Region eine rasch wachsende Hauskirchenbewegung. Sie war zum Großteil eine Frucht der Arbeit von Wen Rou, die erst seit ein paar Jahren Christin war.

Eines Morgens, als sie beim Frühstück saßen, sagte Enoch: „Heute Morgen könnte Wen Rou uns eigentlich mal selbst ihre Geschichte mit Gott erzählen. Meistens bin ich ja derjenige, der das macht, weil sie so damit beschäftigt ist, für das leibliche Wohl ihrer Gäste zu sorgen."

Wen Rou lächelte, reichte ihrem Sohn den großen Rührlöffel, schob sich das Haar aus dem Gesicht und setzte sich an den Tisch. Sie goss sich einen Tee ein und füllte die Tassen ihrer Gäste nach.

Dann begann sie: „Als mein Mann gestorben war, versuchten mein Sohn und ich, den Hof alleine weiterzuführen. Eines Tages wurde ich so krank, dass sie mich zum Arzt brachten; es war eine lange Reise. Der Arzt eröffnete mir, dass ich eine unheilbare Leberkrankheit hatte und bald sterben würde.

Mein Sohn und ich kratzten unsere Ersparnisse zusammen und kauften meinen Sarg, den wir, wie es Sitte war, im Wohnzimmer aufstellten. Eines Tages, als ich neben dem Sarg im Sterben lag, kamen einige Christen aus dem Dorf und fragten mich, ob sie für mich beten dürften. Ich hatte sehr wenig Glauben, aber ich fand, dass diese Christen meine letzte Chance waren.

Nach mehreren Besuchen und ernstem Gebet war ich geheilt. Es war ein Wunder. Als die Leute im Dorf davon hörten, kamen viele mich besuchen. Manchmal war mein Haus so voll, dass ich auf den Sarg stieg, damit alle mich sehen konnten. Ich erklärte, dass ich sterbenskrank gewesen war, aber dass Jesus Christus, der Sohn Gottes, mich geheilt hatte.

Dutzende von Menschen übergaben ihr Leben Christus. Tja, und dann fing ich also mit einer Hausgemeinde an. Heute haben wir in der Gegend hier über tausend solche Gruppen, und alle sind sie durch Gottes Kraft entstanden."

„Preist den Herrn!", rief Lili aus.

Enoch Ma fragte: „Gibt es irgendetwas, was ihr besonders dringend braucht?"

Wen Rou nickte und nahm einen Schluck von ihrem Tee. „Wir haben so wenige Bibeln, und wenn ich Gottes Wort lese, merke ich, wie wenig ich davon verstehe. Als ich hörte, dass es weit weg, in Zentralchina, eine Art Bibelschule gab, war mir sofort klar: Da musst du hin! Erst fuhr ich zehn Stunden in einem alten Bus, dann fünfzig Stunden mit dem Zug. Nichts konnte mich stoppen.

Aber was mich richtig schockierte, war, dass diese Bibelschule nur eine einzige Bibel besaß. Sie hatten sie mit einer dicken Schnur an einem Schreibtisch festgebunden, um ganz sicher zu gehen, dass sie nicht wegkam. Jeder Student durfte die Bibel zwei Stunden pro Tag benutzen, in Schichten rund um die Uhr. Alle zwei Monate kamen ein paar Frauen aus Hausgemeinden in der Umgebung und schrieben eine Woche lang Teile der Bibel ab, wieder rund um die Uhr. Eine von ihnen schrieb in der Woche den ganzen Propheten Jesaja ab, aber die meisten nahmen die Evangelien, die Apostelgeschichte, den Römerbrief und die Offenbarung. Bei den Studenten waren diese Abschreibwochen nicht sehr beliebt, weil sie dann nicht mit der Bibel arbeiten konnten.

Ich habe damals viel gelernt. Ich konnte auch einen der Studenten dafür gewinnen, zu uns zu kommen und eine eigene Bibelschule zu gründen. Inzwischen haben wir über tausend junge Christen, die für den Herrn arbeiten möchten.

Aber wir brauchen so dringend mehr Bibeln. Darum sind alle Gemeindeleiter hier ganz begeistert von eurer Zusage, dass bald viele Bibeln kommen werden."

***

Mei-Ling reiste gerne allein. Das war nicht ungefährlich für eine schöne junge Frau, minderte jedoch das Risiko, ins Visier der Sicherheitspolizei zu geraten. Jetzt hatte Lili sie in die gebirgige Provinz Zhejiang an der Ostküste Chinas geschickt. 1981 lebten in dieser armen, rückständigen Gegend 30 Millionen Menschen.

Zhejiang war nicht weit von Mei-Lings Heimat in der Nähe von Shantou, und es hatte eine strategische Lage, denn die Bibeln, die für Shanghai und den Norden bestimmt waren, mussten durch diese Provinz. Die Kuriere, die den Transport besorgten, mussten besonders zuverlässig sein; es wäre kein Problem gewesen, die ganze Million Bibeln allein in Zhejiang unter die Leute zu bringen.

Die Hafenstadt Wenzhou galt Anfang der 1980er-Jahre als „Jerusalem des Ostens“, weil dort so viele Christen wohnten. Achtzig Jahre zuvor hatte Pjöngjang in Nordkorea diesen Titel gehabt, bis die Kommunisten die Kirche in Nordkorea zerschlugen.

Mei-Ling fand eine herzliche Aufnahme im kleinen Haus einer anderen jungen Gläubigen – Schwester Chen, die bei ihrem verwitweten Vater wohnte. Chen wurde nicht müde zu betonen, wie dringend sie Bibeln brauchten. Eines Abends erzählte sie Mei-Ling ihre Geschichte.

„Selbst als ich anfing, das Wort zu predigen, besaß ich keine eigene Bibel. Also schrieb ich von Hand das Neue Testament ab, das ich von meiner gläubigen Großmutter ausgeliehen hatte. Ich wurde vor der Kulturrevolution in eine christliche Familie hineingeboren. Meine Abschrift des Neuen Testaments wurde das Fundament meines persönlichen Bibelstudiums und meiner Predigten.

Als ich immer aktiver wurde, begann die Sicherheitspolizei sich für mich zu interessieren. Eines Abends umstellten sechs Polizisten das Haus meines Vaters, um mich zu verhaften. Ich hatte gewusst, dass ich in Gefahr war, und schlief in dieser Nacht nicht zu Hause, sondern in der Dachkammer eines Nachbarn. Als ich die Polizisten sah, überfiel mich die Angst. Ich schlich mich nach draußen und begann, zu den Feldern zu rennen. Aber die Polizisten hörten mich und nahmen die Verfolgung auf. Ich konnte die Scheinwerfer ihrer Motorräder und Autos sehen. Ich rannte, was ich konnte.

Ein Dornenstrauch zerkratzte mir Arme, Beine und das Gesicht. Ich fiel mehrere Male in eine Schlammpfütze. Schließlich lag ich verdreckt, durchnässt und blutend auf dem Boden und konnte nicht mehr. Ich war drauf und dran, meine Berufung aufzugeben, weil ich dachte: ‚Das schaffst du nicht.‘

Mein Herz blieb fast stehen, als plötzlich ein großer dunkler Schatten auf mich zukam. Ich machte mich auf das Schlimmste gefasst – aber es war nicht die Sicherheitspolizei, sondern ein Christ aus dem Dorf, der öfters Pastoren auf der Flucht bei sich aufnahm. Er nahm mich in sein Haus auf und versorgte meine Wunden.

Ich aß etwas und legte mich ganz erschöpft hin. Dann sah ich einen Spruch an der Wand, den wohl irgendein Pastor, der auf Besuch war, dort hingeschrieben hatte: ‚Habt keine Angst vor denen, die den Leib töten können, aber nicht die Seele, sondern fürchtet Gott, der Leib und Seele in der Hölle vernichten kann.' Gott berührte mein Herz durch diesen Bibelvers und nahm mir meine Angst, Verwirrung und mein Selbstmitleid weg. Ich stellte mich ihm neu zur Verfügung, und heute bin ich bereit, selbst mein Leben zu geben, wenn die Menschen dadurch Bibeln bekommen."

Mei-Ling war so gerührt, dass ihre Stimme versagte. Schließlich fragte sie stockend: „Gibt es hier noch mehr Christen mit dieser Hingabe?"

„O ja!", rief Schwester Chen aus. „Erst vor Kurzem ließ die Polizei in einem Nachbardorf mehrere Christen, darunter drei Hausgemeindeleiter, die sehr erfolgreich missioniert hatten, auf dem Dorfplatz antreten.

Die Beamten hatten drei Tische aufgestellt. Auf zweien lagen Berge von Essen und Süßigkeiten, auf den mittleren Tisch stellten sie drei Schalen mit einer stinkenden Brühe aus dem Abwasserkanal.

Der Polizeichef grinste. Die drei Hauskirchenpastoren waren schon eine Zeit lang im Gefängnis gewesen und entsprechend geschwächt. Er sah die Pastoren an. ‚Ihr habt eine ganz einfache Wahl. Ihr könnt eurem Glauben absagen, indem ihr etwas von den guten Sachen esst, die wir großzügigerweise für euch vorbereitet haben. Oder ihr esst nichts und wandert zurück ins Gefängnis.'

Das versammelte Dorf schaute zu, wie mehrere der Beamten einen kleinen Stapel Bibeln, die sie von Christen aus der Gegend konfisziert hatten, herbeitrugen. Der Polizeichef fuhr fort: ‚Egal, wie ihr euch entscheidet – diese Bibeln werden vernichtet werden. Wir werden sie alle verbrennen, es sei denn – tja, es sei denn, ihr trinkt diese ganze Jauchebrühe hier leer.'

Die Menge japste auf, einige machten höhnische Bemerkungen. Die drei Pastoren sagten nichts. Dann, nach einer kurzen Pause, traten sie einer nach dem anderen an den Tisch, nahmen eine der drei Schalen mit dem Dreckwasser und tranken sie ohne ein Wort leer.

Den Polizisten blieb der Mund offen stehen. Die Christen in der Menge weinten vor Erleichterung. Die drei Pastoren nahmen die Bibeln und reichten sie den anderen Christen. Die Polizisten schauten wütend zu, und als sie fertig waren, brachten sie sie sofort wieder zurück ins Gefängnis."

Mei-Ling wusste nicht mehr, was sie denken sollte. „Und – haben sie das überlebt?", fragte sie.

„Ja. Zwei Jahre danach wurden sie freigelassen, und heute dienen sie weiter dem Herrn."

Wieder zu Hause angekommen, berichtete Mei-Ling Lili: „Überall im Land sehnen sich die Gläubigen nach Bibeln und können das Projekt Perle kaum erwarten. Viele sind buchstäblich bereit, ihr Leben zu geben, damit die Bibeln unter die Leute kommen. Die Netzwerke in Zhejiang und Shanghai sind bereit!"

11. Überraschung!

Bruder Andrew fuhr aus dem Schlaf hoch. Er lag zu Hause in Harderwijk in Holland in seinem Bett. Es war mitten in der Nacht, und sein Traum war furchtbar gewesen. Er beschrieb ihn so:

> „Ich saß irgendwo in den Alpen in einem Lastwagen und fuhr ein langes, steiles Gefälle hinunter. Als ich auf die Bremse trat, war der Bremsdruck auf einmal weg und das Pedal lag flach auf dem Fußboden. Der Wagen wurde immer schneller, es gab kein Halten mehr. Am unteren Ende des Gefälles gelang es mir gerade noch, den Laster in die letzte Ausweichstraße zu lenken, wo er auf dem Sand und Schotter zum Stehen kam. Ich saß auf dem Fahrersitz, dem sicheren Tod entronnen, und mein Herz hämmerte.
>
> Der Traum ließ mich nicht mehr los. Was mochte er bedeuten? Bedeutete er überhaupt etwas? Ich war zu aufgewühlt, um wieder einzuschlafen. Ich lag auf dem Bett, ließ den Film des Traums wieder und wieder durch meinen Kopf spulen und bat Gott, mir zu zeigen, was er bedeutete."[2]

Hongkong, Mittwoch, 15. April 1981

Zur gleichen Zeit konnte die Besatzung der *Michael* und *Gabriella* in Hongkong es kaum noch erwarten, das große Abenteuer zu starten. Doug, Keith, Joseph und Michael Bruce hatten Landurlaub in einem Hotel genommen, wo sie Anschluss an das allgemeine Telefonnetz hatten und persönliche und geschäftliche Anrufe tätigen konnten. Für Außenstehende sollte es so aussehen, als ob sie als Geschäftsleute ihren ganz normalen Tätigkeiten nachgingen. Doug war ein Fan des Hongkong Hotels im Zentrum von Kowloon, aber da dies ein Geheimunternehmen war, hatte er beschlossen, bei jedem Besuch ein anderes Hotel zu nehmen; diesmal wählte er das Mandarin Hotel auf der Victoria-Insel.

„Mutter Hickey“ war zusammen mit zwei anderen aus der Crew ebenfalls in der Stadt, um neue Vorräte für die hungrigen Münder zu kaufen, die er zu füllen hatte.

Auf dem Schlepper waren Jerry, Jim, Cor und Douglas junior dabei, mit einem großen Kran die Ein-Tonnen-Bibelblöcke auf den Lastkahn zu laden. Terry Madison, der für die Fahrt nach China zu der Crew gestoßen war, schoss fleißig Bilder von den Lade-Aktivitäten.

Pablo, Bill Schwartz und zwei weitere Männer waren dabei, neue elektrische Seilwinden für die Boston Whaler auf dem Kabinendach der *Gabriella* zu installieren. Bill bediente das Schweißgerät.

Captain Bill und Alastair waren mit dem Deck-Generator beschäftigt. Der Orkan hatte die Holzverkleidung, die Alastair und Bill in Batangas gebaut hatten, zertrümmert, und das Salzwasser hatte mehrere Schaltungen kurzgeschlossen, was im Klartext bedeutete, dass zurzeit wieder einmal die einzige Stromquelle des Schiffs die Notbatterien waren.

„Reinige das Ding mit frischem Wasser und trockne es, so gut es geht. Wir müssen es wieder in Gang kriegen!“, befahl Captain Bill.

Holland

Es war 6 Uhr morgens, und Bruder Andrew saß in seinem Büro, hinter dem berühmten Couchtisch, der aus einem Schmiede-Blasebalg hergestellt und der Einzige seiner Art war. An den Wänden standen ganze Regale mit Bibeln aus der ganzen Welt.

Bruder Andrew gegenüber saß sein Assistent, Johan Companjen, den er noch in der Nacht angerufen hatte. Johan war prompt gekommen, und jetzt erzählte Andrew ihm seinen Traum und schloss: „Ich habe das dumme Gefühl, dass der Traum mit Projekt Perle zu tun hat. Ich glaube, Gott will uns durch ihn warnen. Wir sollen das Projekt vielleicht nicht gerade abblasen, aber auf jeden Fall warten. Mit der Zeitplanung stimmt etwas nicht. Ich glaube, wenn wir wie geplant weitermachen, wird es eine Katastrophe geben."

Sie beteten zusammen und riefen Dr. Ed Neteland an, der zu der Zeit in Südafrika war. Nach vielem Hin und Her kamen sie zu dem Ergebnis, dass es das Beste war, das Projekt vorerst zu stoppen.

Als Nächstes rief Bruder Andrew Sealy Yates an, den Vorsitzenden des ODI-Vorstands. Er war nicht mit auf der *Michael*, da er nicht rechtzeitig zur Schulung der Crew hatte kommen können. Als Bruder Andrew ihm sein Problem erklärte, schlug Sealy eine Krisensitzung des Management-Teams von Open Doors und des ODI-Vorstands mit Doug und Dr. Jim in Palm Springs in Kalifornien vor.

Danach rief Andrew Doug im Mandarin Hotel in Hongkong an. „Doug", begann er, nachdem sie die üblichen Höflichkeiten ausgetauscht hatten, „letzte Nacht hatte ich einen schlimmen Traum. Ich glaube, Gott will, dass wir das Projekt Perle vorerst stoppen."

„Was?? Soll das ein Witz sein? Wir sind gerade dabei, die Bibeln auf den Kahn zu laden; morgen können wir in See stechen. Wir liegen voll in der Zeit!"

„Nein, es ist leider kein Witz. Ich habe mit dem Team hier in Holland darüber gesprochen und gebetet, auch mit

Dr. Ed und Sealy Yates, und wir alle haben den Eindruck, dass ihr die Sache stoppen solltet."

„Und was ist mit dem Schiff und der Crew?", entgegnete Doug. „Die können doch nicht alle Däumchen drehen, bis es irgendwann weitergeht!"

„Captain Bill und die Crew bleiben in Hongkong, egal, was das kostet, und du und Jim Schmook, ihr kommt am Montag nach Palm Springs", sagte Bruder Andrew. „Wir werden uns zusammensetzen, fasten und beten und die Sache bereden."

Hongkong, Mittwoch, 15. April 1981

Jim humpelte, als er zum Mittagessen in den Speiseraum der *Michael* kam. Sein Gesicht war schmerzverzerrt.

„Was ist passiert?", fragte der Kapitän.

„Er wäre um ein Haar zerquetscht worden", sagte Cor.

„Der Kranführer hat einen von den Blöcken hochkant stehen lassen. Er ist umgekippt und hat mich gegen einen der anderen Blöcke gedrückt", erklärte Jim.

„Er hätte tot sein können!", rief Douglas junior.

„Ich dachte, gleich ist er platt wie 'ne Flunder", erzählte Jerry. „Aber wir konnten das Ding so weit anheben, dass er sein Bein drunter wegziehen konnte."

Es war das reinste Wunder, dass Jim mit ein paar blauen Flecken am Bein davongekommen war.

„Es gibt noch ein ganz anderes Problem", sagte Jim. „Ich glaube schon, dass wir irgendwann am Abend mit dem Beladen fertig werden, aber ich habe den Eindruck, der Platz auf dem Lastkahn reicht nicht für alle Bibeln. Irgendjemand hat beim Messen Tomaten auf den Augen gehabt oder so, ich verstehe das nicht. Bitte betet heute

Abend in der Andacht deswegen." Besorgt humpelte er mit Cor, Jerry und Douglas junior zurück nach draußen, um das Beladen fortzusetzen.

Als die Sonne unterging, hatte Alastair den Generator wieder zum Laufen gebracht. Ein Tankschiff war gekommen, um die Tanks des Schleppers aufzufüllen. Zehn Männer aus der Crew quetschten sich zusammen mit Daniel, dem ältesten Sohn von Mama und Papa Kwang, um den Esstisch, um über das neueste Problem (das Beladen des Kahns) zu beten. Daniel Kwang war extra zu diesem Gebet an Bord der *Michael* gekommen. Er betete mit leiser, zuversichtlicher Stimme: „Herr, du kannst geben, dass alle Bibeln reinpassen. Ich bin ganz sicher: Du willst, dass mein Volk die ganze Million bekommt."

***

„Ich kann nur sagen: Das ist das nächste Wunder", erzählte Jim beim Mittagessen am nächsten Tag. „Während des Beladens habe ich immer wieder nachgemessen, und es war völlig unmöglich, dass alle Blöcke reingingen. Aber wir haben sie halt weiter reingeschoben, so fest es ging, und um 4 Uhr morgens waren sie alle an Bord! Ich verstehe das immer noch nicht."

„Wann wollen wir in See stechen, Captain?", fragte Pablo. „Wir sind noch lange nicht fertig. Ich muss noch den Funkkontakt mit Dean Keaney auf unserer Basis auf den Philippinen aufnehmen und mich mit ihm bereden."

„Ich habe Doug gesagt, dass wir vierzig Stunden brauchen, um mit diesem schweren Kahn pünktlich am Michael-Strand anzukommen", erwiderte Captain Bill. „Wir müssen also spätestens morgen, am Karfreitag, um 12 Uhr mittags aufbrechen."

Am Donnerstagnachmittag wurde das Funktelefon, das das Schiff mit der Küste verband, lebendig. „Hotel Oscar 5357, Hotel Oscar 5357, bitte kommen."

Pablo drückte auf den Antwortschalter und meldete sich: „Hier HO 5357. Bitte weiter."

„Pablo, hier Michael. Stopp."

„Ja, Michael? Bitte weiter."

„Doug möchte, dass ihr, du und Jim, umgehend zu ihm in sein Hotel kommt, noch heute Nachmittag. Er ist im Mandarin Hotel, Zimmer 2155. Verstanden? Stopp."

„Verstanden. Wir kommen sofort. Stopp und Ende."

Jim und Pablo nahmen eines der in Hongkong üblichen Wassertaxis; die Einheimischen nannten sie *Wala-wala.* Captain Bill rief ihnen hinterher: „Sagt Doug, er soll mich anrufen. Ich muss mit ihm über unsere Abfahrt reden. Ich lasse die Männer inzwischen prüfen, ob wir alles an Bord haben, was wir für die nächste Woche brauchen."

„Wie geht's deinem Bein, Jim?", fragte Pablo. Er musste es fast schreien, so laut war der Motor des kleinen Bootes.

„Es tut noch ziemlich weh, aber ich hoffe, bis zu meiner ersten Wache morgen geht es wieder." Sie unterhielten sich vorsichtig etwas über das kleine „Ladewunder" mit den Bibeln, dann wechselte Jim das Thema.

„Ich mache mir Sorgen, dass wir nicht genug mit den Beibooten geübt haben, um unser Nachtsichtvermögen zu schulen. Sechs Mann von uns werden im Stockdunkeln arbeiten müssen, und ich weiß nicht, ob wir das schon packen."

„Nun", sagte Pablo, „in Paradise haben wir ja drei nächtliche Übungen gehabt, glaube ich. Der Kapitän hat für die kleineren Schlauchboote Ronald und Todd vorgesehen; Terry Madison und Douglas junior sollen ihnen helfen. Du und ich haben das größere unter uns, das zu Beginn der

Landung Doug, Keith und Joseph ans Ufer bringen wird. Und die eine Nacht, wo wir Captain Bill gesucht haben – du weißt schon, als ihm der Treibstoff ausgegangen war –, war ja auch eine gute Übung."

„Aber da hast du die Positionslichter angehabt. Wenn wir die Ladung an den Strand fahren, können wir uns kein Licht leisten."

Pablo zuckte die Achseln. „Also, ich glaube, wir sind soweit."

Das Mandarin Hotel lag nur ein paar Schritte vom Pier entfernt. Als Pablo und Jim in Dougs Hotelzimmer traten, sahen sie vier ernste Gesichter. Doug war aschfahl, und Joseph, Keith und Michael sahen aus, als ob sie gerade von einer Beerdigung kämen.

Doug machte nicht viele Umschweife. „Ihr werdet es nicht glauben", begann er, „aber gestern hat Bruder Andrew angerufen und Projekt Perle abgeblasen!"

Einen Augenblick war Stille, dann fragten Jim und Pablo wie aus einem Mund: „Warum?"

„Er hat einen schlimmen Traum gehabt und glaubt, dass der was mit Perle zu tun hat. Wir können das alle nicht glauben. Ich weiß nicht, was ich machen soll." Dougs Blick glitt zum Fenster hinaus, zur Silhouette der Stadt.

„Und was schlägt er vor?", fragte Jim.

Doug fuhr fort: „Er sagt, der Kapitän und die Mannschaft sollen hier in Hongkong warten, während du, Jim, und ich zu einer Krisensitzung nach Kalifornien fliegen."

„Aber wir können das doch nicht einfach aufschieben", protestierte Jim. „Hat schon jemand an unsere Mitarbeiter in China gedacht? Die tragen ein höheres Risiko als wir! Das Lieferdatum ändern geht nicht so eins, zwei, drei!"

„So sehe ich das auch", meinte Doug.

„Und darum finde ich, wir sollten weitermachen wie geplant", sagte Keith. „Ich glaube, dass Bruder Andrew falsch liegt. Doug ist der Mann des Glaubens, der dieses Unternehmen leitet. Wir haben bei diesem Projekt schon so viele Wunder erlebt, wir dürfen das jetzt nicht stoppen!"

Joseph nickte. Jim und Pablo machten weiter große Augen und versuchten, die Nachricht zu verdauen.

Dougs Dilemma war offensichtlich. Was Keith da sagte, schien ihm Sinn zu ergeben, aber er hatte auch große Achtung vor seinem Chef, Bruder Andrew. Er saß stumm da und schüttelte den Kopf.

Pablo fragte: „Hast du schon mit Captain Bill und Mama und Papa Kwang gesprochen?"

„Nein", entgegnete Doug leise. „Ich ... ich weiß nicht, wie ich ihnen das beibringen soll. Ich hoffe immer noch, dass Bruder Andrew ein Einsehen hat."

„Sag ihnen einfach, was Sache ist", schlug Jim vor. „Ich sehe nicht, dass wir da eine große Wahl haben. Wenn wir das Ding gegen Bruder Andrews Willen einfach durchziehen, ist unsere Beziehung mit Open Doors zu Ende, selbst wenn das Projekt gelingt. Dann sind wir alle die Verlierer, und du kannst von vorne anfangen, Doug. Aber wenn wir uns an Andrews Weisung halten, können wir uns in Kalifornien vielleicht über einen neuen Fahrplan für das Projekt einigen, und jeder hat gewonnen."

Was Jim da sagte, klang vernünftig. Aber Doug war wie gelähmt; er brachte es nicht fertig, sich zu einer Entscheidung durchzuringen.

„Hallo, Captain“, sagte der große Engländer, der am Nachmittag an Bord des Schleppers kam. „Mein Name ist Captain Stevens, ich bin der Hafensicherheitsinspektor.“ Sein prägnanter britischer Akzent klang sehr amtlich. Großbritannien war damals noch Mandatsmacht in Hongkong.

„Haben Sie etwas dagegen, wenn ich mir Ihre Boote anschaue?“

Der Kapitän zeigte ihm den Schlepper und den Lastkahn. Captain Stevens war von der peniblen Sorte; er nahm sogar die Positionslichter auseinander, um zu sehen, ob die Glühbirnen seinen Ansprüchen genügten.

Als sie über die Ladungsabdeckung auf dem Kahn gingen, fragte er: „Was für eine Fracht haben Sie an Bord?“

Captain Bill schickte ein rasches Gebet zum Himmel hoch und antwortete: „Bücher.“ Captain Stevens fragte nicht weiter nach. Aber dann sah er die drei Kojen und machte große Augen. „Wohnen etwa Leute auf Ihrem Kahn?“

„Ja. Wir haben eine dreiköpfige Besatzung.“

„Also, das geht nicht, das ist hier in Hongkong nicht zulässig.“

„Aber dieser Kahn ist auf den Philippinen registriert“, erklärte Captain Bill. „Und dort muss er eine Besatzung haben.“

„Na ja, die Philippinen ...“ Stevens brauchte den Satz nicht zu beenden, sein Ton sagte alles. „Sie können nicht von Hongkong in See stechen, wenn jemand auf diesem Schleppkahn ist“, erklärte er mit Nachdruck.

Captain Stevens entdeckte noch etliche Mängel an den beiden Schiffen. Schließlich sagte Captain Bill, breit lächelnd: „Geben Sie uns eine Auslauferlaubnis, wenn wir versprechen, nie wieder zurückzukommen?"

Der Sicherheitsinspektor betrachtete seine ziemlich lange Nase und sagte: „Das höre ich auf vielen philippinischen Schiffen, die hierherkommen. Lassen Sie mich noch einmal auf den Kahn."

Es war gerade Ebbe, sodass der Kahn ein ganzes Stück unterhalb des hölzernen Piers lag, auf dem sie gerade standen. Captain Bill kletterte als Erster hinunter. „Seien Sie vorsichtig!", sagte er.

Captain Stevens packte das Gestänge des einen Whaler-Davits, um sich abzustützen. Leider hatte Bill Schwartz die Winde erst vor ein paar Augenblicken mit dem Schweißbrenner bearbeitet. „Aua!!" Das heiße Metall versengte die Hand des Inspektors. Er ließ es instinktiv los – und fiel wie ein Stein nach unten. Blitzschnell packten ihn Bill Schwartz von der einen und Captain Bill von der anderen Seite, sodass er nicht im Wasser landete. Dafür kam er rittlings auf dem Stahlseil zu sitzen, das die Heckreling des Schleppers bildete.

Das Missgeschick beendete die Inspektion abrupt. Ein sichtlich verstimmter Sicherheitsinspektor ließ seine angesengte Hand verarzten. Wenigstens bemängelte er nichts an der Erste-Hilfe-Ausrüstung. Er unterzeichnete schließlich die Papiere, die der *Michael* und *Gabriella* das Auslaufen aus Hongkong erlaubten.

Alles war bereit zum Aufbruch, aber Captain Bill hörte nichts von Doug oder von sonst jemandem aus dem Planungsteam. Die Hafenaufsicht gab Captain Bill Anweisung auszulaufen und war sehr unzufrieden, als er dies nicht tat.

In der Nacht hatte Captain Bill einen Albtraum. Sein Inhalt war: Wenn sie das Projekt jetzt wie geplant durchführten, würden sie alle in einem chinesischen Gefängnis landen! Da er nichts von Doug gehört hatte, empfand er den Traum als Gottes ganz persönliche Botschaft, die nur ihn, den Captain, betraf, und beschloss, ihn erst einmal für sich zu behalten.

***

Am folgenden Morgen, dem Karfreitag, erschien Michael Bruce auf dem Pier. Er sagte kein Wort über Auslaufen, irgendwelche neuen Entscheidungen oder den Stand des Projekts. Zwei Schlepper, die er angefordert hatte, kamen, um die *Michael* und *Gabriella* aus dem Hafenbecken an einen Ankerplatz weiter draußen in der Bucht zu geleiten.

Den ganzen Tag fragten sich Captain Bill und seine Männer, was da wohl schiefgelaufen war. „Ich weiß auch nicht mehr als ihr", sagte er.

***

Am Samstagabend, kurz vor Sonnenuntergang, kam ein *Wala-wala* zum Schlepper, der jetzt in der West-Reede von Hongkong vor Anker lag. An Bord des Wassertaxis waren Doug, Keith, Joseph, Jim, Pablo und Michael.

„Ruf die Mannschaft zusammen", sagte Doug zu Captain Bill. Er machte ein Gesicht wie jemand, der gerade seinen besten Freund zu Grabe getragen hatte. In ein paar Minuten saß die ganze Crew im Speiseraum. Die Versammlung ging als das Schwarzer-Samstag-Meeting in die Annalen ein.

„Ich habe leider schlechte Nachrichten für euch", begann Doug. „Das Projekt ist gestoppt worden."

Siebzehn Männer mit ernsten Gesichtern hörten zu, als

er fortfuhr: „Wir haben diese Anweisung vor drei Tagen bekommen, nachdem Bruder Andrew einen entsprechenden Traum gehabt hatte. Ich habe getan, was ich konnte, um doch noch grünes Licht zu erhalten, in der Hoffnung, dass auch wir am dritten Tag das Wunder der Auferstehung erfahren würden. Heute habe ich Bruder Andrew zurückgerufen, aber er hat eine lange Liste von Fragen, die ich ihm erst beantworten soll.

Ich habe Mama und Papa Kwang in ihrer Wohnung besucht und stundenlang mit ihnen gebetet. Sie haben mir gesagt, ich soll das tun, was meine Oberen mir sagen.

Inzwischen ist es zu spät, um die Lieferung pünktlich durchzuführen. Eigentlich sollten wir ja in drei Stunden am Michael-Strand sein. Es wird dort noch viel mehr enttäuschte Gesichter geben als hier, wenn sie merken, dass wir nicht kommen. Lasst uns am besten gleich jetzt für sie beten."

Doug schüttete sein Herz vor Gott und vor den Männern aus. Die Männer respektierten ihn, weil er die ganze Zeit, auch auf der See und im Sturm, einer von ihnen gewesen war.

„Morgen früh, bei Sonnenaufgang", fuhr Doug fort, „werden also Jim, Keith und ich mit euch allen hier auf dem Boot den Ostergottesdienst feiern. Darauf begeben wir drei uns zum Flughafen und fliegen zu der Besprechung in Palm Springs in Kalifornien. Ich möchte dort die Differenzen mit den Leitern unseres Werkes bereinigen. Ich werde euch über die Lage auf dem Laufenden halten. Vermutlich werden die meisten von euch jetzt zwei wohlverdiente Wochen Heimaturlaub bekommen. Ich schätze die Opfer, die ihr alle gebracht habt.

Ich habe den Glauben, dass dieses Projekt noch zu einem guten Ende gebracht werden wird. Das bedeutet auch, dass Geheimhaltung und der Überraschungsmoment nach wie vor topaktuell sind. Richtet euch danach!"

***

Als am nächsten Morgen die Sonne über die Victoria-Insel lugte, saßen achtzehn Männer auf der Ladung der *Gabriella*. Terry Madison schoss eines seiner gekonnten Fotos für die Nachwelt. Es war Ostersonntag, der große Fest- und Freudentag der Christen. Aber diese Männer sahen aus, als ob immer noch Karfreitag wäre; auf ihren Gesichtern lag wenig Hoffnung.

„Christ lag in Todesbanden", beginnt ein altes Osterlied, und jede Strophe endet mit einem „Halleluja". Von Halleluja war in der kleinen Gemeinde nichts zu spüren, aber gut – es *war* Ostersonntag. Projektseelsorger Keith hielt eine Andacht über Römer 6,1-10 (das neue Leben der Christen durch die Auferstehung Jesu) und teilte anschließend das Abendmahl aus. Trotz der gedrückten Stimmung war dieser Tag, alles in allem, ein weiterer Höhepunkt, denn wer erlebt schon einen Ostergottesdienst, bei dem die Gemeinde an der West-Reede von Hongkong auf einer Million chinesischer Bibeln sitzt?

„Was mich am traurigsten macht", sagte Doug, „ist das Wissen, dass dieser Aufschub unsere Kollegen dort drinnen in China noch viel mehr schmerzt als uns!"

***

Lili, Mei-Ling und Chan verbrachten den Osternachmittag in Lao Zhaos Haus in Yuxin. Unter Tränen berichtete Lili, wie die Nacht verlaufen war. „So viele waren voller Vorfreude zum Strand gekommen. Ich versuchte, ihnen zu erklären, dass das Projekt aufgeschoben war, aber sie konnten das nicht verstehen und wurden richtig sauer. Wir haben so viel Glaubwürdigkeit verloren bei diesen Freunden, ich weiß nicht, ob ich ihnen noch einmal unter die Augen treten kann! Ich war so dankbar, als Pastor Samuel Wu in die Bresche sprang und die Menge beruhigte, bevor sie alle gingen."

Auch Mei-Ling weinte. Sie merkte gar nicht, wie sie ihren Kopf an Chans Schulter legte. Sein Herz schlug schneller und er brachte kein Wort heraus. „Was mich am traurigsten macht", sagte Mei-Ling, „ist, wenn ich an Schwester Chen denke. Sie war bereit, ihr Leben für Bibeln für ihre Brüder und Schwestern zu geben. Wie enttäuscht wird sie jetzt sein!"

Sie saßen und schwiegen; nur das leise Schluchzen der Frauen war in der Stille zu hören. Den Tee rührte keiner an. Dann räusperte sich Lao Zhao. „Ich habe dem Herrn schon viele Jahre gedient", sagte er, „und er hat mich nie enttäuscht. Doch manchmal habe ich mich gefragt, wo er war und warum er nicht schneller handelte. Aber im Rückblick kann ich nur sagen, dass er alles richtig macht.

Ich weiß auch nicht, warum in der letzten Nacht kein Schiff gekommen ist, aber ich glaube Gottes Verheißungen, dass er eine große Zukunft für uns hier in China hat und uns nicht verlassen wird. Wie er einst Jeremia sagte: Er hat Gutes und nicht Böses mit uns im Sinn, er möchte uns Hoffnung und Zukunft geben.

Vertraut ihm, meine jungen Freunde. Lasst euch nicht von den Problemen von heute irremachen. Gott hält euer Morgen in seiner Hand!“

12. Warten

„Wir müssen warten … warten … warten auf den Herrn.
Wir müssen warten … warten … warten auf den Herrn
und stets lernen von ihm …
Wenn es so weit ist, sagt er uns,
was wir tun, wohin wir gehn und was wir sagen sollen.“[3]

Der Song von Maranatha Music dröhnte aus dem Ghettoblaster, während die Besatzungsmitglieder einen entspannenden, sonnigen Nachmittag auf dem Deck der *Michael* genossen. Die West-Reede hatte ihre schönen Momente, und dieser Nachmittag war einer von ihnen; die Skyline von Hongkong lieferte die passende Kulisse. Das Wasser im Hafen war eigentlich zu dreckig zum Schwimmen, aber fünf von der Crew sprangen trotzdem hinein und wuschen den Dreck anschließend durch eine lange heiße Dusche mit viel Seife ab.

Die *Gabriella* lag neben dem Schlepper. Das Wetter war schon fast zu schön. Die Männer auf dem Vorderdeck unterhielten sich darüber, was sie in ihrem Heimaturlaub machen würden.

„Ich sage meiner Frau, sie soll ihre Eltern im Nordwesten der USA besuchen“, erzählte Cor. „Dann muss ich nicht so lange fliegen, und wir treffen uns sozusagen auf halbem Weg.“

„Ich schlage meiner Nancy vor, hierher zu mir zu fliegen, anstatt dass ich nach Phoenix fliege“, meinte Jerry Simmons. „Dann habt ihr hier wenigstens ’ne gute Köchin, während Mutter Hickey weg ist!“

„Jetzt macht’s mal halblang, Leute, ihr seht nicht so aus, als ob ihr kurz vor dem Hungertod stehen würdet“, protestierte Terry. „Und wenn ihr nicht nett zu mir seid, lass’ ich heute Abend eure Steaks anbrennen!“

„Steaks?“ Pablo rieb sich den Bauch. „Hat da jemand ‚Steak‘ gesagt?“

„Jawohl! Ich habe sie gerade in Marinade eingelegt. Der Captain dachte, wir brauchen mal was Würziges, um die Moral zu heben.“

„Also, ich freu’ mich auf mein Steak“, meldete sich Alastair. „Auch wenn ich gerade nicht alle Zähne dabei hab, ums zu kauen.“

„Ach ja, richtig, Alastair“, kicherte Pablo. „Du kriegst deinen Urlaub erst, wenn wir hier in Hongkong neue Zähne für dich aufgetrieben haben. Ich setze dich mal ganz unten auf die Liste, okay?“

„Das ist aber gar nicht lieb, wo ich der Einzige bin, der zu Hause nur ’ne Freundin und keine Frau hat“, jammerte Alastair grinsend.

„Wir erwarten natürlich einen ausführlichen Bericht, wenn du zurückkommst, Alastair!“, rief Todd. Alle lachten und nickten.

„Nicht so frech, Kleiner“, rief Alastair, was die Diskussion beendete.

Aus den Männern auf dem Schiff waren Freunde geworden, die fähig waren, die Riesenenttäuschung des Projektaufschubs als Brüder zu tragen – sogar mit etwas Humor.

***

Am Ostersonntagabend kam plötzlich ein heftiger Sturm mit starkem Regen auf, der die *Michael* wieder vor Anker treiben ließ. Der Wind riss auf wohl zwanzig Metern die Abdeckplane der Ladung auf und machte die Männer nass bis auf die Haut.

Der Kapitän stellte mehrere Leute zum Losmachen

der *Gabriella* von der Seite des Schleppers ab, um so das Ankertreiben zu verringern. Als er dort im strömenden Regen auf der Ladung stand und seine Anweisungen brüllte, warf die im Wind flatternde Ladungsplane ein sechs Meter langes Stück Stahlrohr hoch in die Luft. Das Rohr landete auf dem Schädel des Kapitäns, der prompt zu Boden ging. Er fasste sich instinktiv an den Kopf, wo jetzt wohl eine klaffende Wunde sein musste. Aber da war keine Wunde; der Kopf tat ihm noch nicht einmal weh. Für Captain Bill ist das bis heute nicht weniger als ein Wunder.

Am nächsten Tag ließ der Wind nicht nach. Er blies mit mehr als Windstärke 7, und die Wellen waren entsprechend hoch. Die West-Reede war für große Frachter mit schweren Ankern gedacht, und nicht für kleine Schlepper. Captain Bill musste die Maschinen laufen lassen, damit die Boote nicht unkontrolliert durch die Gegend trieben.

Dann kam Cor auf die Brücke gerannt. „Captain, im Kielraum der *Gabriella* steht fast zwei Fuß hoch Öl", berichtete er aufgeregt.

„Wo kommt das Öl her?"

„Aus den großen Treibstofftanks, die Sie kürzlich haben auffüllen lassen. Es ist das erste Mal, dass was in den Tanks drin ist, und jetzt das! Als in Batangas die Wassertanks leckten, hab ich Ihnen gesagt: ‚Woher wollen wir wissen, dass die Öltanks nicht auch undicht sind?'"

„Also, das Zeug ins Meer pumpen können wir nicht", sagte Captain Bill. „Versucht, es in Fässer zu schöpfen."

Cor sauste zurück zu dem Kahn, Jerry und Godfrey im Schlepptau. Mehrere Male rutschten sie auf dem Öl aus. Ölflecken sind schlimmer als Glatteis. Als sie mit dem Abschöpfen des Öls fertig waren, war Cor so wütend, dass er die Tür des Duschraums zuknallte. „Das halt' ich im

Kopf nicht mehr aus! Ab jetzt arbeite ich an keinem Sonntag mehr!“

***

„Dies wird für uns alle eine schwierige Phase werden“, sagte Captain Bill zu Pablo, während sie zusammen auf dem Vorderdeck des Schleppers standen. „Am Tag nach meinem Albtraum hatte ich zu nichts mehr Lust. Aber als ich heute Morgen aufwachte und die Sonne schien, und alles war so ruhig und friedlich, war mein erster Gedanke: Warum fahren wir nicht einfach los und bringen die Sache hinter uns?“

„Da ist halt diese Kleinigkeit, ob dann, wenn wir ankommen, jemand zu Hause ist“, grinste Pablo.

„Ja, ich weiß!“ Captain Bill war jemand, der sagte, was er dachte. „Aber jetzt zu den Heimaturlauben. Bevor Doug gegangen ist, hab ich ihm gesagt, dass ich ständig mindestens sieben Leute auf diesem Dampfer brauche. Wen würdest du vorschlagen?“

„Möchtest du nicht mal selber ’ne Pause machen?“, fragte Pablo. „Seit das Projekt begonnen hat, bist du doch im Dauerstress gewesen!“

„Was ich bräuchte, ist, dass meine Frau hierherkommt. Das wäre das einzige Gute, das mir passieren könnte, seit wir hier in Hongkong angekommen sind. Und sie kann kochen!“

„Okay, ich kümmere mich darum. Und hättest du was dagegen, wenn ich für drei Tage nach Manila fliege? Habe meine Frau und Kinder seit Monaten nicht mehr gesehen. Eigentlich wollten wir in zwei Wochen zusammen auf Heimaturlaub nach Kanada. Jetzt müssen wir umdisponieren.“

„Okay", sagte Captain Bill, „aber vergiss das mit der Geheimhaltung nicht. Doug möchte, dass du dich so lange, bis alles vorbei ist, nicht in deiner Gemeinde blicken lässt und auch nicht bei deinen anderen Freunden, die nicht zu Open Doors gehören. Er hat Angst, dass die Leute sich ihre Gedanken machen, wenn sie deinen Bart und deine Sonnenbräune sehen."

Pablo grinste und kratzte sich seinen wachsenden Bart. „Ich hab den Eindruck, sie machen sich eher Gedanken, wenn sie mich so lange *nicht* sehen. Sie wissen natürlich, dass ich viel unterwegs bin, aber *so* lange – das ist verrückt! Seit drei Monaten habe ich mich in keiner Gemeinderatssitzung mehr blicken lassen. Aber gut, ich werde in den drei Tagen zu Hause bleiben. Ich werde mit niemandem außerhalb der Familie reden. Selbst meine Kinder wissen nichts von dem Projekt."

Captain Bill nickte. „Gut. Jerry, Ronald und Douglas junior haben sich bereit erklärt, die ganze Zeit hier zu bleiben. Bring Nancy einfach mit nach Hongkong, dann hat Lil etwas Gesellschaft. Und Alastair, John, Todd und Bill Schwartz sind einverstanden, für die erste Schicht hier zu bleiben. Joseph wird in zwei Wochen in Manila heiraten; den lassen wir am besten in Ruhe, bis wir in See stechen, wann immer das ist. Das heißt, dass Terry Hickey, Cor, Michael, Godfrey und Terry Madison ebenfalls die erste Urlaubsschicht kriegen. Über die übrigen vier reden wir, wenn du wieder da bist. Ach ja, und Alastair soll sich von einem Zahnarzt hier in Hongkong neue Zähne machen lassen, damit seine Freundin nicht in Ohnmacht fällt, wenn sie ihn sieht."

Palm Springs, Kalifornien, Mittwoch, 22. April 1981

Die Mitglieder der ODI-Leitung ließen sich um den langen Tisch des Konferenzzimmers nieder. Die Leitung der Besprechung hatte Sealy Yates übernommen, da Dr. Ed nicht rechtzeitig aus Südafrika hatte kommen können. Sealy stand voll hinter dem Projekt.

Sealy begann die Sitzung mit einem Gebet. Dann bat er Bruder Andrew, seine Gründe für den Stopp von Projekt Perle zu erläutern.

Andrew berichtete ausführlich von seinem Traum und erklärte, dass er sich große Sorgen um die Sicherheit der Besatzung der beiden Schiffe machte. Darauf zählte er die übrigen Probleme auf, die er sah.

Zusammen mit Doug waren auch Dr. Jim und Keith gekommen, und alle drei antworteten nacheinander und ausführlich auf Bruder Andrews Fragen und Bedenken. Sie stellten klar, dass alle Männer der Crew mit ihrer Unterschrift bestätigt hatten, dass sie sich freiwillig an dem Unternehmen beteiligten und über die Risiken im Klaren waren. Sie zählten auch die bisherigen kleinen und größeren Wunder auf, die allen an Bord der *Michael* gezeigt hatten, dass Gott selbst hinter dem Projekt stand.

Als Nächstes erklärte Dr. Jim im Detail den Projektplan. Er erläuterte die technischen Aspekte, die Ausbildung und Schulung der Beteiligten und die Informationen, die aus China vorlagen. Er betonte, dies sei kein Projekt, das aus einer Bierlaune heraus entstanden war. Man merkte, wie mehrere Gesichter sich entspannten; offenbar hatten nicht alle im Vorstand gewusst, wie gut durchdacht Projekt Perle war. Dr. Jim bemühte sich auch, die Gemüter zu beruhigen; es durfte nicht sein, dass das Projekt Schaden nahm, weil jemandem die Nerven durchgingen.

Nur für den Traum gab es keine Erklärung – es sei denn die, dass an dem eigentlich geplanten Landungstag Gefahren auf die Crew der *Michael* gelauert hätten. Noch hatte Captain Bill seinen eigenen Traum weder Doug noch Jim erzählt.

Mehrere Vorstandsmitglieder hatten immer noch finanzielle Bedenken. Einer wollte wissen, ob es wirklich nötig gewesen war, dass Doug zu Beginn des Projekts mehrere Male einen Hubschrauber nahm, um Captain Bill in Paradise zu besuchen. Ein anderer fand es unnötig, dass man extra für Projekt Perle das Büro in New Manila vergrößert hatte.

Doug erläuterte ausführlich und geduldig, wie lange es dauerte, Puerto Galera mit dem Auto und der Fähre zu erreichen, und warum man für Projekt Perle zusätzliche Mitarbeiter im Büro und damit Platz brauchte.

Nach stundenlangen Diskussionen, Erklärungen und Gebetsrunden waren sich die Anwesenden endlich über einen neuen Zeitplan für das Projekt einig; nur die vollständige Finanzierung war immer noch nicht gesichert. Bruder Andrew hatte Sorgen, dass nicht genügend für das Projekt gebetet wurde, worauf Dale Kietzman sich bereit erklärte, eine weltweite Gebetskampagne zu organisieren.

Im Hafen von Hongkong

Pablo genoss den Wind, der durch seinen Bart und sein dünner werdendes Haar fuhr. So einen Spaß hatte er schon lange nicht mehr gehabt – mit einem Boston Whaler mit 80 Sachen im Zickzack zwischen den großen Fähren hindurchbrausen, die den Victoria-Hafen durchquerten.

Die unverwechselbaren grünweißen „Star“-Fähren sind

Doppeldecker-Passagierboote. Sie verkehren seit über einem Jahrhundert im Hafen von Hongkong, und der Fünf-Minuten-Trip ist nach wie vor die billigste Methode, von einem Ufer zum anderen zu gelangen. Die Flotte besteht aus zwölf Schiffen mit dieselelektrischem Antrieb und Klimaanlage im Oberdeck.

Pablo musste an die Dutzende von Malen denken, als er schon auf so einer Star-Fähre gewesen war und die Skyline der Stadt und das Gewimmel der Boote, Kähne und Dschunken genossen hatte. Nicht nur für die Touristen, sondern auch für viele Einheimische ist diese Überfahrt ein seltener Augenblick der Ruhe in dem unermüdlichen Gewühle und Getriebe von Hongkong. Pablo hatte im Traum nicht daran gedacht, dass er eines Tages selber am Steuer eines der zahllosen kleinen Boote sitzen würde, die durch den am meisten fotografierten Hafen der Welt fuhren.

Captain Bill hatte ihm und Terry Madison aufgetragen, zum Jachthafen des Royal Hongkong Yacht Clubs in der Causeway-Bucht zu fahren, um Taucheranzüge zu kaufen und die Sauerstofftanks wieder zu füllen. Keine Stunde, und sie waren wieder auf dem Rückweg zur West-Reede. Als sie zum Schlepper kamen, sahen sie, wie Lil ihnen vom Achterdeck aus zuwinkte.

„Ich hab Douglas junior und John in die Stadt geschickt, um ein paar Vorräte zu kaufen“, rief sie ihnen über den Lärm des leerlaufenden Motors zu. „Aber ich hab die Gewürze vergessen. Wir brauchen dringend Sojasoße, Ketchup und Olivenöl. Könnt ihr eben zu den beiden hinfahren, bevor sie in ein *Wala-wala* steigen und zurückkommen? Vielleicht könnt ihr sie dann ja gleich mitnehmen.“

„Machen wir glatt“, sagte Pablo, drehte das Boot und gab Vollgas. Nur Weihnachten war noch schöner.

Es war nicht leicht, den Whaler zwischen den vielen

Wala-wala-Booten am Pier der Victoria-Insel hindurchzumanövrieren, aber schließlich sah Pablo die beiden Männer mit ihren hoch mit Kartons und Tüten bepackten Handwagen. John rannte zurück, um die Gewürze zu kaufen, während Douglas junior half, die Einkäufe in den Whaler zu laden.

„Achtzehn Männer brauchen echt viel zu essen!", keuchte Douglas, als er die schweren Kartons auf das Deck des Whalers hievte. „Und zu trinken auch!"

Er fuhr fort: „Ihr werdet's nicht glauben, aber auf dem Rückweg von dem Laden sind wir ein paar Lehrern begegnet, die mich noch aus meiner Schule in Manila kennen. Machen wohl hier Urlaub. Sie sahen mich, als ich meinen Proviantwagen schob, und fragten: ‚Was machst *du* denn hier, Douglas?'"

Pablo runzelte besorgt die Stirn. „Und was hast du geantwortet?"

„Ich bin halt weitergelaufen und hab gesagt: ‚Ich arbeite hier für jemanden.'"

Sie warteten auf John. Douglas sagte: „Wenn wir noch lange hier in Hongkong warten müssen, werde ich hier meinen Geburtstag feiern."

„Und wie alt wirst du?"

„Achtzehn!", erwiderte Douglas junior stolz. Er war ein so kräftiger junger Mann, dass er eher wie einundzwanzig aussah.

„Und was wünschst du dir zum Geburtstag?"

„Ein kleiner tragbarer Fernseher wär' nicht schlecht."

Ein Fernseher ... Pablo notierte es im Hinterkopf.

***

„Hallo, Captain! Wie geht's, wie steht's?", fragte Doug leise, als die beiden sich auf der Brücke des Schleppers umarmten.

„Ich schätze mal, gut", antwortete Captain Bill. „Die letzten Tage waren nicht einfach. Die Crew hat das Schiff umgetauft; sie nennen es jetzt *Gefängnisschiff Michael.* Wahrscheinlich halten sie mich für einen Sklaventreiber. Unter uns gesagt, eigentlich bin ich dankbar, dass ich jetzt mehr Zeit habe, unsere Ausrüstung auf Vordermann zu bringen. Als Nächstes muss ich mich um das ozeanografische Deckmäntelchen kümmern. Und ich habe immer noch nicht den Autopiloten installiert!"

Der Kapitän hatte seiner Mannschaft einen strikten Stundenplan verordnet, der morgens um acht Uhr begann. Die meisten der Männer waren Büroarbeiter oder Managertypen, die in dieser verordneten Pause nur das befolgten, was sie einsahen, und ansonsten erst einmal ihre Einwände vorbrachten. Sie waren es nicht gewöhnt, etwas zu reparieren oder einzubauen, ohne dass man sie nach ihrer Meinung gefragt hatte. Dies schmeckte nicht jedem.

Trotzdem gaben die Männer ihr Bestes. Die einen halfen, ein neues Radar auf dem Schlepper zu installieren, während andere die beiden Generatoren der *Michael* reparierten. Auf dem Kahn wurden die Handseilwinden durch elektrische ersetzt, damit man die drei Schlauchboote schneller zu Wasser lassen konnte. Dazu kamen zahlreiche kleinere Verbesserungen und Schönheitsreparaturen. Bald wusste niemand mehr, wie oft sie schon nach Hongkong gefahren waren, um neue Werkzeuge oder Vorräte zu kaufen.

Doug lächelte. „Ich weiß, es war nicht leicht für euch. Wir haben jeden Tag für euch gebetet. Im Geist waren wir die ganze Zeit bei euch."

„Für dich war es bestimmt auch nicht leicht, oder?“, erwiderte Captain Bill.

Doug zuckte die Achseln. „Wir haben alle möglichen Einwände entkräften können und neu grünes Licht für das Projekt bekommen, sobald unsere Leute in China wieder bereit sind. Dr. Dale Kietzman organisiert jetzt eine weltweite Gebetskampagne für uns. Aber sagen wir das am besten auch den anderen.“

Die Crew versammelte sich im Speiseraum.

Doug begann: „Ich möchte euch sagen, wie die Dinge zurzeit stehen. Nach viel Gebet und nachdem wir alle Details des Projekts nochmals durchgegangen sind, ist die Leitung von Open Doors zu dem Schluss gekommen, dass das Projekt weitergehen kann. Aber einfacher geworden ist es durch die Verzögerung nicht.

In der für die Lieferung vorgesehenen Nacht hatte sich eine große Zahl von chinesischen Christen an dem vereinbarten Strand versammelt. Ihr könnt euch vielleicht vorstellen, wie enttäuscht sie waren, als wir nicht kamen. Noch schlimmer ist, dass die jungen Christen, die das Ganze in die Wege geleitet hatten, in den Augen vieler unglaubwürdig geworden sind. Wir müssen jetzt erst einmal abwarten, wie sich dieses Problem löst. Es kann noch etwas dauern, bevor wir losfahren können.

Aber ich möchte euch allen Mut machen mit einer Botschaft, die der Herr uns vor ein paar Tagen gegeben hat, als wir beteten. An einem Abend hatten wir eine längere Gebetsversammlung, zu der auch Pastor Mike MacIntosh aus San Diego und einige Freunde von ihm kamen. Während dieser Versammlung gab Gott uns durch einen Bruder eine Botschaft, die aus drei Teilen bestand.

Erstens sagte Gott: ‚Das Projekt Perle ist in meinen Augen so gut wie abgeschlossen.‘

Zweitens: ‚Macht mit ganzem Einsatz weiter, bis es wirklich beendet ist.'

Und drittens: ‚Wenn Projekt Perle vorbei ist, macht kein Goldenes Kalb daraus.'

Dieser dritte Punkt hat mir zu denken gegeben. Wir hatten eigentlich vorgehabt, dass Terry Madison einige Fotos von der nächtlichen Lieferung der Bibeln schießen sollte, mit teurem Infrarot-Filmmaterial. Jetzt finde ich, wir lassen das lieber, damit wir (oder andere) nicht in Versuchung geraten, ein Goldenes Kalb aus dem Unternehmen zu machen und uns damit später ein Denkmal zu setzen."

Alle nickten. Sie verstanden, was Doug meinte.

Doug fuhr fort: „Pablo hat mir erzählt, dass ihr weiter jeden Abend eine Andacht auf dem Achterdeck haltet. Das ist gut. Danke, Todd, dass du das in die Hände genommen hast.

In den nächsten Wochen werde ich euch hin und wieder ein paar besondere Leute schicken, die euch mit Gottes Wort dienen. Ernie Coombs von Maranatha Music ist zurzeit nach einem Kuriereinsatz in China in Hongkong. Er wird heute Abend zu uns kommen, um mit euch zu singen und eine Predigt zu halten. Mama Kwang und ihr Sohn Daniel haben ebenfalls versprochen, zu kommen und mit euch zu beten.

Kopf hoch, Leute! Macht weiter. Gott ist noch nicht fertig mit uns!"

***

„CQ DU1OD ... DU1OD ... hier TI5TM. DU1OD bitte kommen ..."

Eine Stimme knisterte aus dem Amateurfunkgerät. „Hier DU1OD ... Hallo, Schlepper *Michael*! Ist das Pablo?"

„Jawohl, Dean! Habe Nachtwache auf der Brücke. Wie war der Heimaturlaub? Stopp."

„Habe keinen gekriegt. Warte darauf, dass ihr euren Job fertig macht! Stopp."

Dean Keany saß in Manila. Er war Projektberater für Open Doors Asien und der Funkoffizier für das Perle-Projekt. Er und Pablo hatten einen Geheimcode ausgearbeitet.

Dean kam aus der Gegend von Denver in den USA und hatte 1977 das australische Büro von Open Doors eröffnet. Vier Jahre lang hatte er es geleitet, bevor er und seine Frau Becky mit ihrer wachsenden Familie nach Manila zogen. Pablo mochte die Gespräche mit Dean. Denn Dean war nicht nur freundlich, er war – ja, irgendwie *echt*.

Captain Bill hatte für das Amateurfunkgerät auf dem Schlepper das Stationsrufsignal TI5TM gebastelt. TI war die „Vorwahl" für Costa Rica, und TM stand für „tugboat (Schlepper) *Michael*".

„Da musst du wohl noch weiter warten, Dean. Bis jetzt noch keine Aktion. Stopp."

„Möchtest du gerne mal deine Frau sprechen, Pablo? Stopp."

„Und ob! Stopp."

„Morgen Abend! Gleiche Zeit, gleiche Station. Stopp und Ende."

***

Nach einem harten Arbeitstag auf dem „Gefängnisschiff" *Michael* genossen die Männer immer das gemeinsame Abendessen. Sie zogen einander dann auf, am meisten „Mutter Hickey".

Die große Frage war immer, wer Post bekommen hatte.

Thomas, ein Hongkong-Chinese, der in der Stadt als Repräsentant der *Michael* fungierte, brachte der Crew einmal in der Woche die gesammelte Post. Er zahlte auch die Liegegebühren und versah Pablo mit dem nötigen Bargeld für die täglichen Ausgaben.

Junggeselle Alastair war über beide Ohren verliebt und schrieb seiner Freundin lange Briefe. Da Joseph unterwegs zu seiner Hochzeit war, erkor die Crew sich Alastair als Opfer. Denn er war jetzt der einzige verliebte Single an Bord.

„Was sagt man als Gratulant auf einer schottischen Hochzeit, Alastair?", fragte Pablo.

„Ihr seid zu meiner gerne alle eingeladen", erwiderte Alastair. „Und man sagt: ‚*Long may your lum reak.*' Das heißt: ‚Lang möge dein Schornstein rauchen.'"

„Also, ‚*Long may your rum leak*' (‚Lang möge dein Rumfass undicht sein'), könnte ich mir besser merken", lachte Terry Hickey.

Die Männer tauschten sich auch über ihre tiefsten Wünsche und Träume aus. Cors großer Traum war es, mit einem mit Bibeln beladenen Sattelschlepper von Holland nach Rumänien zu fahren. Jeden Abend erklärte er den anderen haarklein, wie praktisch sein Plan war und wie er ihn umsetzen würde. Die Männer waren überzeugt, dass sich sein Traum irgendwann erfüllen würde, und beteten regelmäßig für Cor.

An einem Abend hatten sie ein sehr offenes Gespräch über die Verzögerung bei Projekt Perle.

„Es lief doch alles nach Plan. Warum wurde es dann gestoppt?", begann Pablo.

Bill Schwartz meinte: „Ich glaube, weil wir geistlich noch nicht so weit waren. Ich habe den Eindruck, Gott muss noch mehr an uns arbeiten, damit wir wirklich voll auf das Ziel ausgerichtet sind."

„Das sehe ich auch so", fiel Cor ein. „Es gab so viele Dinge, die einfach nicht richtig waren. Es wäre dumm gewesen, das Projekt übers Knie zu brechen; wir hätten uns unser eigenes Grab geschaufelt."

Ronald fügte hinzu: „Der Kapitän hat gesagt, sein eigener Albtraum war für ihn eigentlich nur der berühmte letzte Tropfen in dem Fass."

***

Jeden Abend nach dem Essen bat Todd, der amtierende Bordgeistliche, einen der Männer, die Leitung der Andacht zu übernehmen. Sie fand gewöhnlich draußen auf dem relativ kühlen Achterdeck des Schleppers statt, wo es genügend Raum für alle gab. Meistens spielte Bill Schwartz Gitarre.

Eines Abends brachte Bill den Männern einige Lobpreislieder mit temperamentvollen israelischen Melodien bei. Sie waren davon so begeistert, dass sie aufsprangen, einander die Arme um die Schultern legten und im Kreis um das Deck herumtanzten. Eine halbe Stunde ging das so, bis sie nicht mehr konnten und sich aufs Deck fallen ließen, lachend und immer noch singend.

Dann hielt Todd eine kurze Predigt. Er sagte: „Brüder, heute habe ich in meiner Stillen Zeit in dem Andachtsbuch *Unser täglich Brot* gelesen. Der vorgeschlagene Text war Psalm 107,23-32. Lasst ihn uns eben zusammen lesen:

> ‚Wieder andere fuhren mit ihren Schiffen aufs Meer hinaus, um Handel zu treiben. Dort erlebten sie Gottes Macht, auf hoher See wurden sie Zeugen seiner wunderbaren Taten. Nur ein Wort von ihm – und ein Sturm peitschte das Meer. Wogen türmten sich auf, warfen die Schiffe hoch in die Luft und stießen sie sogleich wieder in gähnende Abgründe. Da verloren sie jede Hoffnung. Sie wirbelten durcheinander und taumelten wie

Betrunkene, mit ihrer Weisheit waren sie am Ende. In auswegloser Lage schrien sie zum Herrn, und er rettete sie aus ihrer Not. Er bannte die tödliche Gefahr: Der Sturm legte sich, und die tobenden Wellen wurden ruhig. Da freuten sie sich, dass es endlich still geworden war! Gott brachte sie in den Hafen, an das ersehnte Ziel. Sie sollen den Herrn preisen für seine Gnade und für seine Wunder, die er uns Menschen erleben lässt. Wenn sich das Volk versammelt, sollen sie seine Größe rühmen und ihn vor dem Rat der Ältesten loben.‘

Ihr denkt jetzt wahrscheinlich, dass ich über den Sturm und wie Gott ihn stillt, reden werde“, fuhr Todd fort. „Und das haben wir ja erlebt. Aber heute Abend möchte ich unsere Aufmerksamkeit auf die zweite Hälfte von Vers 30 lenken: ‚Gott brachte sie in den Hafen, an das ersehnte Ziel.‘

Psalm 107 handelt von Menschen, ‚die mit ihren Schiffen auf das Meer hinausfuhren‘. Diese Menschen erleben unterwegs Gott als den, der hinter den Stürmen steht und der sie wieder stillt.

Zur Zeit des Alten Testaments hatten Menschen, die über das Meer fuhren, vor zwei Dingen Angst: zum einen vor Stürmen und zum anderen davor, dass überhaupt kein Wind wehte. Bei absoluter Windstille kommt es vor, dass ein Segelschiff buchstäblich steht. Kapitän und Besatzung sitzen in der Flautenfalle. Bleibt der Wind lange genug aus, gehen schließlich die Wasservorräte zur Neige.

Manchmal müssen wir in unserem Leben einen Sturm durchstehen, manchmal eine Flaute. Wir haben den Eindruck, dass nichts mehr geht. Unsere Ziele scheinen unerreichbar zu sein. Aber ob wir in einer Lebenskrise stecken oder in einer Situation, wo kein geistlicher Wind mehr in unseren Segeln ist – wir müssen Gottes Führung suchen. Gott, der der Herr auch über die Umstände und Wechselfälle unseres Lebens ist, hat uns versprochen, uns zu seiner Zeit ans Ziel zu bringen.

In meinen Tagesandachten gibt es immer auch einen ‚Spruch für den Tag'. Der heutige lautet: ‚Gott lenkt unsere Schritte und unsere Pausen.' Hier sitzen wir in Hongkong und wären so gerne unterwegs zu unserem Ziel. Lasst uns gemeinsam Gott dafür danken, dass er nicht nur unsere Schritte, sondern auch unsere Pausen lenkt."

Die folgende Gebetsgemeinschaft dauerte eine Stunde. Es gab Gebete der Buße, Bitten um Vergebung und viele Dankgebete.

13. In der Schlangenbucht

Doug, Captain Bill, Dr. Jim und Pablo standen auf dem Deck über der Brücke. Es war der 18. Mai, über einen Monat nach dem ursprünglich geplanten Lieferdatum für die Bibeln. Keith war gerade bei Mama und Papa Kwang, die am nächsten Tag nach China fahren würden. Joseph war noch nicht aus seinen Flitterwochen zurück.

„Ich kann euch noch kein genaues Datum nennen", erklärte Doug den anderen. „Mama und Papa Kwang sagen, dass die Situation in China sehr schwierig ist. Sie gehen gerade unter Einsatz ihres Lebens selbst hin, um die Lage zu erkunden."

„Wie lange wird es dauern, bis wir den endgültigen Termin kriegen?", fragte der Kapitän.

„Das kann ich wirklich nicht sagen, Captain", entgegnete Doug. „Ich weiß nur, dass ich nach wie vor glaube, wir sollen weitermachen."

„In unseren ersten Planungssitzungen hast du mir versprochen, dass wir spätestens am 1. Juni wieder auf den Philippinen sind", fuhr Captain Bill fort. „Wir stehen kurz vor der Taifunsaison. Im Juni werden wir die ersten Stürme kriegen, wenn nicht schon vorher! Ich bin als Kapitän für die Sicherheit der Männer auf diesem Schiff verantwortlich. Ich kann uns nicht mit offenen Augen in eine Lage hineinmanövrieren, die lebensgefährlich ist."

„Das weiß ich alles", erwiderte Doug. „Ich glaube, dass wir die Fahrt bald machen werden."

„Mein nächstes Problem ist, dass wir nicht genügend Gelegenheit zum Üben gehabt haben. Das bisschen, was die Männer gelernt haben, haben sie inzwischen längst wieder vergessen."

„Und was schlägst du da vor?“, fragte Doug.

„Dass wir uns einen anderen Liegeplatz suchen, weiter weg vor den Inseln, wo wir richtig üben können.“

„Das finde ich gut“, meinte Jim. „Dann könnten wir auch das Arbeiten im Dunkeln trainieren.“

„Okay“, sagte Doug. „Setzt einen entsprechenden Antrag an die Hafenbehörde auf, damit Thomas bei ihr vorsprechen kann.“

Pablo meldete sich. „Bevor wir Schluss machen, habe ich noch eine gute Nachricht. Die Besatzungsmitglieder hatten alle ihren Heimaturlaub, und wir sind jetzt mit zwanzig Mann vollzählig. Aus dem Open Doors-Büro in Afrika ist Herman Boonstra zu uns gestoßen, ferner ein wunderbarer Bruder aus Ghana, der Faithful heißt und sich echt mit Schiffen auskennt; er hat schon auf dem neuen Schiff von ‚Jugend mit einer Mission‘, der *Anastasis*, gearbeitet.“

„Das ist gut“, sagte Doug. „Schön. In elf Tagen haben wir hier oben das nächste Treffen des ‚inneren Kreises‘, sofern wir nicht bis dahin grünes Licht bekommen haben.“

Die Stirn des Kapitäns lag in Falten; er schien gar nicht glücklich zu sein.

***

An diesem Abend notierte Captain Bill in sein persönliches Logbuch: „Was für ein Dilemma! Zu Beginn des Projekts habe ich Doug und Keith versprochen, es durchzuziehen, egal, was passieren würde. Und jetzt scheinen wir alle Vernunft in den Wind zu schlagen.“

Der Kapitän war unendlich müde. Hatte das hier überhaupt noch einen Sinn? Er beschloss zu beten, und wie damals, zu Beginn des Projekts, schlug er seine Bibel aufs

Geratewohl auf. Sein Blick fiel auf 1. Chronik 28,20 – die Stelle, wo König David zu seinem Sohn Salomo spricht:

> „Mach dich ohne zu zögern an die Arbeit! Hab keine Angst, und lass dich durch nichts entmutigen! Denn der Herr, mein Gott, wird dir dabei helfen. Er steht zu dir und verlässt dich nicht. Er wird dir beistehen, bis der Bau des Tempels abgeschlossen ist."

Wer war denn heute der „Tempel"? Klar, die Gläubigen, in diesem Fall die in China. Und der Bau dieses Tempels erfolgte über die Bibel. Die Sache war klar, Gott hatte gesprochen. Captain Bill nahm wieder seinen Stift zur Hand und schrieb einen kurzen Entschuldigungsbrief an Doug.

Hongkong, Freitag, 22. Mai 1981

„Wir haben die Genehmigung erhalten, uns in die ‚Schlangenbucht' in den New Territories im Norden von Hongkong zu begeben." Ein lächelnder Michael verkündete Captain Bill die Nachricht.

„Anker lichten! Vorsicht mit dem Schleppseil!", rief der Kapitän in sein Megafon. Er ließ den Motor an; der Schlepper setzte sich langsam in Bewegung.

Bill Schwartz kam in heller Panik auf die Brücke gerannt. „Das Schleppseil ist gerissen!" Sie schauten zur Tür des Ruderhauses hinaus. Der Lastkahn bewegte sich nach Steuerbord, in umgekehrter Richtung wie der Schlepper. Die eine Seite des Zugwerks hatte nachgegeben.

Captain Bill stellte die Maschine ab und befahl, das Seil einzuholen. Es bestand aus 30 Metern Stahlseil, das gut 2,5 cm dick war, und 90 Metern Nylonseil, mit dreifacher Dicke. Es brauchte viele fleißige Hände, bis das Seil eingeholt war.

Jerry und Bill reparierten die defekte Halterung auf dem Kahn, und dann konnte die Reise losgehen. Es wurde ein schöner Reisetag, der sie durch die Hafeneinfahrt von Hongkong und zwischen den Inseln hindurchführte.

Nach der Hafenreede war die Schlangenbucht das reinste Ferienparadies. Hier war es ruhig, das Wasser war sauber und gerade richtig zum Schwimmen und Tauchen.

Der Erste Offizier Jim verkündete, dass es etwas Freizeit für die Männer geben würde, aber dass ab heute Abend jeder, der zu den Beiboot-Teams gehörte, das Manövrieren im Dunkeln trainieren würde.

Als es dunkel geworden war, lud man die Planktonnetze und sonstige ozeanografische Ausrüstung in die drei Schlauchboote und die beiden Whaler (für den Fall, dass die Hafenpolizei Fragen stellte), und dann fuhren die Teams stundenlang mit niedriger Geschwindigkeit und ohne Positionslichter hin und her durch die Bucht und ließen ihre Augen sich an die Dunkelheit gewöhnen.

Plötzlich fuhr ein großes Patrouillenboot der Hafenpolizei direkt auf sie zu. Jim brauste mit seinem Schlauchboot zum Strand, wo er die Infrarotbrille, die er gerade ausprobierte, im Sand vergrub. Aber das Polizeiboot fuhr an ihnen vorbei, ohne von ihnen Notiz zu nehmen.

***

Der nächste Tag war ein Samstag. Der Kapitän erklärte ihn kurzerhand zum Erholungstag. Die Whaler wurden zu Wasser gelassen und die Wasserski und das Slalombrett hervorgeholt, die in weiser Voraussicht zur „ozeanografischen" Ausrüstung gehörten. Den ganzen Tag verbrachte die Crew mit Schwimmen, Wasserskifahren, Tauchen und Sonnen. Terry Madison war überall gleichzeitig und fotografierte.

Captain Bill verbrachte den Tag mit Tauchen, wobei er das Angenehme mit dem Nützlichen verband und den Propeller des Schleppers reinigte.

Nur zu bald war es Spätnachmittag, und man begann, die beiden Boston Whaler wieder auf die *Gabriella* zu laden. Das eine Boot war bereits wieder sicher an seinem Platz, und die Männer begannen, das zweite hochzuhieven. Cor bediente die elektrische Winde, dankbar, dass er nicht mehr von Hand kurbeln musste. Die Winde hob den Whaler, der an zwei stabilen Seilen unter dem Davit hing, aus dem Wasser heraus. Gleichzeitig hatten mehrere Helfer den Whaler so zu drehen, dass er zwischen den vier Pfosten zu hängen kam, die als Transportsicherung dienten. Aber sie drehten nicht schnell genug, worauf Pablo versuchte, mit der Hand den Bug über den einen der Pfosten zu heben. Das hätte er besser nicht versucht. Das schwere Boot rutschte aus der Seilhalterung heraus und fiel sechs Meter tief nach unten, wo es von einem der Stahlpfosten, die die Heckreling des Kahns hielten, aufgespießt wurde.

„Wie kriegen wir das Ding da wieder weg?", fragte Pablo den Kapitän.

„Indem wir es über die Reling kippen", erwiderte Captain Bill missmutig.

Jerry und Bill stiegen in das Rettungsboot der *Michael* und montierten vorsichtshalber den schweren Außenbordmotor des Whalers ab. Dann schob man mit vereinten Kräften den Whaler von dem Stahlpfosten ins Wasser, was das Loch im Fiberglasboden noch größer machte.

Am Sonntag gingen Jerry und Captain Bill – die Einzigen an Bord, die sich mit Fiberglas auskannten – daran, den Whaler zu reparieren. Bald war er wieder seetüchtig. Aber Captain Bill fragte sich allmählich, wann es mit den Pannen endlich ein Ende haben würde.

Am Sonntagabend übten die Beiboot-Teams wieder das Manövrieren in der Dunkelheit. Sie fuhren langsam durch die Schlangenbucht; dann und wann fuhren sie fast bis ans Ufer, so wie sie es bei der Lieferung der Bibeln auch machen würden.

Plötzlich kam von oben ein grelles Scheinwerferlicht. Die Männer linsten durch den leichten Nachtnebel – und sahen das Polizeiboot, das ihnen schon am Freitagabend begegnet war.

Pablo steuerte seinen Whaler neben das Patrouillenboot.

„Was machen Sie hier draußen im Dunkeln mit diesen schnellen Booten?", fragte der Hafenpolizist.

„Wir machen unsere Planktonanalysen." Pablo wies auf die Netze in seinem Whaler.

„Und warum müssen Sie dazu die Positionslichter ausmachen?"

„Weil sie das Ergebnis verfälschen würden", erwiderte Pablo. „Aber für heute Abend sind wir fertig. Sie können uns gerne zurück zu unserem Schiff begleiten."

Aber der Beamte war noch nicht fertig. „Machen Sie das nicht noch mal! Wir haben hier ein Riesenproblem mit schnellen Motorbooten, die gegen Geld Personen aus China illegal über die Grenze bringen. Sie haben ebenfalls keine Positionslichter und fahren bis dicht an die Küste. Also: Wir möchten Sie hier nicht mehr sehen!"

„Yes, Sir", antwortete Pablo zerknirscht.

***

Am Freitag, den 29. Mai, fand das erste Treffen des sechsköpfigen „inneren Kreises" bzw. Planungsteams statt, seit man die Philippinen verlassen hatte.

Die sechs Männer saßen auf dem Vorderdeck der *Michael*, vor sich das Panorama der Schlangenbucht. Es war ein schöner Tag, aber die Stimmung war gedrückt.

„Die Kwangs sind gerade in China, um alles vorzubereiten, aber wir haben immer noch keinen Termin für die Lieferung", berichtete Doug.

Dr. Jim räusperte sich. „Nächsten Monat habe ich in den Vereinigten Staaten Termine, die ich nicht absagen kann. Ich kann nur noch bis spätestens zum 3. Juni bleiben. Fünf weitere Besatzungsmitglieder haben ebenfalls nur noch ganz begrenzt Zeit."

„Doug", sagte Captain Bill. „Wir müssen den Tatsachen ins Auge sehen. Bis zum 1. Juni sind es nur noch ein paar Tage, die ersten Taifune werden bald kommen. Dürfen wir wirklich das Leben unserer Männer so leichtfertig aufs Spiel setzen?"

Keith wurde ärgerlich. „Warum macht ihr Doug das Leben so schwer? Gott hat uns seine Verheißung für dieses Projekt gegeben, und ihr kommt mit hundert Wenns und Abers! Ihr habt einfach nicht genug Glauben."

„Keith", sagte Captain Bill leise. „Ich habe jede Menge Glauben. Der Herr hat mir sehr deutlich gezeigt, dass ich dabeibleiben soll. Aber warum soll ich meine Männer, die Ladung und die Boote mutwillig in Gefahr bringen?"

„Okay, Leute", sagte Doug. „Einigen wir uns auf Folgendes: Entweder wir bekommen aus China bis zum 31. Mai, also in zwei Tagen, das Startsignal und liefern die Bibeln bis 3. Juni, oder die Sache findet nicht statt."

Alle Männer nickten.

***

„Sie haben da ein paar echt schnelle Boote dabei“, sagte der Beamte der Hafenpolizei Hongkong, als er früh am nächsten Morgen an Bord der *Michael* kletterte.

„Das will ich meinen“, erwiderte Captain Bill aufgeräumt.

„Für was brauchen Sie dermaßen starke Außenbordmotoren?“ Die Augen des Hafenpolizisten waren misstrauisch.

Captain Bill verstand die Frage nur zu gut; die nächtlichen Fahrten durch die Schlangenbucht hatten den Verdacht der Hafenpolizei erregt. „Wir müssen in unserem Job ziemlich viel schleppen“, sagte er, „da braucht man ein paar PS mehr.“

Der Beamte fuhr fort, die eleganten Boston Whaler, die bei Seenotrettungsdiensten und Küstenwachen in der ganzen Welt berühmt waren, zu beäugen.

„Würden Sie gerne mal in so einem Ding mitfahren?“, fragte Captain Bill unvermittelt.

Der Hafenpolizist sah ihn an; er schien sich zu fragen, ob er sein Angebot ernst meinte. „Ich möchte nicht, dass Sie sich wegen uns Umstände machen.“

„Kein Problem. Ein paar von meinen Leuten müssen sowieso in die Stadt fahren, um Vorräte zu kaufen.“

„Gut, das soll ein Wort sein. Mein Schiff kann ja hinterherfahren.“

Captain Bill stellte dem Beamten Pablo und Terry Madison vor. Terry sprang in das Polizeiboot, der Hafenpolizist ließ sich neben Pablo in Whaler Nr. 1 nieder, und los ging es. Die unruhigen Wellen der Schlangenbucht waren gerade das Richtige für den Whaler. Pablo gab Vollgas und ließ das Polizeiboot weit hinter sich. Nach fünf Minuten hatten sie eine Halbinsel umfahren, hinter der das Wasser sehr viel ruhiger wurde. Bevor sie den Pier erreichten, hatte das Polizeiboot sie auf dem glatten Wasser wieder eingeholt.

Pablo und Terry machten ihre Einkäufe. Auf der Rückfahrt zur *Michael* fragten sie sich, was wohl der eigentliche Sinn dieses Bootsrennens gewesen war.

Am Abend dieses Tages rief Doug die ganze Crew auf der Brücke zu einer Besprechung zusammen.

„Auf dem Schreibtisch in meinem Büro steht ein Schild mit der Aufschrift: ‚Das Gute ist der Feind des Besten'", begann er. „Ich werde mir demnächst ein zweites Schild anfertigen lassen, auf dem steht: ‚Das Praktische ist der Feind des Glaubens.' Morgen ist der 31. Mai, und wir haben immer noch nichts von unseren chinesischen Freunden gehört. Aber ich glaube, sie werden sich noch melden, und ich möchte nicht, dass irgendwelche praktischen Überlegungen diesen Glauben blockieren. Bitte glaubt mit mir, dass Gott unser Vertrauen belohnen wird. Hört nicht auf die ganzen Einwände, die unser Verstand vorbringt. Wir werden dieses Projekt durchführen, wenn Gott es will, und keine Probleme werden uns daran hindern."

Keith, der neben Doug stand, lächelte über das ganze Gesicht.

Die übrigen vier Männer aus dem „inneren Kreis" schauten sich an. Es war nicht das, worauf sie sich erst gestern geeinigt hatten. Pablo musste denken: *Hatten wir uns nicht irgendwann mal vorgenommen, dass wir alles nur gemeinsam und einstimmig machen werden?*

***

„Hier, Captain. Unterschreiben Sie, bitte." Es war der Morgen des nächsten Tages, und der Beamte der Hafenverwaltung hielt Captain Bill ein Formular vor die Nase, das ihn aufforderte, unverzüglich an die West-Reede zurückzukehren.

„Was haben wir denn falsch gemacht?“, protestierte Captain Bill.

„Das weiß ich nicht“, log der Beamte. „Da müssen Sie das Hafenamt fragen.“

Der Kapitän war sicher, dass der Grund die nächtlichen Übungsfahrten der Beiboote waren. Das Bootsrennen von gestern war wahrscheinlich der Tropfen gewesen, der das Fass zum Überlaufen brachte.

„Anker lichten und losfahren!“, rief Captain Bill eine Stunde später durch sein Megafon. Er ließ die Maschine möglichst schnell laufen, damit der Propeller sich in dem flachen Wasser nirgends verhakte.

Pablo, der gerade der Achterdeckoffizier war, stand auf der Backbordseite. Plötzlich sah er, dass das Stahlschleppseil sich am Griff einer Luke am Heck verfangen hatte. Als der Schlepper Fahrt aufnahm, straffte das Kabel sich, bis es unter dem Griff herausrutschte und mit einem heftigen Ruck über die beiden Kabelführungen auf dem Achterdeck nach Steuerbord schoss. Das Nächste, was Pablo sah, waren zwei Beine, die erst hoch in die Luft und dann in einem Salto hinunter ins Wasser flogen.

„Sag dem Captain, er soll stoppen! Mann über Bord!“, schrie Pablo dem Mann zu, der vor der Backbordtür der Brücke stand. Dann rannte er nach Steuerbord und half, Terry Madison aus dem Wasser zu ziehen. Terry hielt seine geliebte Nikon 35-mm-Kamera in der einen Hand und eine Super-8-Filmkamera in der anderen. Er schien sich mehr um die Kameras zu sorgen als um sich selbst.

Auf dem Achterdeck setzte er sich hin und zog sein Hemd aus. Über seine Brust, nicht weit unter seinem Hals, lief ein hässlicher roter Streifen. Erst jetzt sahen die Umstehenden, wie knapp der Unfall für Terry ausgegangen war.

„Ich war gerade dabei zu filmen, wie wir losfuhren", stotterte Terry, „und dann hat mir irgendwas so 'nen Schlag gegeben, dass ich auf einmal im Wasser war."

Hätte das Schleppseil ihn ein, zwei Handbreit höher getroffen, es hätte ihm glatt den Kopf abgerissen. Die Crew faltete die Hände, um Gott für das nächste Wunder zu danken.

14. Mehr als Überwinder

Papa Kwang zog sich seine Mao-Mütze tiefer ins Gesicht, als ein Parteikader, den er kannte, in den Bus stieg. Mama Kwang trug ihre ältesten Kleider und einen großen Bauernstrohhut, der so viel wie möglich von ihrem Gesicht bedeckte.

Das Paar konnte ganz legal über die Grenze von Hongkong nach China gehen, aber dass es auch sicher wieder zurückkommen würde, war durchaus nicht selbstverständlich. Die beiden hatten schon einige Zusammenstöße mit der chinesischen Staatsmacht hinter sich. Papa hatte für seinen Glauben zehn Jahre im Arbeitslager verbracht, und Mama war dreimal ins Gefängnis gekommen, weil sie gepredigt hatte. Diese Reise war ein großes Risiko. Aber die beiden gingen es willig ein.

Als der alte Bus über die staubige Straße rumpelte, stieß Mama plötzlich Papa in die Seite und zeigte zum Fenster hinaus. Draußen war ein Stacheldrahtzaun und hinter dem Zaun das erste Gefängnis, in dem sie eingesessen hatte. Die Erinnerung ließ es ihr kalt den Rücken herunterrieseln. Sie starrte auf die Insassen, die im Gefängnisgarten arbeiteten. Papa legte seinen Arm um sie und zog sie an sich. „Wir sind bald da."

Am Busbahnhof in Shantou nahmen sie ein Dreirad für die Fahrt zu Lilis Haus in Dahao. Sie hatten ihren Gastgebern eingeschärft, sie ja nicht am Busbahnhof abzuholen.

Es war ein tränenreiches Wiedersehen, als sie ihre alten Freunde in die Arme schlossen. Während sie zusammensaßen und ihren Tee tranken, dachte Mama an die alten Zeiten zurück. „Als wir vorhin an dem Gefängnis vorbeikamen, musste ich daran denken, wie es war, als ich zum ersten Mal inhaftiert war.

Meine Zelle war ganz dunkel. Ich konnte noch nicht einmal die Gesichter meiner Zellennachbarinnen sehen, weil die Fensterläden geschlossen waren. Wir saßen alle ganz niedergedrückt auf dem nackten Lehmboden. Es gab kein Wasser und keine Toilette.

Am nächsten Tag holten mich die Wärter aus der Zelle und forderten mich auf, meine Verbrechen zu gestehen. ‚Was für Verbrechen?‘, fragte ich.

Sie antworteten: ‚Die mit deinem Glauben! Fang mit deinem achten Lebensjahr an.‘

‚Ich habe schon vorher an Jesus geglaubt‘, begann ich. ‚Die letzten fünf Generationen meiner Familie haben alle an ihn geglaubt. Sie liebten den Herrn von ganzem Herzen.

Als ich jung war, war ich fünfmal schwer krank. Der Arzt sagte mir, dass es keine Hoffnung mehr gebe; ich solle mich auf meinen Tod vorbereiten. Aber der Herr Jesus heilte mich und befahl mir, sein Evangelium den Kranken und Bedürftigen weiterzusagen. Jesus ist der große Arzt!‘

Den halben Tag redete und redete ich. Die Wärter schienen sehr bewegt zu sein von dem, was ich da sagte. Aber als es Mittag war, fanden sie, dass ich einen weiteren ‚Unterricht‘ brauchte, weil mein Geständnis nicht deutlich genug war.“

Mama trank etwas von ihrem Tee und nahm sich einem *Baodze*-Knödel. „Ihr wisst ja gar nicht, wie ich das hier vermisst habe.“ Sie nahm einen Bissen. „In Hongkong schmecken die *Baodze* ganz anders.“

Niemand sagte etwas, und sie fuhr fort: „Sie nahmen Papier und Bleistift zur Hand, um mein Geständnis aufzuzeichnen. Ich gab die letzte Predigt wieder, die ich über die Wiederkunft Jesu gehalten hatte. Der Heilige Geist wirkte in ihren Herzen, und sie baten mich, auch das Lied zu singen, das ich damals der Gemeinde beigebracht hatte.

Am nächsten Tag sagten sie: ‚Gestern hast du nur über Jesus geredet. Heute musst du von etwas anderem reden. Wie viele Mitarbeiter hast du? Wie viele Hausgemeinden? Wie hast du angefangen?'

Ich erwiderte: ‚Ich habe angefangen, weil ich Jesus kenne. Er ist mein Erlöser und er kann auch euer Erlöser werden. Etwas anderes weiß ich nicht. Meine Mitarbeiter haben keinerlei Verbrechen begangen, und ich habe auch keine zu gestehen.'

Sie führten mich wütend zurück in meine Zelle, wo ich 37 Seiten als mein ‚Geständnis' schrieb. Ich schrieb über Jesu Geburt, Tod, Auferstehung und die Erlösung, die er gebracht hat.

Am Abend mussten vierhundert Gefangene und Parteikader zuhören, wie die Beamten, die mich verhörten, alle 37 Seiten meines ‚Geständnisses' laut vorlasen. Der Heilige Geist wirkte in vielen Herzen, und mehrere Gefangene bekannten unter Tränen ihre Sünden und nahmen Jesus als ihren Erlöser und Herrn an.

Das Verhör ging anschließend bis zum Morgengrauen weiter. Die Wärter sagten, dass sie mich am nächsten Tag an die Wand hängen und schlagen würden. Aber als ich wieder in meiner Zelle war und betete, ließ der Herr mich mehrere Visionen haben. In einer zeigte er mir, dass ich nur dreißig Tage und nicht, wie die Verhörbeamten gedroht hatten, zwanzig Jahre im Gefängnis bleiben würde.

Die Gefängniszellen waren unglaublich schmutzig. Ich bat die Wärter, mir Wasser und Putzlappen zu geben, damit ich etwas saubermachen konnte. Erstaunlicherweise erfüllten sie meine Bitte; sie ordneten sogar mehrere der anderen Insassen ab, um mir zu helfen. Wir schrubbten die Zellen, bis sie so sauber waren wie unsere Wohnungen zu Hause. Die Gefängnisleitung fand das so gut, dass sie die Fensterläden öffnete und sogar elektrisches Licht installierte. Jetzt hatten die Gefangenen saubere Zellen. Aber was noch besser war: Sie hatten saubere Herzen, in denen Jesus wohnte.

Ich brachte ihnen das Lied bei: ‚Wo Jesus ist, da ist der Himmel.' Wir sangen es bei unserer Arbeit, und dieses furchtbare Gefängnis wurde für uns ein Stückchen Himmel. Die Gnade des Herrn kennt keine Grenzen."

Papa Kwang unterbrach sie taktvoll. „Aber wir sind nicht nur hierhergekommen, um Erinnerungen auszutauschen. Wie ist der Stand des Projektes, Lili?"

Lili wischte sich eine Träne ab. „Schwierig, und das ist noch gelinde ausgedrückt. Mei-Ling und Chan sind gerade unterwegs, um ihre Kontaktpersonen in anderen Provinzen wieder aufzusuchen. Unsere Freunde, die weit weg wohnen, scheinen zu verstehen, was gerade geschieht; ihre Kooperation ist gut. Wie einige von ihnen gesagt haben: ‚Gottes Fahrplan ist vollkommen.'

Die größten Probleme haben wir mit den Gläubigen, die in der Nähe wohnen – vielleicht deswegen, weil bei ihnen die Enttäuschung am größten war, als zu Ostern kein Schiff kam. Sie hatten eine solche Vorfreude gehabt, und jetzt haben sie den Glauben an das Projekt verloren. Vielleicht könnt ihr sie wieder aufbauen und ihnen ihren Frust nehmen."

Papa Kwang beugte sich vor. „Welcher Versammlungsort hier in eurer Gegend ist der größte?"

Lili dachte einen Augenblick nach. „Der größte ist wahrscheinlich gleichzeitig der sicherste. Lao Zhao hat eine Nichte in Hexi. Sie und ihr Mann wohnen zusammen mit anderen Christen in einem Gebäudekomplex mit einem großen Innenhof. Dort gehen ohne Weiteres tausend Leute hinein. Solange wir nicht zu laut singen, sind wir da in Sicherheit."

„Perfekt“, sagte Papa Kwang. „Bitte organisiere für Freitagabend in Hexi ein geheimes Treffen aller Geschwister in dieser Gegend – vor allem derjenigen, die bei dem Projekt mitmachen wollen. Der Herr wird Mama die richtige Botschaft für diese Menschen geben.“

Lili nickte. „Während ihr hier seid, müssen wir auch ein Treffen mit den fünf Gemeindeleitern in Chaoyang arrangieren. Peter Wang ist es gelungen, zwei Lastwagen mit jeweils über vier Tonnen Ladegewicht für die Lieferung aufzutreiben, und dazu einen Pkw.“

„Das ist ja toll!“ Mama Kwang strahlte.

Lili fuhr fort: „Was mich am meisten mitnimmt, ist, dass der Hunger nach Bibeln so groß ist. Alle Menschen in unserem Land scheinen nach Gottes Wort zu hungern.

Vor einiger Zeit schenkte ich einer gläubigen Musiklehrerin eines von den Neuen Testamenten von Projekt Regenbogen. Sie las es in ein paar Tagen durch. Dann kam eine sehr arme Frau weinend zu ihr, weil ihr Mann sie wegen einer anderen Frau verlassen hatte. Sie war untröstlich. Die Musiklehrerin sagte: ‚Weine nicht. Ich habe ein Buch für dich, das dir Trost geben wird. Seine Worte sind voller Kraft. Jedes Wort in ihm ist ungeheuer wertvoll und kann unsere Seelen retten.‘

Die arme Frau erwiderte: ‚Darf ich es ausleihen?‘

Die Lehrerin sagte: ‚Gut, aber nur für eine Woche!‘

Die Frau begann das Neue Testament zu lesen und wurde durch Philipper 3,7-8 sehr gesegnet. Die Erkenntnis, dass Christus ja das Kostbarste war, was ein Mensch haben kann, machte sie zu einer strahlenden Christin.

Als die Woche vorbei war, sagte die Lehrerin zu ihr: ‚Könnte ich bitte meine Bibel zurückhaben?‘

Die Frau antwortete: ‚Dürfte ich sie noch mal eine Woche ausleihen? Sie ist so kostbar!‘

Die Musiklehrerin erlaubte ihr das. Aber an dem Tag, bevor sie die Bibel zurückgeben sollte, kam eine kranke Frau ins Haus der armen Frau und sagte: ‚Ich habe viele Krankheiten, die die Ärzte nicht heilen können. Ich habe Angst vor dem Tod, weil ich so viele Sünden begangen habe, aber wenn ich am Leben bleibe, bin ich ein wandelnder Leichnam.'

Die arme Frau erwiderte: ‚Ich habe ein Buch, das sehr kostbar ist und das dir helfen kann, aber ich muss es morgen an jemanden zurückgeben. Ich kann es dir ausleihen, aber nur für einen Tag.'

Die Kranke nahm das Buch und begann, darin zu lesen. Als sie zu der Stelle im Matthäusevangelium kam, wo Jesus sagt, dass nicht die Gesunden den Arzt brauchen, sondern die Kranken, und dass er nicht gekommen ist, um die Gerechten zur Buße zu rufen, sondern die Sünder, kniete sie sich hin und bat Jesus, ihr ihre Sünden zu vergeben. Sie bekam inneren Frieden – und wurde von allen ihren Krankheiten geheilt!

Sie war so begeistert, dass sie das Neue Testament einer anderen Frau gab, die es wieder einer anderen gab. Die Musiklehrerin hat es nie wiedergesehen."

Papa Kwang sagte: „Lasst uns gemeinsam beten und Gott bitten, China sein Wort zu geben, das es so dringend braucht."

***

Der Hof war schon fast voll, und immer noch kamen Menschen. Dies würde eine Stehplatzversammlung werden. Hier und da beschwerte sich jemand in halblautem Ton über die Nachzügler und dass man jetzt schon zum dritten Mal zusammenrücken musste.

Dann trat Matthew Lo nach vorne und forderte die Versammlung auf, schon einmal leise mit dem Singen zu beginnen. „Lasst uns mit Mama Kwangs Chorus ‚Herr, schicke uns Bibeln' beginnen", sagte er. Die Menge begann zu singen, als ob sie ein gut einstudierter Chor wäre:

„Herr, schicke uns Bibeln, dein liebliches Licht,
deine Liebe und Lehre und göttliches Wort.
Dein Wort wird uns leiten, das ist ganz gewiss,
den Weg uns erleuchten auf der Reise nach Haus."

Leise sang die Menge ein Lied nach dem anderen, während sie auf die Ehrengäste dieses Abends wartete. Nach dem Lied „Der Weg des Kreuzes ist das Opfer" erschien endlich Papa Kwang und überbrachte der Gemeinde Grüße von der Familie Kwang und der Teochew-Dialekt-Gemeinde in Hongkong. Sein jugendliches Lächeln war ansteckend, einigen kamen gar die Tränen. Dann begann Mama Kwang ihre Predigt.

Nachdem sie die versammelten Gläubigen begrüßt hatte, las sie Römer 8,35-39.

„Der große Apostel Paulus schreibt, dass wir – ihr und ich – mehr als Überwinder sind und dass absolut nichts uns von der Liebe Gottes in Jesus trennen kann", begann sie.

„Er spricht hier von vier Aspekten dieses Überwindens. Erstens sehen wir sein *Ausmaß*. Wir triumphieren ‚über alles'. Die Verse nennen einige der Dinge, die dazugehören. Manchmal sind wir Überwinder in kleinen Dingen, aber Paulus sagt, dass wir auch in den großen Enttäuschungen und Prüfungen des Lebens Überwinder sein können, und ich weiß, dass ihr in der letzten Zeit solche Enttäuschungen gehabt habt.

Zweitens sehen wir die *Voraussetzung* des Überwindens. Wir triumphieren ‚durch die Verbindung mit Christus, der uns so geliebt hat'. Wenn wir uns auf uns selbst verlassen – auf unseren Besitz oder unseren Ruf –, schaffen wir es nicht. Aber Paulus verließ sich auf Christus, der uns liebt, und wir wissen, dass diese Liebe gestern, heute und in Ewigkeit dieselbe ist. Er ist der Fels unserer Erlösung. Er ist der allmächtige Gott, für den nichts unmöglich ist. Wenn wir uns auf ihn verlassen, brauchen wir selbst den Tod nicht mehr zu fürchten. Wir haben in Hongkong ein neues Lied gelernt: ‚Ich fürchte nicht Tod und Gefahr, weil Jesus mich erlöst hat.' Ich möchte es euch eben vorsingen." Und Mama Kwang begann zu singen.

Dann fuhr sie fort: „Drittens sehen wir die *Tiefe* des Sieges im Überwinden. Paulus ist *mehr* als ein Überwinder. Manche Menschen können sich nicht vorstellen, dass sie im Spiel des Lebens die volle Punktzahl erreichen können. Aber Paulus sagt uns, dass wir noch besser sein können! Dreimal kam er ins Gefängnis – und durfte erleben, wie ein Gefängnisaufseher sich zusammen mit seiner ganzen Familie bekehrte. Er bezeugte Christus vor Königen und Herrschern und durfte erleben, wie aus finsteren Zellen Missionsgebiet wurde. In seinem Brief an die Philipper erwähnt er sechzehnmal, dass er sich beständig im Herrn freut. Wenn das Evangelium gepredigt wurde, war Paulus glücklich. Er wurde mehr als ein Überwinder.

Und viertens sehen wir den *Zeitpunkt* des Sieges. Paulus sagt, dass wir *schon jetzt* mehr als Überwinder sind. Von dem Tage an, wo er auf der Straße nach Damaskus dem auferstandenen Herrn begegnete, war Paulus ein siegreicher Christ. Gott kann uns unsere Vergangenheit vergeben. Wir wissen nicht, was uns morgen geschehen wird. Wir haben nur unser Heute – und heute können wir uns darüber freuen, dass wir schon jetzt durch Christus Überwinder sind.

Liebe Brüder und Schwestern, lasst uns den auferstandenen Jesus heute zum Herrn unseres Lebens erheben. Er hat bereits am Kreuz gesiegt, und jetzt möchte er sein Auferstehungsleben in unserem Herzen leben und uns zu Siegern machen, damit auch wir mehr als Überwinder sind, die über alles triumphieren und voller Freimut das Evangelium verkündigen und andere Menschen zu Christus führen.

Ihr könnt etwas sehr Konkretes tun, um mitzuhelfen, dass das Evangelium in unserem Land unter die Leute kommt. Schwester Lili wird in den nächsten Wochen Hilfe brauchen. Ich möchte euch bitten, am Ende dieses Gottesdienstes noch etwas zu bleiben, um zu sehen, wie ihr ihr helfen könnt. Ich möchte, dass auch *ihr* zu Menschen werdet, die über alles triumphieren. Amen."

***

„Danke für deine Mut machende Predigt, Mama Kwang", sagte Matthew Lo, als sie am folgenden Tag in seiner Wohnung in Chaoyang zusammensaßen und Tee tranken. „Nach der Enttäuschung letzten Monat haben wir das gebraucht!"

„Und wir alle danken dir dafür, Matthew", erwiderte Mama Kwang, „wie du Chan unter deine Fittiche genommen und ihm gezeigt hast, wie Gott in anderen Gegenden unseres Landes wirkt. Das hat ihm neuen Mut zum Evangelisieren gegeben."

Als Nächstes dankte Papa Kwang Samuel Wu für seine Hilfe in der Osternacht, als er die aufgebrachte Menge am Strand beruhigt und Lili und Mei-Ling beschützt hatte. Samuel nickte und lächelte. Enoch Ma, Peter Wang und John Chow saßen still dabei.

Papa Kwang räusperte sich. „Aber jetzt zur Sache: Wie denkt ihr über einen zweiten Versuch, die Million Bibeln zu liefern? Unsere Freunde im Westen sind jetzt bereit; sie warten nur auf unser Startsignal.“

Enoch wischte sich über die Stirn und suchte nach den richtigen Worten. „Unser Problem zurzeit hat weniger etwas mit Ostern zu tun; das liegt alles hinter uns. Aber vor Kurzem ist in das Haus eines wichtigen Parteimanns in der Nähe der Küste bei Gezhou eingebrochen worden. Die Sicherheitskräfte sind gerade dabei, jeden Stein in der Gegend umzudrehen. Eine Anlieferung am Strand ist zurzeit einfach zu riskant.“

Alle schwiegen und dachten über diese Nachricht nach.

Peter Wang nahm einen langen Schluck von seinem Tee und brach das Schweigen. „Wir haben eine ganze Reihe gläubige Fischer mit kleinen, aber stabilen Booten. Ich glaube, sie wären bereit, die Ladung auf See zu übernehmen, wenn sich das machen lässt.“

Papa Kwang setzte sich auf und lächelte. „Dieser Plan klingt gut. Ich bin sicher, dass unsere Freunde mit dieser kleinen Änderung leben können. Ich werde mit ihnen darüber reden.“

Hongkong, Sonntag, 31. Mai 1981

Die Sonne stand am Horizont, als ein *Wala-wala* abends neben der an der West-Reede ankernden *Michael* anlegte. Doug und Joseph sprangen auf das Achterdeck; dabei grinsten sie bis über beide Ohren. Sie stiegen zur Brücke hoch und erklärten Jim, Pablo und dem Kapitän: „In China sind sie so gut wie bereit für die Lieferung!“

„Wir sind ganz Ohr“, erwiderte Captain Bill.

„Sind wir darauf vorbereitet, die Ladung auf See umzuladen?“

„Nein, das sind wir nicht“, antwortete der Kapitän rasch.

„Dann sollten wir das ändern“, sagte Doug. „Es könnte nämlich sein, dass genau das auf uns zukommt!“

Erstaunte Blicke. Dann sagte der Kapitän: „Nun, so etwas würde unser persönliches Risiko natürlich um einiges mindern.“

„Was würden wir an Ausrüstung brauchen, was wir bis jetzt noch nicht haben?“, fragte Doug.

„Einen Kran mit Förderband und ein paar Frachtnetze“, antwortete Captain Bill, dessen Gesicht zusehends erleichterter aussah.

„Gut, das kann Pablo uns sicher alles besorgen.“

„Und mehr Männer“, sagte Captain Bill. „Durch die Verzögerung habe ich schon drei Männer verloren, und ohne ein festes Auslaufdatum dürften wir noch weitere drei verlieren, darunter meinen Ersten Offizier Jim hier. Wir werden deutlich mehr als vierzehn Leute brauchen, um so eine Operation durchzuführen. Bei den vierzehn habe ich schon dich, Jim, und Keith mitgezählt“, fügte Captain Bill hinzu, den Schalk in den Augen.

Jim nickte, aber sein Gesicht sagte: *Darauf kann ich verzichten.*

„Mehr Männer – das wird nicht so einfach werden“, meinte Doug halb zu sich selbst. „Werde mal sehen, was sich machen lässt.“

Captain Bill stellte sie, die unvermeidliche Frage: „Was meinst du, wie viel Zeit wir haben?“

„Vielleicht zwei Wochen.“

„Zwei Wochen!“

„Hör zu“, sagte Doug ungeduldig, „wenn wir bis dann

nicht unterwegs sind, laden wir das Zeug aus, lagern es hier in Hongkong und fahren zurück zu den Philippinen."

***

> „Ich habe den Hafen des Friedens entdeckt,
> ich fahre nicht mehr übers Meer.
> Ob Stürme auch toben und Wellen auch drohn,
> meine Zuflucht ist Jesus der Herr."[4]

Als Pablo am nächsten Morgen die Backbordleiter zur Brücke hochstieg, hörte er das Klimpern der Ukulele und den kräftigen Bariton des Kapitäns. Es war schön, ihn wieder draußen vor dem Ruderhaus singen zu hören. Gewöhnlich sang er als Nächstes „Gottes Ruhe".

„Ich möchte nicht stören, Captain", sagte Pablo, „aber John Kulisich und Terry Hickey müssen in 'ner halben Stunde zum Flughafen, und der Rest der Crew ist gerade auf dem Achterdeck und verabschiedet sich von ihnen.

Ach ja, und Jim hat auch seinen Flug nach Hause gebucht, für übermorgen. Das gibt ein großes Loch in unserem Team!"

„Darüber habe ich schon nachgedacht", sagte der Kapitän. „Ich möchte, dass du künftig den Ersten Offizier machst und die obere Koje in meiner Kajüte belegst, die bisher Jim hatte. Ich schätze, für den Posten des Zweiten Offiziers, den du bisher gehabt hast, nehme ich Bill Schwartz. Er hat das mehr als verdient."

„Okay. Und wenn wir schon mal bei dem Thema sind: Wer wird die nächste ‚Mutter Hickey' in der Küche?"

„Die Frage hat der Herr schon gelöst", erwiderte Captain Bill. „Als es hieß, dass Terry Hickey bald geht, kam Terry Madison zu mir und sagte: ‚Da ich nicht so viel Erfahrung mit Schiffen habe wie die anderen, mache ich gerne den Koch, wenn du mir dabei hilfst.' So was nenne ich Dienstbereitschaft!"

Pablo grinste. „Da wird seine Frau Carole sich aber freuen, wenn du ihm das Kochen beibringst!"

Captain Bill lachte schallend. „Geh und besorg uns einen guten Bordkran!"

***

Fünf Tage lang suchten Michael und Pablo einen geeigneten hydraulischen Fünf-Tonnen-Kran mit Förderband. Es dauerte weitere vier Tage, bis er geliefert und auf der *Gabriella* aufgebaut war.

Beim Einkaufen in Kowloon ging Pablo auch in einen Buchladen und kaufte ein Buch mit dem schönen Titel *Hundert Gründe, warum etwas schiefgehen kann.* Mehrere Stunden lang las er es Captain Bill laut vor. Sie quietschten beide vor Vergnügen.

Während die Besatzung auf den neuen Kran wartete, schob sie mehrere der Ein-Tonnen-Bibelblöcke übereinander, um in der Mitte des Decks der *Gabriella* Platz für den Kran zu schaffen. Die Männer benutzten dazu einen chinesischen Lastkahn mit einem Kran darauf. Sie schweißten auch die Verankerung des neuen Krans zusammen und installierten einen zusätzlichen Generator.

Gleichzeitig übten die Männer, in einer Kette einer dem anderen die 45-Pfund-Bibelkartons quer über das Achterdeck des Schleppers weiterzureichen. Die entsprechenden Kartons hatte man extra für diese Übungen übrig gelassen. Es war wahrscheinlich, dass einige der kleineren Beiboote auf diese Art beladen werden mussten, und hier musste jeder Handgriff sitzen.

Die Crew hatte die Nachricht, dass sie die Bibeln noch

auf See ausladen würden, mit Erleichterung aufgenommen. Der Gedanke, in unmittelbarer Nähe eines Kriegshafens bis an Land zu fahren und dort mitten in der Nacht die Ladung zu löschen, hatte allen Bauchschmerzen gemacht. Ihre alte Energie kehrte zurück. Der Humor auch.

Am folgenden Abend peitschte der Wind mit einer Kraft durch den Hafen, die die Crew an den Ostersonntagabend erinnerte. Der Kapitän schickte Pablo und Todd an Bord der neben dem Schlepper liegenden *Gabriella*, um sie loszumachen und am kurzen Schleppseil treiben zu lassen. Pablo und Todd hatten keine Ahnung, wie sie das machen sollten.

Captain Bill schrie ihnen frustriert zu: „Macht es halt so wie letztes Mal!“ Pablo sah Todd an und sagte: „Aber ich hab's das letzte Mal nicht gemacht!“

„Ich auch nicht“, sagte Todd. Worauf sie sich beide der Länge nach auf die Bibelblöcke fallen ließen und lachten, bis sie nicht mehr konnten. Der arme Captain Bill musste immer noch eine Crew aus Neulingen ertragen.

***

„Hotel Oscar 5357, Hotel Oscar 5357, bitte kommen.“

Pablo drückte den Antwortschalter des Funktelefons: „Hier HO 5357. Bitte weiter.“

„Ein Gespräch aus dem Hongkong Hotel für Pablo. Stopp.“

„Hier Pablo. Bitte weiter.“

„Hallo, hier Dianne.“

Die Stimme von Pablos Frau! „Hallo, Dianne, wo bist du? Stopp“, sagte er.

„Ich bin mit Melinda im Hongkong Hotel, nur für heute Abend. Tim und Tanya sind schon vor einer Woche vorgeflogen, sie sind jetzt bei deinen Eltern. Wir fliegen morgen nach Kanada. Kannst du heute Abend ins Hotel kommen?“

Pablo sah mit treuherzig großen Augen den Kapitän an, der daneben stand und das Gespräch mithörte. „*Bitte,* Captain, kriege ich Urlaub, nur für heute Abend?“

„Nur, wenn du dich morgen früh von den anderen aufziehen lässt, wenn sie hören, wo du am Abend warst.“

Pablo sprach wieder in das Funkgerät. „Ich komme zum Abendessen, Schatz. Stopp und Ende.“

Während des Dinners im Hotel sagte die achtjährige Melinda: „Papa, du glaubst, wo du gerade bist, ist ein Geheimnis, aber ich weiß alles.“

Pablo sah seine Frau verdutzt an. Dianne war genauso erstaunt wie er.

Melinda fuhr fort: „Ich hab’ mitgehört, wie Mama dich angerufen hat. Du bist im Hotel Oscar, in Zimmer 5357. Gibt’s in deinem Hotel Farbfernsehen?“

15. Willkommen zum Fest!

Das *Wala-wala* drückte sich an das Heck der *Michael.* Drei neue Besatzungsmitglieder aus Neuseeland stiegen an Bord: Eddie Cairns, der bei Dougs Besuch in Neuseeland während der Gebetsgemeinschaft die *Michael* vor seinem inneren Auge gesehen hatte, sein Freund Ivan Scott und Mark Houghton, der Sohn des Direktors von Open Doors Neuseeland.

„Willkommen an Bord!“, sagte Captain Bill. „Zurzeit ist es hier ein bisschen ruhig; wir sitzen seit fast zwei Monaten fest.“

„Schön, Sie zu sehen, Captain“, lächelte Eddie. Er war ein untersetzter Nikolaus ohne Bart. „Wir machen alles, was Sie von uns wollen“, fuhr er in seinem fröhlichen Kiwi-Akzent fort.

„Dann hätte ich einen Job für euch, den unsere Leute absolut nicht mögen – die Toiletten reinigen. Und wenn ihr damit fertig seid, könntet ihr vielleicht unserem Smutje Madison helfen, das Geschirr in der Kombüse zu spülen.“

Die Männer luden ihr Gepäck aus, belegten ihre Kojen auf dem Vorderdeck und gingen an die Arbeit. Aber es dauerte nicht lange, und der Kapitän nahm Eddie beiseite. „Solange wir noch nicht unterwegs sind, werdet ihr jede Menge freie Zeit haben. Ich möchte euch bitten, so viel wie möglich zu beten. Ohne Gottes Eingreifen, und das bald, werden wir dieses Unternehmen nicht schaffen.“

Eddie und Ivan kletterten prompt auf den Bibelkahn und beteten über jedem der Blöcke auf ihm. Von Stund an waren sie zusammen mit Keith die großen Projektbeter.

Am 9. Juni kamen drei weitere neue Crewmitglieder aus Australien an: Bob Cole, John Everingham und Art Babbington. Ähnlich wie bei der ersten Besatzung war auch von ihnen bisher keiner zur See gefahren. John war Farmer, Art Mechaniker und Bob arbeitete für Open Doors Australien. Doch sie arbeiteten fleißig und brachten neuen inneren Schwung in die Mannschaft, wie frisches Blut in einem müden Körper. Aber als der Kapitän seine neue Mannschaft inspizierte, musste er denken: *Lieber Gott, was machst du da mit mir?*

***

„Ein Taifun kommt direkt auf uns zu! In ein paar Stunden wird er hier sein!“ Captain Bill stand auf dem Achterdeck und gab seine Instruktionen. Seine Stimme verriet seine innere Anspannung. „Unsere Anker halten so einen Wind nicht aus, wir landen wer weiß wo auf den Riffs! Wir wollen uns so gut vorbereiten, wie es geht.“

Während der Rest der Crew an die Arbeit ging, reinigten Eddie und Ivan die Toiletten fertig und spülten das Geschirr. Dann stiegen sie auf ihre Lieblingsgebetsplätze auf der *Gabriella*.

„Herr“, betete Eddie laut. „Du weißt, was wir gerade am meisten brauchen. Du weißt, was für Gefahren auf uns zukommen. Wir brauchen deinen Schutz!“

Wie um sie auszulachen, verdoppelte der Wind seine Kraft, und der Himmel wurde dunkelgrau. Der Taifun schien drauf und dran, seine Wut auszutoben.

„Ivan, wir haben den Teufel aufgeweckt“, rief Eddie. „Wir müssen noch mehr beten!“

Sie beteten voller Inbrunst. So schnell der Sturm gekommen war, legte er sich wieder.

Zwei Stunden später hieß es im Wetterbericht im Radio, dass der aufziehende Taifun, der auf den Philippinen neunundzwanzig Menschenleben gekostet hatte, unerwartet nach Nordost gedreht hatte und jetzt auf Taiwan zuraste.

***

Es war Sonntag, der 14. Juni, und die zwei Wochen, von denen Doug gesprochen hatte, waren vorüber. Etwas verlegen trat er in das Ruderhaus, um mit Captain Bill zu sprechen, der vor zwei Tagen die nötigen Formalitäten für die Abreise erledigt hatte, außer der Mitteilung, exakt um welche Zeit man in See stechen würde.

„Bill", sagte Doug, „wir haben immer noch nichts aus China gehört, und heute ist unser letzter Tag. Wenn wir bis heute Abend kein grünes Licht gekriegt haben, ist es aus und vorbei. Aber könntest du bitte zusammen mit Keith, Joseph und mir einen Besuch bei Mama und Papa Kwang machen, um mit ihnen zu beten?"

„Mir ist jede Gelegenheit recht, mal von diesem Kahn runterzukommen", entgegnete der Kapitän. In zwei Monaten hatte er nur zweimal das Schiff verlassen – einmal zu einem kurzen Ausflug in die Stadt, um Einkäufe zu machen, und ein anderes Mal, um zusammen mit ein paar Crewmitgliedern den nächtlichen Markt in Mong Kok zu besuchen. Er hatte die vier Wochen mit Lil an Bord der *Michael* genossen, aber jetzt schien es eine Ewigkeit her zu sein, dass er das letzte Mal mit ihr gesprochen hatte.

Captain Bill, Doug, Keith und Joseph verbrachten einen unvergesslichen Tag mit Mama und Papa Kwang. Am Spätnachmittag lagen sie alle sechs auf den Knien und beteten; sie hatten immer noch nichts von Lili gehört.

Als sie fertig gebetet hatten, machte Doug Keith und Bill ein Handzeichen. „Kommt ihr eben mal mit nach draußen?"

Als sie den Raum verlassen hatten, sagte Doug im Flüsterton zu Captain Bill: „Was meinst du?"

„Das liegt ganz bei dir", antwortete der Kapitän.

„Ich möchte einen letzten Glaubensschritt machen", sagte Doug. „Fahr du zurück auf das Schiff und mach alles für die Abreise fertig. Keith und ich bleiben hier bei Joseph und warten auf den Anruf aus China. Wenn kein Anruf kommt, löschen wir morgen die Ladung."

***

Um 21 Uhr stiegen Doug, Joseph und Keith mit einem Brotlaib und einer Flasche an Bord des Schleppers. Über das ganze Gesicht grinsend, riefen sie: „Alle Mann auf die Brücke!"

Eine erwartungsvolle Crew versammelte sich im Ruderhaus. „Wir haben einen Anruf aus China erhalten! Sie sind bereit!", rief Doug atemlos.

„Mit Umladen auf See?", fragte der Kapitän.

„Nein. Wir müssen zum Strand fahren, wie ursprünglich vorgesehen."

Captain Bill sagte lange nichts, dann murmelte er: „Na ja, wenigstens geht's endlich los!"

„Wir haben Donnerstagabend, den 18. Juni, nach Einbruch der Dunkelheit ausgemacht. Joseph hat per Telefon eine ganze Serie verschlüsselter Nachrichten erhalten", berichtete Doug. „Mama Kwang hat nach China telefoniert. Zuerst sagte sie auf Chinesisch: ‚Wir stehen bereit, den Patienten zu transportieren, wenn das Krankenhaus ihn aufnehmen kann.' Dann kam die Antwort aus China: ‚Patient willkommen! Wir möchten unsere Freunde nur auf eines hinweisen: Falls der Patient nach der Operation stirbt, sollte niemand dem anderen Vorwürfe machen.'"

„Was sie meinten", warf Joseph ein, „war, dass wir alle damit rechnen müssen, für Jesus zu leiden. Beide Seiten setzen buchstäblich ihr Leben für ihn ein.

Papa Kwang hat mich kürzlich an die Geschichte mit dem legendären chinesischen Heerführer Xiang Yu erinnert. Einmal kam seine 20.000 Mann starke Armee in einer Schlacht nicht voran und forderte Verstärkung an. Xiang Yu führte daraufhin alle Soldaten, die er noch hatte, über den Fluss Chang. Dann befahl er ihnen, die Boote, in denen sie gekommen waren, zu versenken, die Hütten, in denen sie gehaust hatten, zu verbrennen, und das Kochgeschirr, das sie dabei hatten, kaputtzuschlagen. Er gab jedem Mann drei Tagesrationen Proviant und befahl der Truppe, bis zum Tod zu kämpfen, da ein Rückzug nicht mehr möglich war. Seine Soldaten kämpften daraufhin mit einer schier übermenschlichen Entschlossenheit. Xiang Yu hatte alles geopfert, um zu siegen. Es gab kein Zurück, und er errang einen großen Sieg."

„Auch für uns gibt es bald kein Zurück mehr", sagte Doug. „Pablo, kannst du mit uns eben dieses Lied singen, wo es genau darum geht?"

Die Männer begannen das Lied zu singen, das sie schon so oft gesungen hatten, aber das jetzt eine ganz neue Bedeutung für sie bekam:

> „Ich bin entschieden, zu folgen Jesus …
> Niemals zurück. Niemals zurück."

Doug erklärte ernst: „Keith ist gerade bei den Vorbereitungen für das Abendmahl, das wir zusammen feiern werden, bevor wir in See stechen. Aber bevor wir das Brot brechen, möchte ich noch sagen: Falls jemand unter euch aus irgendeinem Grund das Schiff verlassen möchte, wartet in Hongkong ein Flugticket auf ihn. Niemand wird ihm böse sein. Jeder, der morgen mit uns fährt, muss sich darüber klar sein, dass dies ein extrem gefährliches Unternehmen ist; es geht um Leben und Tod."

Doug machte eine Pause. Alle schwiegen; niemand nahm das Angebot an, noch auszusteigen.

Doug fuhr fort: „Falls wir abgefangen werden, werden wir nicht versuchen zu entkommen. Wir werden nichts dabei haben, was man als Waffe auslegen kann, noch nicht mal ein Taschenmesser. Unsere Ladung ist Gottes Wort, und wir vertrauen bei der Lieferung total auf ihn. Selbstverständlich wird jeder von uns sein Bestes geben und Captain Bills Anweisungen befolgen. Lasst uns mit Gott aufbrechen!"

Es herrschte eine feierliche Stille, als Keith das Brot und den Wein austeilte. Jeder der Männer dachte an seine Lieben zu Hause, die ihn womöglich bald nicht mehr hätten. So entschlossen, wie Jesus den Weg nach Golgatha angetreten hatte, begannen sie den Weg hinein in ein Abenteuer, das für sie durchaus zu einem zweiten Golgatha werden konnte. Es gab kein Zurück mehr!

***

Der Sonnenaufgang über dem Hafen von Hongkong am Montagmorgen, dem 15. Juni, war atemberaubend. Es war Pablos 39. Geburtstag, und das schönste Geschenk für ihn war, dass das lange, ungewisse Warten in Hongkong endlich ein Ende hatte.

Bevor er den Kwangs einen letzten Besuch abstattete, rief Doug seine Frau Judy an, um ihr zu sagen, dass es jetzt losging. Sie benachrichtigte die Ehefrauen der anderen und rief Bruder Andrew in Holland an, der daraufhin an alle Open Doors-Büros folgenden Gebetsaufruf schickte:

„Chinesisches Kurierteam in Gefahr. Bitte betet 72 Stunden lang." Jedes der Open Doors-Büros gab diese Nachricht an alle Mitarbeiter, Freunde und an Gebetsketten weiter. Bald waren überall auf der Welt Tausende von Christen dabei, für ein gutes Gelingen von Projekt Perle zu beten.

Captain Bill teilte die Wachen neu ein und übte ein letztes Mal mit den neuen Crewmitgliedern. Küchenchef Madison stand in der Kombüse und richtete die Steaks für die „Henkersmahlzeit".

Um 4 Uhr nachmittags lichteten sie die Anker, fuhren zwischen den malerischen Inseln vor Hongkong hindurch und drehten nach Norden auf das offene Meer ab. Mit der schwer beladenen *Gabriella* im Schlepp fuhren sie mit der „unglaublichen" Geschwindigkeit von 3 Knoten in Richtung des chinesischen Festlands.

***

„CQ DU1OD ... DU1OD bitte kommen. Hier TI5TM."

„Hier DU1OD. Bist du das, Pablo?", knisterte die Stimme im Funkgerät der *Michael*.

„Jawohl, Dean, und das Wetter ist bestens hier! Wie ist es bei euch? Stopp."

„Wir haben gerade den nächsten Taifun gehabt; er scheint zu euch unterwegs zu sein, aber ein paar Tage wird's noch dauern. Stopp", sagte Dean Keaney, der Funkoffizier in New Manila.

„Du meine Güte!", rief Doug, der neben Pablo stand und zuhörte.

„Dean, könntet ihr Mama Kwang in Hongkong anrufen und ihr etwas ausrichten?", fragte Pablo.

„Okay, schieß los."

„Wir haben Freunde zu einem Fest eingeladen. Wir erwarten so viele Gäste, dass wir 21 Teetassen brauchen und 18 Schüsseln Reis. Stopp." Die Zahlen *21* und *18* standen für Uhrzeit und Datum der Lieferung, also 21 Uhr am 18. Juni, wenn es Vollmond und Flut war.

„Ich wiederhole", sagte Dean. „Ihr gebt ein Festessen mit 21 Teetassen und 18 Schüsseln Reis? Stopp."

„Richtig. Stopp."

„Schade, dass ich nicht dabei sein kann! Stopp."

„Dean, wo du gerade bist, bist du genauso wichtig! Stopp."

„Okay. Ich gebe die Nachricht gleich weiter. Ruf dich morgen wieder an. Viele Grüße und alles Gute von allen möglichen Leuten. Stopp und Ende!"

***

An einem warmen, ruhigen Sonnentag gibt es keinen schöneren Ort als das Meer. Pablo und Terry saßen auf dem Bug der *Michael* und genossen den Tag. Steuerbord spielten Tümmler, als wären sie Leibwächter, die das Schiff bewachen wollten. Fliegende Fische glitten über den glatten Spiegel der See, ihre Schuppen glänzten wie Federn in der Sonne. Und das Wasser des Südchinesischen Meeres war so blau und klar wie in einem Bilderbuch. Der Abschied von Hongkong war um einiges schöner als die Ankunft …

Im Ruderhaus hatte Captain Bill das Kommando vorübergehend an Doug übergeben, während er in seiner Kajüte saß und die Einzelheiten für die Übergabe der Bibeln ausarbeitete. Seine Instruktionen an die Mannschaft auf der Brücke waren einfach: „Kurs nach Norden und am Radar auf andere Schiffe achten!" Im Augenblick waren keine anderen Schiffe in der Nähe.

Am Nachmittag sagte Captain Bill: „Pablo, ruf alle Mann

auf die Brücke, damit ich ihnen sagen kann, wie unser Plan für die Lieferung aussieht!"

Die Männer kamen. Es war still im Ruderhaus; alle waren nachdenklich und aufmerksamer als sonst.

Captain Bill begann: „Übermorgen nehmen wir Kurs auf den Michael-Strand. Wir haben vor, dort um 21 Uhr anzukommen. Dann ist dort Flut, sodass wir die *Gabriella* so nah an den Strand bringen können wie möglich.

Jim hat acht exzellente Sprechfunkgeräte für uns an Bord gebracht. Wir nehmen mal an, dass die Chinesen nicht die gleichen Frequenzen benutzen. Wer so ein Gerät bekommt, verwendet bitte Kanal 2 und beschränkt den Einsatz auf das nötige Minimum.

Joseph, du bekommst das Funkgerät für das Strandteam. Pablo, du leitest das Schlauchboot-Team. Bill Schwartz bekommt ebenfalls ein Gerät und leitet das Kahnteam. Ich werde mit dem vierten Funkgerät auf dem Brückenachterdeck stehen und die ganze Operation leiten. Jedes der Schlauchboote bekommt ebenfalls ein Gerät, und das letzte geht an das Team unten im Lastkahn. Vergesst nicht, dass Salzwasser nicht gut für die Dinger ist!

Joseph, Doug und Keith sind das Strandteam. Ihr seid unsere Verbindungsleute zu den Einheimischen am Strand.

Bill wird das Entladen der Ein-Tonnen-Blöcke dirigieren. Mark, Bob, John und Art sind seine Mannschaft. Jerry und Cor arbeiten im Kahn unter Deck.

Pablo, du managst alles, was mit den Beibooten zusammenhängt, zusammen mit Michael, Ronald, Terry, Todd und Douglas junior.

Alastair, als Erster Maschinist bleibst du mit mir an Bord des Schleppers. Bleiben noch Eddie und Ivan. Ich möchte, dass ihr das Gebetsteam und den Ausguck macht.

Jeder von euch bekommt einen Bauchgürtel mit einem wasserdichten Beutel. Bewahrt euren Pass in diesem Beutel auf. Und nicht vergessen: Ihr dürft nichts dabei haben, das auch nur entfernt wie eine Waffe aussieht!

Und jetzt lese ich euch die Anweisungen für die Nacht vor, in der wir ankommen und die Bibeln abliefern. Ich werde sie anschließend hier oben auf der Brücke ankleben. Bitte studiert sie so lange, bis ihr sie auswendig könnt:

1. Die Crew hat sich in Zielnähe so unsichtbar wie möglich zu machen.
2. Beim Anfahren des Ziels dürfen nur sechs Personen auf der Brücke sein – die Mitglieder des Planungsteams und Zweiter Offizier Schwartz.
3. Überstürzt nichts, aber seid auch nicht langsam. Überlegt euch, was ihr tut. *Alle Anweisungen sind sofort zu befolgen!!*
4. Wenn Fremde oder Verdächtige auf euch zukommen, unterbrecht eure Arbeit nicht, sondern fahrt mit ihr fort, bis ich selbst euch stoppe. Seid unter allen Umständen zu jedermann freundlich.
5. Ihr seid keine Touristen. Schaut euch nur so weit um, wie es für eure Arbeit nötig ist. Tut eure Arbeit so, als ob ihr sie jeden Tag macht.
6. Befolgt die Befehlskette. Ich werde mit den Leitern der einzelnen Teams kommunizieren, die dann das Nötige veranlassen. *Handelt nicht auf eigene Faust, sondern wartet auf konkrete Anweisungen!!*
7. Ihr habt zu Recht so gebetet, als ob das Gelingen des Unternehmens ganz von Gott abhinge. Handelt jetzt so, als ob alles von euch abhinge!

Wenn jemand von euch ernsthaft verletzt wird, sodass er sofort medizinische Hilfe braucht, werden sich unsere chinesischen Brüder um ihn kümmern. Die Rückfahrt zu den Philippinen dauert über vier Tage. Das wäre für eine schnelle medizinische Behandlung zu lange."

Als die Dämmerung kam, schaute Todd zum Heck hinaus nach hinten und staunte. Das Kielwasser des Schleppers und des Kahns auf der ruhigen, glasklaren See war eine perfekt gerade Linie und keine S-Kurve mehr. Todd deutete es als Zeichen, dass Gott bei ihnen war.

***

Punkt 4 Uhr am Mittwochmorgen trat Pablos Mannschaft ins Ruderhaus, um ihre Wache zu beginnen. Nach alter Gewohnheit betete die vorangehende Wache, die unter Captain Bill seit Mitternacht auf der Brücke gewesen war, für Pablo und seine Männer, bevor sie sich in die Kojen begab.

„Das wird die langweiligste Wache, die du je gehabt hast", sagte Captain Bill, als er zur Tür seiner Kabine auf der Brücke ging. „Die ganzen nächsten vier Stunden geht's stur nach Norden, und das Radar zeigt auf 100 Seemeilen kein anderes Schiff. Aber passt trotzdem auf!"

Pablo gab seine Anweisungen: „Ivan, du übernimmst die erste Schicht am Steuer. Joseph wird dir helfen, da du das noch nicht oft gemacht hast. Junior, du übernimmst den Ausguck, und Ronald geht ans Radar. Ich kümmere mich um den Satellitennavigator."

Pablo drehte sich um und trat an den Kartentisch. Nichts machte ihm mehr Spaß, als jedes Mal, wenn ein Satellit über das Schiff flog und der Monitor die Position angab, Länge und Breite auf den Seekarten zu notieren. Durch Vergleichen der verschiedenen Einträge konnte er den tatsächlichen Kurs und die Geschwindigkeit ermitteln. Manchmal kam alle drei Minuten ein Satellit.

Nach einer halben Stunde hörte Pablo, wie Joseph sagte: „Ich glaube, du bist etwas vom Kurs abgekommen, Ivan."

„Kann schon sein", erwiderte Ivan. „Ich hab immer tagsüber am Steuer geübt, nicht nachts wie jetzt. Und das Kompasslicht ist ziemlich schwach, ich kann den Kompass kaum ablesen."

„Warte, ich korrigiere das eben", sagte der stets hilfsbereite Joseph. Aber er korrigierte den Kurs genau falsch herum, sodass die Kursabweichung jetzt nicht mehr 90 Grad, sondern volle 180 Grad betrug.

Plötzlich hörte Pablo, wie Douglas junior ausrief: „He, da draußen ist ein Schiff!"

Dann Ronalds Stimme: „Das ist kein Schiff, das ist die *Gabriella*!"

Pablo drehte sich um und sprang ans Steuer. Vorne, vielleicht 30 Meter entfernt, leuchteten grün und rot die Positionslichter des Lastkahns. Er packte den Schalter für den Motor und würgte die Maschine ab. Das Zugwerk der *Gabriella* hatte ihnen schon einmal Schwierigkeiten bereitet. Wenn Pablo den Schlepper während der Fahrt zurück in die richtige Position drehte, konnte die Spannung des Zugseils das Zugwerk zerreißen und der Kahn würde führerlos durch die Dunkelheit treiben.

Das Abwürgen des Motors weckte die ganze Besatzung auf. Der Kapitän kam wie der Blitz auf die Brücke, und bald standen alle im Ruderhaus, um zu sehen, warum die Maschine nicht mehr lief. Die plötzliche Stille dröhnte ihnen lauter in den Ohren als der monotone Rhythmus des Motors.

„Wir hätten fast unseren Kahn versenkt!", berichtete ein verlegener Pablo dem Kapitän.

***

„TI5TM … TI5TM … DU1OD ruft TI5TM", kam es wieder aus dem Funkgerät.

„Hallo, Dean. Hier Pablo. Stopp."

„Hey, Pablo. Habe Nachricht von Mama Kwang für euch. Stopp."

„Bitte weiter, Dean. Sind ganz Ohr. Stopp."

„Die Antwort auf eure Nachricht lautet: ‚Willkommen zu unserem Fest!'"

16. Das Gelobte Land

Der Morgen des 18. Juni kam mit einem wunderbaren Sonnenaufgang, Windstille und einer glatten See, die im Laufe des Tages noch ruhiger wurde.

Als Pablo um 8 Uhr morgens mit seiner Sonnenaufgangswache fertig war, setzte er sich auf den Bug, um in seinem Andachtsbuch zu lesen. Es waren ausgewählte Bibelabschnitte für jeden Tag. In der Andacht für diesen Tag stand:

> „Endlich sind wir auf dem Weg ins Gelobte Land. Komm mit, du wirst es nicht bereuen, denn der Herr hat Israel wunderbare Verheißungen gegeben! ... Prüfe alles, was du tust und denkst. Halte dich an das, was recht ist, und Gott wird dich segnen und für andere Menschen zum Segen machen.“[5]

Die Spannung wuchs mit jeder Stunde, bis sie fast nicht mehr auszuhalten war. Wie Captain Bill sagte: „Es passiert nicht alle Tage, dass ein Schiff einfach so in den Hafen eines kommunistischen Landes fährt, um eine illegale Fracht anzuliefern – und dann noch in einen Hafen, wo die halbe Marine dieses Landes liegt!“

Am Nachmittag war die See so ruhig, dass es ruhiger nicht mehr ging. Aber der Kapitän wusste, dass solch ein ölig-glatter Wasserspiegel die typische Ruhe vor dem Sturm war. Nachdem er den Kurs ein letztes Mal durchgerechnet hatte, sagte er: „Okay, packen wir's!“ Mit der *Gabriella* im Schlepp drehte die *Michael* nach backbord, Richtung Westen. Bald würden sie die internationalen Gewässer verlassen.

„900 Umdrehungen!“, befahl der Kapitän. Die gemütliche Phase war vorbei, jetzt brauchte man volle Kraft.

„Hisst die chinesische Flagge am Fockmast und schaltet die Positionslichter ein“, kam der nächste Befehl. Die Flagge bedeutete: Die Besatzung wusste darum, dass sie sich in chinesischem Hoheitsgebiet befand. Jetzt gab es wirklich kein Zurück mehr.

Die Sonne stand tief am westlichen Horizont über der Stadt Shantou. Jetzt konnte man über dem glasglatten Ozean schon blass den Vollmond sehen.

Die sechs Männer auf der Brücke waren vollauf mit dem Kurs des Schiffs beschäftigt. Joseph stand am Steuer, da er Asiate war und für neugierige Augen wie ein Einheimischer aussah. Pablo hielt über seinem schwarzen Vollbart ein starkes Fernglas an die Augen. „Da hinten sind mehrere Kanonenboote, die vor dem Hafeneingang patrouillieren“, sagte er.

„Das sind wohl die Punkte, die ich gerade auf dem Radar sehe“, meinte Bill Schwartz.

Dann wurde Pablos Bassstimme plötzlich gepresst. „Eins von den Dingern fängt an, auf uns zuzuhalten!“

„Alles, was keine gelbe Haut hat, auf den Boden setzen!“, befahl Captain Bill. „Pablo, du gehst ans UKW-Schiffsfunkgerät, falls die uns anrufen.“

Das Kanonenboot kam rasch näher. Josephs Hände packten das Steuer fester. „O Gott, o Herr“, betete er laut. Das Schiff näherte sich der *Michael* von Backbord. Die schweren Maschinengewehre auf dem Vorder- und Achterdeck waren deutlich zu erkennen. Es war ein Schnellboot der 22-Meter-Klasse. Jetzt war es so nah, dass man eine Coladose hätte hinüberwerfen können.

Captain Bill schaute stur nach vorne und murmelte: „Tust du mir nichts, tu’ ich dir auch nichts!“

Mit angehaltenem Atem warteten die Besatzungsmitglieder darauf, dass das Kanonenboot sie passierte. Pablo stand am Funkgerät bereit. Aber so schnell und leise, wie es in Sicht gekommen war, glitt das Schiff an ihnen vorbei aufs offene Meer hinaus, das grau in der Abenddämmerung lag. Als die Männer später darüber sprachen, fanden sie, dass die Chinesen sie entweder nicht gesehen oder jedenfalls keinen Verdacht geschöpft hatten.

„Preist den Herrn", flüsterten zwanzig Stimmen auf dem Schiff.

Die Dämmerung wurde schwarz. Der Kapitän entdeckte das weiße Signal des Leuchtturms auf dem Gute-Hoffnung-Kap, das die Südgrenze der Hafeneinfahrt nach Shantou markiert. *Komisch,* dachte er, *so weit draußen in der Bucht liegen Schiffe vor Anker.* Noch komischer war, dass sie wie Truppentransporter der chinesischen Marine aussahen. Die *Michael* fuhr dicht an ihnen vorbei; sie befand sich nach wie vor auf dem Standardkurs in den Hafen von Shantou, und der Kapitän wollte keinen unnötigen Verdacht erregen.

„Ist das da ein U-Boot?" Bill Schwartz zeigte in die Dunkelheit auf der Backbordseite hinaus. Er glaubte, eine dunkle, tief im Wasser liegende Masse zu sehen, mit etwas wie einem schlanken Turm in der Mitte. Wieder hielten die Männer den Atem an. Aber nein, es waren wohl eher Riffe, die auf der Seekarte, die einen groben Maßstab hatte, nicht verzeichnet waren. Die Nacht kann dem Auge merkwürdige Streiche spielen.

Mehrere Schiffe und Fischerboote zogen an ihnen vorbei. Alles, was von ihnen sichtbar war, waren die farbigen Positionslichter.

Dann war es so weit. „Positionslichter aus!", befahl Captain Bill. Er änderte den Kurs auf Südwest. Er spähte angestrengt in die Dunkelheit hinaus. Wo war die Bucht, die sie „Michael-Strand" getauft hatten? Bill Schwartz übernahm das Steuer, während Joseph den Ausguck besetzte; Joseph war der Einzige, der schon einmal hier gewesen war.

Da war es, genau an der Stelle, wo Captain Bill es erwartet hatte – das weiß blinkende Licht, das die Nordseite der Einfahrt in die Bucht markierte. „Macht das Zugseil kürzer!“, rief er Pablo zu. Er reduzierte langsam die Geschwindigkeit der *Michael*, während die Besatzung daranging, das längere, schwere Nylonschleppseil einzuholen, bis der Kahn nur noch durch das kürzere Stahlseil mit dem Schlepper verbunden war.

„Erledigt, Captain“, meldete Pablo.

„Das große Schlauchboot zu Wasser lassen“, befahl der Kapitän. Es war das größte der drei Schlauchboote und würde das Strandteam ans Ufer bringen.

Von vorne kamen drei kurze Signale von einer Taschenlampe. Joseph rief: „Da ist es, Captain! Das ist unser Strand!“

„Ja, ich sehe!“, sagte Captain Bill.

Bill Schwartz gab das ebenfalls dreifache Antwortsignal.

„Da ist es, Doug, da ist es!“ Joseph konnte sich nicht beruhigen.

„Da ist es, Captain!“, echote Doug. Die beiden schienen Angst zu haben, dass Captain Bill den Strand verpassen könnte.

Der sagte: „Wenn ihr beiden nicht gleich die Klappe haltet, schmeiße ich euch von der Brücke!“ Der Druck, unter dem er stand, war enorm; sie hatten die Hauptfahrrinne verlassen und näherten sich dem flachen Wasser in der kleinen Nebenbucht. Die Seekarten zeigten für diese Gegend zahlreiche Unterwasser-Hindernisse – Felsen, Riffe, sogar ein auf dem Meeresboden liegendes Wrack.

Der volle Mond beleuchtete die Bucht wie ein fahler

Scheinwerfer. Es war 21 Uhr. Flut. Michael Bruce startete den Motor des größten Schlauchboots. Bald waren Doug, Keith und Joseph unterwegs zum Ufer, mit 50 großen Scheren, mit denen die chinesischen Gläubigen die 232 Bibelblöcke von ihrer wasserdichten Verpackung befreien konnten.

Herr, jetzt brauch' ich deine Hilfe, betete Captain Bill stumm. Als der Abstand ihm richtig erschien, begann er, den Schlepper langsam zu drehen, um den hinter ihm fahrenden Kahn in einem großen Bogen so nah zum Strand zu bugsieren wie möglich.

„Anker werfen!", rief er Alastair und den Männern am Bug des Schleppers zu. Mit einem nervtötenden Rasseln fiel die Ankerkette durch die Ankerklüse ins Wasser; es klang furchtbar laut, wo doch alle versuchten, leise zu sein.

„Cor, Anker werfen! *Jetzt*!", rief der Kapitän in sein Funkgerät. Der Lastkahn kam direkt hinter dem Schlepper langsam zum Stehen. Captain Bill stieß einen Seufzer der Erleichterung aus.

Pablo sah, dass die chinesischen Fischer, die am Ausgang der Bucht auf den Klippen gesessen hatten, als sie ankamen, sich zum Strand begeben hatten und dabei waren, sich mit den Menschen, die dort herumliefen, zu unterhalten.

Jetzt kam von einem kleinen chinesischen Bambusfloß Dougs Stimme: „Captain, sie wollen, dass ihr weiter nach Süden und näher zum Strand fahrt!"

„Doug, jetzt noch mal das Ding bewegen wird schwierig!", protestierte Captain Bill.

„Tut mir leid, aber sie bestehen drauf, dass ihr näher kommt!", erwiderte Doug.

Es war keine Zeit für lange Diskussionen. „Alastair, Anker lichten!", rief der Kapitän. Wieder zerriss das Rasseln die Stille.

„*Gabriella! Gabriella!*“, rief Captain Bill in sein Sprechfunkgerät.

„Hier *Gabriella.* Bitte weiter“, kam Cors Stimme aus dem winzigen Lautsprecher.

„Kappt euer Ankerseil! Schneidet es ab und macht den Reserveanker bereit.“ Zum Glück hatten sie einen Reserveanker mitgenommen.

Der Kapitän bugsierte die *Michael* so nahe zum Strand hin, wie er es wagen durfte.

„Anker werfen, Alastair!“, befahl er. Wieder das laute metallische Klappern, als die Ankerkette durch die Ankerklüse fiel.

Was machen wir einen Krach! Ich könnte genauso gut eine Sirene heulen lassen, musste Captain Bill denken.

„Anker werfen, Cor!“, bellte er in sein Funkgerät. Das ganze Manöver dauerte nur fünf Minuten, aber diese Minuten schienen eine Ewigkeit zu sein. Sie positionierten den Kahn direkt hinter dem Heck des Schleppers, und das Kahnteam kletterte die Bugleiter der *Gabriella* hoch auf ihr Deck. Zwei der Männer trugen schaumstoffgepolsterte Taucheranzüge – mehr als Sicherheitsmaßnahme denn gegen die Kälte.

Die drei Schlauchboote lagen mit laufenden Motoren neben dem Kahn, bereit, die Blöcke an Land zu ziehen.

„Backbord fluten!“ Der Befehl ging an Jerry im Bauch des Kahns. Nachdem sie den Kran in der Mitte des Kahndecks aufgebaut hatten, konnten sie immer nur eine Seite fluten, um nicht den elektrischen Motor des Krans zu ertränken. Der Kran diente jetzt, wo sie doch bis zum Ufer gefahren waren, dazu, die Blöcke auf der „hohen“, nicht gefluteten Seite des Kahns an den Haken zu nehmen und ins Wasser hinunterzuziehen.

Jetzt kam Josephs Stimme aus dem Sprechfunkgerät.

„Okay, Captain, sie sagen, ihr könnt die Bibeln jetzt abladen."

Gleich darauf Dougs strenge Stimme: „Joseph, pass auf, was du sagst, falls jemand zuhört!"

Dann wieder Joseph: „Okay, Captain, ihr könnt das Brot abladen."

Die Männer in den Schlauchbooten, die alles mithörten, lachten hysterisch. Dann rutschten die ersten Bibelblöcke von der jetzt unter Wasser liegenden Backbordseite der *Gabriella* ins Wasser. Sie nahmen sie, wie sie es eingeübt hatten, ins Schlepptau und fuhren langsam zum Ufer, jedes der Boote eine schwimmende Lokomotive mit einer kleinen Kette von Ein-Tonnen-Blöcken hinter sich.

Die chinesischen Männer wateten ihnen entgegen, bis sie bis zum Hals im Wasser standen. Pablo erkannte einige der Fischer, an denen sie vorhin vorbeigekommen waren, wieder. Als die Boote das Ufer erreichten, warfen die Beifahrer die Leinen, die die Blöcke miteinander verbanden, den Chinesen zu, worauf mehrere von diesen die Blöcke auf den Sand zogen. Mit den Scheren, die das Strandteam dabei gehabt hatte, öffneten sie die wasserdichte Verpackung und ließen dann die einzelnen Kartons mit den Bibeln in einer langen Menschenkette den ganzen Strand hinauf bis unter die Bäume wandern.

Eine Stimme kam aus dem Funkgerät. „Captain, hier Bill. Der Kran geht nicht mehr."

„Was ist das Problem?", fragte Captain Bill.

„Null Ahnung, im Dunkeln kann ich das nicht sehen."

„Dann macht es halt ohne." Der Kapitän schaute zu, wie die übrigen Männer auf dem Kahn die Bibelpakete buchstäblich von Hand ins Wasser schoben. Es ging im Schneckentempo.

Plötzlich rief Eddie vom Ausguck: „Captain, da kommt

ein Boot!“ Eines der Schiffe, die an der Bucht vorbei zum Hafen von Shantou fuhren, schien in der Tat etwas nah zu sein.

Der Kapitän drückte den Sprechknopf und befahl: „Alle Schlauchboote zurück und hinter dem Kahn in Deckung!“ Er musste es mehrmals wiederholen, bevor alle drei Boote außer Sicht waren.

Ein paar Minuten später war das Schiff wieder verschwunden. „Entwarnung. Ihr könnt weitermachen!“

„Es sind Tausende Leute hier“, kam Dougs Stimme über das Funkgerät. „Lasst das Brot kommen!“

Jetzt war die Hälfte der Ladung gelöscht. Captain Bill sprach wieder in sein Gerät. „Jerry, pump backbord das Wasser raus und flute auf Steuerbord.“

Eine Stimme kam aus dem Funkgerät. „Hier Bill. Die Klappe geht nicht auf.“

„Was soll das heißen – sie geht nicht auf?“

„Na, sie klemmt.“

„Im Bug liegen ein paar Stahlrohre. Versucht, sie damit aufzukriegen!“ Das Sprechfunkgerät verstummte. Die Klappe, die Bill meinte, war die riesige Ladeklappe auf der Steuerbordseite, die ebenso wie ihr Gegenstück auf Backbord fast 20 Meter lang war und drei Tonnen wog.

Nach ein paar Minuten fragte der Kapitän: „Schwartz, wie sieht's aus?“ Keine Antwort.

„Schwartz!“, rief er wieder.

Weitere drei Minuten Schweigen. „Schwartz! Wo bist du?“ Wieder keine Antwort. Auch nicht beim nächsten Mal. Und beim übernächsten.

Dann endlich die Stimme von Bill Schwartz im Funkgerät. „Hallo, Captain.“

„Wo bist du die ganze Zeit gewesen, Schwartz?“

„Bei der Klappe, Captain. Mit dem Funkgerät in der

Hand ging das nicht so gut. Jetzt ist sie runter!“ Wenn es Arbeit gab, ließ Bill Schwartz alles andere stehen und liegen. Schon rutschten die ersten Bibelblöcke auf der Steuerbordseite ins Wasser, und die Aufregung war vergessen.

„Captain, hier Ronald. Unser Schlauchboot-Motor bockt.“ Die nächste Stimme, das nächste Problem.

„Seid ihr in Gefahr?“, fragte Captain Bill.

„Nein, wir sind okay.“ Die Bibelpakete kamen jetzt schneller aus dem Kahn, als die Boote sie an den Strand ziehen konnten.

„Captain, hier noch mal Ronald. Sind unterwegs!“ Terry Madison, Ronalds Beifahrer in dem Schlauchboot, hatte ein Gummiband in der Hosentasche gehabt, das genau das Richtige war, um den Schalthebel des Außenbordmotors wieder funktionstüchtig zu machen.

Dann wieder, von hinten, Eddies Stimme: „Ein Schiff kommt genau auf uns zu, Captain!“

Captain Bills Nerven lagen allmählich blank. „Sei still, das will ich gar nicht wissen.“ Wo das Auge hinsah, schwammen die Bibelpakete. Aber auch dieses Schiff fuhr ruhig weiter zum Hafen von Shantou.

„Captain, hier wieder Doug. Die Leute auf dem Strand werden nervös. Sie sagen, wir sollen wegfahren.“

„Nur noch ein paar Minuten, Doug. Wir sind hier fast fertig, aber wir müssen noch jede Menge ans Ufer bringen.“

„Sie sagen, um die Blöcke, die noch schwimmen, kümmern sie sich selber. Sie haben ihre eigenen Boote, um sie reinzuholen.“

„Okay. Michael nimmt euch in seinem Schlauchboot mit. Wenn ihr hier ankommt, dürften wir fertig sein mit Ausladen.“ Captain Bill sah gerade, wie die Kahnbesatzung die letzten Pakete ins Wasser hievte.

„Schwartz, schließ die Klappen“, befahl er. „Und Jerry, wirf die Steuerbordpumpe an.“

„Captain, hier Bill. An der Backbordklappe ist das Kabel gerissen.“

„Na, prima! Löst die Kettenzüge und schließt das Ding so! Wir können nicht mit ’nem Kahn durch die Gegend fahren, wo die Frachtklappe offen ist!“

„Captain, hier wieder Doug. Wir sind jetzt auf dem Weg zu euch. Die Chinesen sagen, wir müssen sofort weg.“

„Wir fahren sobald wie möglich!“ Der Kapitän sagte Doug lieber nicht, dass die Kahnbesatzung gerade mit den laut klappernden Kettenzügen kämpfte, um die große Seitenklappe zuzubekommen.

„Wir sind jetzt fertig“, berichtete Bill Schwartz ein paar Minuten später. „Wir kommen an Bord.“ Der Kapitän sah, wie die ersten Männer des Kahnteams die Leiter des Kahns hinunterkletterten.

„Alle Schlauchboote zurück! Wir fahren ab!“, rief der Kapitän in sein Sprechfunkgerät.

„Aber Captain, wir haben noch nicht alles an Land gezogen!“, konterte Pablo.

„Lasst das, das können die selber“, erwiderte Captain Bill.

„Captain, hier Ronald. Kann ich bitte noch einmal an den Strand?“

„Ich habe gesagt, alle Schlauchboote zurück!“ Die Führer der Boote nahmen widerstrebend Kurs auf den Schlepper.

„Captain, hier Jerry. Die Steuerbordpumpe geht nicht.“

„Was ist das Problem, Jerry?“

„Das wissen wir nicht. Wir haben alles versucht.“

„Dann versucht weiter!“

Pablo erschien auf der Brücke, sein Gesicht aufgebracht.

„Warum durften wir nicht die Ladung fertig an Land ziehen?“

„Ich befolge auch nur Anweisungen“, sagte Captain Bill, der gut verstand, wie die anderen sich fühlten. *Wir haben monatelang gewartet; warum können wir jetzt nicht ein paar Minuten länger bleiben, um fertig zu werden?*

„Anker lichten, Alastair!“, schrie der Kapitän.

Bill Schwartz schaute zu dem halb unter Wasser liegenden Kahn hin. „Was machen wir mit dem Kahn?“

„Wir schleppen ihn hier raus!“

„*Gabriella,* hier Schlepper *Michael*“, rief Captain Bill in die Bordfunkanlage.

„Schlepper *Michael, Gabriella* hier!“, meldete sich Jerry.

„Jerry, sag Cor, er soll das Ankerseil kappen. Und was macht die Pumpe? Stopp!“

„Bis jetzt nichts, aber wir versuchen's weiter.“

„Typischer Fall von ‚nichts geht mehr‘“, murmelte der Kapitän, während er die Maschine des Schleppers anließ. Er schaute zurück, und sein Herz sank. Der halb unter Wasser liegende Kahn taumelte in einem weiten Bogen hin und her. Die untergetauchte Steuerbordseite wirkte wie ein großes Ruder. Sobald der Kahn weit genug nach Backbord gedriftet war, zog der Schlepper ihn zurück nach Steuerbord. Keine Minute, und das Zickzack-Schauspiel begann von Neuem. Es war so recht dazu geeignet, neugierige Blicke auf sich zu ziehen.

***

„Captain“, sagte Eddie, „wir feiern gleich unten im Speiseraum einen Dankgottesdienst.“ Es war 23.30 Uhr, etwas mehr als zwei Stunden nach ihrer Ankunft am Michael-Strand.

„Macht das", sagte Captain Bill. „Ich hab' alle Hände voll zu tun mit diesem verrückten Kahn. Es wird noch über zwei Stunden dauern, bevor wir sicher wieder in internationalen Gewässern sind. Bill Schwartz bleibt bei mir auf der Brücke." *Danke, Gott, und bitte gib, dass wir sicher hier rauskommen!*

Eine halbe Stunde lang dankten die Männer Gott für seine Hilfe und seinen Schutz und beteten für Captain Bill und vor allem die beiden Kameraden, die noch unten in der *Gabriella* waren. Nach Mitternacht sagte Doug lächelnd zu Eddie: „Hast du mir nicht was von 'nem Kuchen gesagt, den deine Frau Betty extra für heute gebacken hat?"

„Warte, ich hol' ihn eben!" Eddie sauste zu der Leiter, die hinunter zum Vorderdeck führte. Es war ein schöner selbstgebackener englischer Kuchen. Eine Freundin hatte ihn mit einer Perle dekoriert sowie mit den Worten: *Er hat alles wohl gemacht.* Die hungrigen Männer stürzten sich förmlich auf den Kuchen und rissen sich ihre Stücke kurzerhand mit den Händen heraus. Die restlichen Trümmer brachten sie dem Kapitän und Bill Schwartz.

Während sie den Kuchen aßen, musste das Strandteam einen ausführlichen Bericht geben. Keith begann: „Auf dem Höhepunkt der Aktion müssen über 2.000 Menschen auf dem Strand gewesen sein. Als wir ankamen, waren es gut tausend, die sich hinter Bäumen und Sträuchern versteckten, aber als dann die ersten Blöcke geöffnet wurden und man Leute brauchte, um die Kartons weiterzureichen, kamen sie buchstäblich aus dem Unterholz raus!"

„Lili, Mei-Ling und Chan haben sich so gefreut, uns zu treffen", erzählte Joseph. „Sie haben Doug und Keith richtig umarmt, was etwas sehr Unchinesisches ist. Sie haben sogar ihr Englisch ausprobiert und gesagt: ‚Willkommen in China, Onkels. Preist den Herrn!'"

Doug machte weiter: „Ich werde nie den Augenblick vergessen, als die ersten Bibelpakete ans Ufer kamen. Sie öffneten sie mit lauten ‚Ooohs' und ‚Aaahs'. Am liebsten hätten sie jede einzelne Bibel gestreichelt. Die Freude auf ihren Gesichtern – das werde ich nie vergessen!"

Terry Madison sagte: „Ich frage mich immer noch, wer der Mann mit dem kleinen Bambusfloß war, Doug."

„Chan hat ihn auf Englisch ‚Daniel' genannt. Er wollte glatt auf den Kahn und helfen, die Pakete ins Wasser zu werfen. Ich hab ihn zur Ablenkung zu meinem Wassertaxifahrer gemacht."

„Aber später ist er doch noch auf den Kahn gekommen, Doug", sagte John Everingham. „Er hat einen der Bibelblöcke buchstäblich umarmt."

„Wer waren eigentlich diese Fischer?", fragte Pablo.

„Nun", fuhr Doug fort, „als wir ankamen, scheinen sie nicht recht gewusst zu haben, wie sie sich verhalten sollten. Chan hat sie dann beredet, den anderen zu helfen. Das ist wohl der Grund, warum einige der Leute im Wasser Bergarbeiterhüte auf dem Kopf oder Zigaretten im Mund hatten. – Ach ja, als sie eure Bärte sahen, haben sie gefragt, ob ihr Russen seid!"

Die Runde kicherte.

„Ja", sagte Ronald, „als ich das erste Mal mit den Blöcken im Schlepp ans Ufer kam, bin ich aus dem Schlauchboot ins knietiefe Wasser gesprungen, um einem der chinesischen Christen zu helfen, die Dinger an den Strand zu ziehen. Wir haben uns angeguckt und ganz kurz umarmt, bevor ich zurück ins Boot springen musste."

„Es war toll, mit dem alten Samuel Wu zu reden", fuhr Doug fort, „und zu hören, wie dankbar er für unseren Einsatz war."

Joseph sagte: „Er sagte zu Doug: ‚Heute Nacht ist der

Herr uns an diesem Strand erschienen, um als König zu herrschen.'"

„Ich glaube, für mich war der tollste Augenblick", sagte Keith, „als Schwester Lili mir von einer Frau erzählte, die seit zwei Jahren jeden Tag an diesen Strand gekommen war, um Gott zu bitten, den Christen in China sein Wort zu schicken. Heute Nacht ist ihr Glaube endlich belohnt worden!"

„Du, Doug", sagte Joseph ganz aufgeregt, „ich hab' gerade nachgerechnet. Wir haben vorhin innerhalb von zwei Stunden 232 Ein-Tonnen-Blöcke Bibeln abgeliefert – das sind 11.136 Kartons. Das sind fast zwei Tonnen pro Minute, mit nichts als menschlicher Muskelkraft, ein paar kleinen Booten und der Kraft Gottes."

Um 1.30 Uhr morgens seufzte Captain Bill erleichtert auf; das Radar zeigte an, dass keine anderen Schiffe in der Nähe waren. Wahrscheinlich war die *Michael* mit dem verrückten Kahn im Schlepp jetzt wieder in internationalen Gewässern. Die Besatzung brach in Begeisterungsschreie und Halleluja-Rufe aus. Alle spürten, dass sie bei dem Unternehmen nicht nur Teilnehmer, sondern auch Zuschauer gewesen waren.

Pablo kletterte auf den Fockmast und holte die chinesische Flagge ein.

17. Die nassen Bibeln

Lili keuchte. Eine ganze Stunde lang 45-Pfund-Kartons mit Bibeln an den Nebenmann weiterreichen bringt das Herz auf Touren. Sie seufzte erleichtert auf, als sie sah, wie die beiden Lastwagen mit der nächsten vollen Ladung Bibeln zwischen den Bäumen davonfuhren. Chans Team lag gut in der Zeit. Es hatte einen deutschen Sechs-Tonnen-Lastwagen, einen japanischen Vier-Tonner sowie eine Limousine zur Verfügung.

Vor ihr kommandierte Daniel eine kleine Flotte aus Schlauchbooten und Flößen, die dabei waren, die letzten schwimmenden Ein-Tonnen-Blöcke ans Ufer zu bringen.

Mei-Ling hatte die „Strandfeger“ unter sich, die die liegen gebliebenen wasserdichten Verpackungsplanen aufhoben und fortschafften. Wenn sie fertig waren, wären die Spuren dieser Nacht restlos beseitigt.

Gott! Du bist so gut!, flüsterte Lili. Trotz der ausgelassenen Stimmung waren ihre Mitarbeiter sehr diszipliniert. Aber wo waren die Fischer geblieben? Jetzt hatte sie sie schon seit einer Stunde nicht mehr gesehen. Das gefiel ihr nicht, denn als sie in der Abenddämmerung zum Strand gelaufen war, hatte sie auf der Straße eine Armeepatrouille gesehen. Die Armee half der Sicherheitspolizei gerade bei der Aufklärung eines Einbruchs im Haus einer Schwester namens Huang, die in Gezhou wohnte. Sie war Diakonin und Gemeindekassiererin. Sie hatte das hart verdiente Geld der Familie in derselben Schublade aufbewahrt wie das Geld der Kirche, aber die Diebe hatten nur das Geld der Familie mitgenommen.

Als der Schlepper und der Kahn fortfuhren, war bereits ein Drittel der Bibeln sicher zu den vorgesehenen

Zwischenlagerorten gebracht worden. Jetzt wäre bald das zweite Drittel vom Strand weg. Aber das letzte Drittel machte ihr Sorgen.

Doch alle arbeiteten so konzentriert und schnell, dass bis 3 Uhr morgens alle restlichen Kartons unter den Bäumen standen und der Strand sauber war. Mei-Lings Team hatte seine Aufgabe erfüllt; nicht ein Fetzen der Verpackung war mehr am Strand zu sehen.

„Mei-Ling, ich fahre jetzt in die Stadt, um Mama Kwang anzurufen und ihr Bericht zu erstatten", sagte Lili. „Sorg du bitte dafür, dass die übrigen Kartons gut hier wegkommen." Ein paar Minuten später saß sie auf ihrem Fahrrad und strampelte die Straße entlang.

***

„Was ist schiefgelaufen?", fragte Lao Zhao.

Lili seufzte tief. „Die Fischer, die keine Christen waren, haben uns bei der Polizei gemeldet." Neben ihr saßen Mei-Ling und Chan, die ebenfalls in der kleinen Hütte Zuflucht gesucht hatten. „In Dahao und Gezhou haben sie alle verhört, vor allem meine Verwandten", fuhr sie fort. „Ich habe Angst um die Geschwister, die jetzt welche von diesen Bibelkartons in ihren Häusern haben!"

„Gut, was ist also passiert?" Lao Zhaos Stimme wurde fast ungeduldig.

„Um 3 Uhr morgens kam eine ganze Kompanie von der Sicherheitspolizei an den Strand. Sie verhafteten jeden, den sie kriegen konnten, und konfiszierten alle Kartons, die noch unter den Bäumen standen. Wir hatten uns in der Nähe versteckt und haben alles mitbekommen. Einigen unserer Freunde gelang es, noch ein paar letzte Kartons vor der Nase der Polizisten fortzutragen. Es war toll.

Die Polizisten machten aus den konfiszierten Kartons einen großen Stapel am oberen Ende des Strandes und gossen Kerosin und Kohlenöl drüber, um ihn anzuzünden. Aber die Kartons brannten nicht. Darauf kippten sie die Kartons aus und warfen die Bibeln zu Hunderten ins Wasser. Dort falteten sie sich auseinander und schwammen, mit den weißen Seiten nach oben, dass die Bucht wie ein riesiger Reisbrei aussah. Wir sind dann gegangen."

Chan sagte: „Aber wir wissen: Bevor die Polizei kam, waren schon über zwei Drittel der Bibeln sicher in unsere Lager geschafft."

„Aber wir wissen auch, dass sie jetzt nach den Drahtziehern fahnden, also nach uns", fügte Lili hinzu. „Ich weiß nicht, wie lange wir uns noch verstecken können. Vor allem um Samuel Wu und seine beiden Töchter hab' ich Angst; ich konnte sie nicht mehr warnen."

***

Ming Seng-kee hatte das Buch die ganze Nacht in seiner Jackentasche versteckt. Jetzt wusste er also, dass es eine Bibel war. Er brannte darauf, sie zu lesen, aber er wollte nicht, dass jemand mitbekam, dass er sie hatte. Was er gestern an dem Strand gesehen hatte, würde er nie vergessen: Hunderte und Aberhunderte von Menschen, die bereit waren, für ein Buch ins Gefängnis zu gehen. Für *dieses* Buch. Dass einem ein Buch so wichtig sein konnte – er konnte es schier nicht fassen. Aber er war ja nur ein einfacher Fischer …

Er zog die Bibel aus der Tasche und setzte sich hin, um sie zu lesen. Er öffnete den schwarzen Vinyldeckel und begann auf der ersten Seite. „*Am Anfang schuf Gott den Himmel und die Erde …*"

Seng-kee musste denken: *Kein Wunder, dass die Polizei so hinter diesem Buch her ist! Unsere Regierung trichtert uns doch ein, dass es keinen Gott gibt. In der Schule haben sie mir erzählt, dass die Welt nicht erschaffen wurde, sondern von alleine entstanden ist. In der Bibel stehen offenbar Dinge, die wir nicht erfahren sollen.* An diesem Tag, an dem Seng-kee heimlich in der Bibel las, erfuhr er zum ersten Mal von den sieben Schöpfungstagen, von Adam und Eva und dem Sündenfall.

Noch beim Einschlafen ging ihm das, was er da gelesen hatte, durch den Kopf. Er merkte, wie etwas tief in ihm bejahte, was in der Bibel stand. Was hatte Gott noch gesagt, als er die Welt fertig erschaffen hatte? „*Es ist sehr gut.*" Was Seng-kee gerade in der Bibel gelesen hatte – es war ebenfalls sehr gut ...

An Bord der „Michael"

Die *Michael* fing an zu rollen wie ein betrunkener Seemann. „Es kommt ein Orkan!", verkündete Captain Bill der neuen Wache auf der Brücke. Die Taifunsaison hatte definitiv begonnen. „Das wird der sein, den Dean Keany uns angekündigt hat!"

Der Sturm fegte ungehemmt über das Südchinesische Meer und wurde immer stärker.

„Drück dich mit dem Rücken fest an diese Stange", riet Ivan Eddie, als dieser das Steuer übernahm. „Wenn du das nicht machst, fliegst du glatt durch die Tür!"

Vier Tage lang tobte die See. Zeitweise war es vor lauter Gischt unmöglich, die leere *Gabriella* im Schlepp der *Michael* zu sehen. Zum Glück war es Jerry und Cor doch noch gelungen, ihre Fluttanks leerzupumpen, sodass die

Gabriella keine Schlagseite mehr hatte; die beiden Männer waren jetzt sicher an Bord des Schleppers.

Bald waren die meisten Männer so seekrank, dass sie ihre Kojen nicht verlassen konnten. Einige waren halb ausgetrocknet von dem ständigen Erbrechen. John, der in seiner Koje keinen Schlaf fand, hing über der Reling und wartete auf die nächste Entleerung. Dazwischen schrie er immer wieder: „Halleluja, preist den Herrn!"

Schiffskoch Madison wurde arbeitslos, weil kaum jemand nach Essen zumute war. Er räumte schließlich die Kombüse; wer unbedingt wollte, konnte sich selber etwas kochen.

Chaoyang, China

Pastor John Chow war gerade aus seinem Haus in Chaoyang auf die Straße getreten, um einen Spaziergang zu machen, als eines seiner Gemeindeglieder auf ihn zukam und leise sagte: „Hast du es auch gehört?"

„Was?", fragte John.

„Gestern Abend sollen an einem Strand in der Nähe Hunderttausende Bibeln angekommen sein. Es ist das große Stadtgespräch. Die Behörden sind stinksauer und wild entschlossen, die Bibeln zu konfiszieren und jeden, bei dem sie eine finden, einzulochen."

Pastor John gab keinen Kommentar, aber er wusste, dass er ein Problem hatte. 10.000 dieser Bibeln lagerten gerade in seinem Haus; wenn die Polizei sie entdeckte, konnte ihn das für viele Jahre hinter Gitter bringen. Dies war kein gewöhnlicher Bibelschmuggel, dazu waren es zu viele. Die Polizei und die Behörden fühlten sich an der Nase herumgeführt. Und er konnte das Problem auch nicht dadurch lösen, dass er die Bibeln schnell unter seinen Gemeindegliedern verteilte.

Er überlegte. *Ich bin dieses Risiko für sie eingegangen. Wenn ich ihnen die Bibeln jetzt schon gebe, riskieren sie dasselbe wie ich.*

Nach einem kurzen Gebet sprach er einen alten Freund an, der einen Bauernhof hatte. Mit Hilfe mehrerer anderer Freunde vergruben sie die Bibeln dort unter einem Schuppen – in Plastiksäcken, damit sie nicht vermoderten. Wenn die Lage sich beruhigt hatte, würden sie sie wieder ausgraben.

Aber wann würde die Lage sich beruhigen? In den Zeitungen hieß es wiederholt, dass sämtliche Bibeln von den Ordnungskräften verbrannt worden seien. Pastor John kommentierte später: „Wir glaubten diese Version keine Minute lang, aber sie zeigte uns, dass die Behörden sehr wütend waren und die Sache sehr ernst nahmen."

Es dauerte nicht lange, und die Sicherheitspolizei klopfte an seine Tür.

Die Beamten brachten Pastor John ins Polizeirevier der Stadt und forderten ihn auf zu erklären, wo er sich in der Nacht des 18. Juni aufgehalten hatte. Er erinnert sich: „Ich war echt überrascht, als ich sah, dass die vier Männer, die mich verhörten, keine Polizisten aus unserer Stadt waren, sondern Sonderermittler, die man extra aus Peking eingeflogen hatte." Es war ein ominöses Zeichen, dass man auf höchster Ebene versuchte, die Initiatoren von Projekt Perle dingfest zu machen.

Es war nicht einfach für John, den Beamten eine plausible Geschichte zu liefern, wie er den Abend des 18. Juni verbracht hatte. Er hatte an diesem Abend in einem Hausgottesdienst gepredigt, und die Gemeinde war zwar ein gutes Alibi, konnte aber selber Probleme mit der Obrigkeit bekommen – wegen Teilnahme an einer nicht genehmigten Versammlung. Gut, dass Pastor John anschließend noch etwas in dem Haus geblieben war, um sich mit den Besitzern zu unterhalten, was diese der Polizei auch bereitwillig bestätigten.

Es half ihm nichts. Die Verhörbeamten waren überzeugt, dass John einer der Köpfe hinter Projekt Perle war. John berichtete wörtlich: „Für sie zählten keine Fakten und Beweise, sondern ihre logischen Schlussfolgerungen und Theorien. Ich war ein bekannter Hauskirchenleiter, und für die Hausgemeinden waren die Bibeln ja bestimmt. Dann wohnte ich in der Gegend von Shantou, und dort war das Schiff mit den Bibeln angekommen."

Er weigerte sich schließlich, noch mehr Fragen zu beantworten. Was er auch hätte sagen können, es hätte ihm nichts genützt. Für die Verhörbeamten war der Fall klar. Aber er war bei Weitem nicht abgeschlossen. Sie brauchten Namen und noch einmal Namen, um nachzuvollziehen, wie das Projekt zustande gekommen war. Ihr Ziel war, sämtliche Bibeln aufzuspüren und zu vernichten. Sie versuchten, John zu zwingen, die Namen der ihm bekannten Hausgemeindeglieder, die Bibeln aus dem Ausland verbreiteten, preiszugeben.

Er schwieg weiter. „Ich hatte ähnliche Verhöre schon während der Kulturrevolution durchgemacht und wusste, wie man sich am besten in ihnen verhält. Man schließt einfach die Augen und betet."

Dass sie Pastor John schier nicht aus der Ruhe bringen konnten, machte die Beamten zunehmend nervös. Sie schlugen ihn, aber auch das half nichts; er war ein alter, schmächtiger Mann und hatte keine Angst vor dem Sterben.

Sie führten ihn schließlich in einen Hof und befahlen

ihm, sich auf eine Holzkiste zu stellen, die etwas über einen Meter hoch war und so schmal, dass nur seine Füße darauf passten. Dann legten sie eine Schlinge um seinen Hals, deren anderes Ende sie an einem hölzernen Balken unter dem Dach befestigten.

Seine Peiniger sagten: „Wir sind mit dir fertig. Sobald du eine falsche Bewegung machst oder deine Beine nachgeben, wirst du dich selber erhängen. Geschieht dir ganz recht; das ist die Strafe dafür, dass du so stur bist."

Zwei Polizisten bekamen die Aufgabe, Johns letzte Augenblicke zu beobachten. Er schaute zu ihnen hinunter. Sie würdigten ihn keines Blickes, sondern begannen ein Würfelspiel. Plötzlich spürte Pastor John eine unerhörte Kraft in seinem Körper. Er erinnert sich: „Ich fühlte mich auf einmal wie Christus am Kreuz. Er musste sich damals genauso gefühlt haben, als er auf die Soldaten hinabsah, die das Los um seine Kleider warfen und denen seine Schmerzen völlig egal waren."

John wusste, dass sein Ende nahe war, und begann, den beiden Polizisten von Jesus zu erzählen. Er sagte ihnen, dass er keine Angst vor dem Tod hatte, weil Jesus so viel für ihn getan hatte. Der eine Polizist entgegnete: „Alter, wenn ich mal siebzig bin und so kaputt wie du, werd' ich auch keine Angst vor dem Tod haben." Die beiden Beamten lachten.

Die Stunden schlichen dahin. Johns Körper schrie nach Schlaf, aber er stemmte sich dagegen. Wenn Gott ihn zu sich holen wollte, war er bereit, aber er wollte nicht, dass sein Tod wie ein Selbstmord aussah. Er bekam furchtbare Krämpfe in den Beinen, und als er sie schüttelte, erhängte er sich um ein Haar. Bald spürte er sie nicht mehr, obwohl sie durch das Blut, das sich in ihnen sammelte, doppelt so dick geworden waren.

Die einzige Erleichterung war der Regen, der über seinen schwitzenden Körper spülte. Er streckte seine angeschwollene Zunge heraus, um ein paar Tropfen von dem Wasser aufzufangen.

Mehrere Tage vergingen, und Pastor John lebte immer noch. In dem Gefängnis begann man zu tuscheln. Wie konnte ein Mensch diese Tortur so lange überleben? Die ganze Zeit nur Stehen. Nichts zu essen, nichts zu trinken, kein Schlaf. Es war nicht menschenmöglich. Aber der Gefangene lebte immer noch.

Dann kam ein heftiges Gewitter. Der Himmel wurde schwarz, es schüttete wie aus Kübeln, und John konnte nicht mehr. Wie durch einen dicken Vorhang hörte er einen Donnerschlag und sah einen Blitz. Dann kippte er nach vorne, die Schlinge zog sich zu und er spürte nichts mehr.

Aber dann spürte er doch wieder etwas. Jemand spritzte Wasser über seine aufgesprungenen Lippen. Ein anderer rieb ihm über die Handgelenke. Seine Beine lagen auf einem Stuhl, und das Blut in ihnen war dabei, zurück in seinen Oberkörper und die Arme zu laufen. Er schrie auf vor Schmerzen.

Dann merkte er, wer ihn so bearbeitete – die beiden Polizisten. Was ging hier vor? Warum wollten sie den alten Mann, den sie vor Kurzem noch verspottet hatten, jetzt wiederbeleben? Warum hatte das Seil ihn nicht erdrosselt? Warum …

Die beiden Polizisten schüttelten ihn heftig. „Bitte!", schrien sie. „Stirb nicht, bitte stirb nicht!"

Es gelang John, sein Gehirn für einen Augenblick klar zu bekommen. „Warum?", fragte er.

„Weil wir deinen Erlöser, diesen Jesus, kennenlernen möchten!" Jetzt sah er, dass die beiden buchstäblich zitterten.

„Aber warum?“, fragte er wieder.

„Weil er dich gerettet hat! Wir haben es doch gesehen! Als du nach vorne gekippt bist, hat der Blitz das Seil über dir zerrissen! Erzähl uns nicht, dass das Zufall war!“

Diese Männer kamen zum Glauben an Jesus. John erinnert sich: „Erst hatte ich mich wie Jesus am Kreuz gefühlt. Jetzt fühlte ich mich wie der Apostel Paulus, als der Gefängnisaufseher in Philippi das nächtliche Erdbeben erlebte und Christ wurde.“

Pastor John wurde schließlich aus dem Gefängnis entlassen, wahrscheinlich, weil man nicht wusste, was man sonst mit ihm machen sollte. Seine Geschichte hatte sich wie ein Lauffeuer im ganzen Gefängnis verbreitet, und die anderen Gefangenen hatten Ehrfurcht vor ihm. Die Sonderermittler hatten nicht den Nerv, ihn erneut zu verhören, und so ließ man ihn frei.

Pastor John erinnert sich: „Als ich entlassen wurde, war ich irgendwie enttäuscht. Ich hatte mich auf meinen Tod gefreut. Ich war bereit gewesen, zu sterben und in den Himmel zu kommen. Doch, ich danke meinem Herrn für dieses Wunder und vor allem dafür, dass er dadurch die beiden Polizisten rettete. Aber hier unten lebt es sich schwerer als im Himmel, und ich hatte mich schon so darauf gefreut, für immer bei Jesus zu sein.“

An Bord der „Michael“

Allmählich ließen der Wind und der Regen nach, und aus dem Taifun wurde ein normaler Sturm. Dann, so plötzlich, wie er gekommen war, hörte er ganz auf, die Sonne schien wieder auf das blaue Wasser herab und Schlepper und Kahn setzten ihre Fahrt mit normaler Geschwindigkeit fort.

Als sie in die Nähe der Philippinen kamen, standen die meisten der Männer vorne am Bug und schauten zu, wie mehrere Wale mit ihren Jungen neben dem Schiff herschwammen, keine zwanzig Fuß von der Backbordseite entfernt. Mal ließen die Jungen sich von ihren Müttern huckepack tragen, mal rutschten sie zurück ins Wasser, um mit eigener Kraft majestätisch durch den Ozean zu gleiten.

Doug trat ins Ruderhaus, wo der Kapitän gerade der diensthabende Offizier war und Pablo am Steuer stand.

„Als wir heute Morgen an der Subic Bay vorbeikamen", erzählte Doug, „sind drei Jets vom US-Flottenstützpunkt über uns geflogen. Als sie genau über uns waren, haben sie eine Siegesrolle gedreht. Ich glaube, die haben uns mit ihren Satelliten die ganze Zeit beobachtet."

„Nun, die Helden sind nicht wir", erwiderte Captain Bill. „Das war nicht ich, das warst nicht du, das war nicht unsere Mannschaft, die das geschafft haben, sondern das war Gott. Gott hat das gemacht, trotz all unserer Stümperei!"

„Bill, ich möchte dir trotzdem danken für das, was *du* gemacht hast", sagte Doug leise.

Der Kapitän sah verlegen aus. Er schaute seinen langjährigen Freund nachdenklich an, dann meinte er: „Nun, Doug, man macht halt seinen Job."

China

Heftig atmend schlüpfte Chan durch die Tür von Peter Wangs Haus in Chaoyang. Er drehte sich um; war auch bestimmt kein Polizist in der Nähe? Lili und Mei-Ling hatten sie schon verhaftet. Was mochten die beiden jungen Frauen jetzt durchmachen? Aber was ihn am meisten fuchste, war, dass er es nicht über sich gebracht hatte, Mei-Ling zu sagen, dass er sie liebte. Und jetzt würde sie wohl jahrelang ins Gefängnis kommen, ohne zu wissen, dass sein Herz ihr gehörte ...

Peter Wang war unter den Hauskirchenleitern derjenige, der der Polizei am wenigsten bekannt war; wenn einer Chan sagen konnte, was sich gerade in der Stadt tat, dann er. Aber zuerst berichtete Chan, immer noch nach Luft schnappend, Peter Wang das, was *er* wusste.

Peter sagte: „Sie haben auch John Chow ins Gefängnis gesteckt. Es gibt hier bald niemanden mehr, der das mit den Bibeln noch nicht gehört hat. Die Bibeln, die die Polizei ins Wasser geworfen hat, haben die Fischer herausgeholt und auf den Dächern ihrer Häuser zum Trocknen ausgelegt. Jeder, der die Stadt besucht, fragt, wo all diese Bücher herkommen.

Jetzt, wo die Bibeln trocken sind, verkaufen die Fischer sie jedem, der sie haben will. Sie machen das unter der Hand, weil die Sicherheitsbehörden angedroht haben, jeden zu verhaften, der eine Bibel dabei hat."

„Aber es gibt doch viel zu viele, die eine der Perle-Bibeln besitzen", rief Chan aus. „Die können sie doch nicht alle verhaften; so viel Personal hätte noch nicht mal die Armee!"

„Das sehe ich auch so", sagte Peter. „Aber es wird zu viel über die Bibeln geredet. Ich fürchte, dass noch viele Unschuldige Probleme bekommen werden. Gestern war ich in einem Gottesdienst der Drei-Selbst-Kirche in Shantou, um zu hören, ob die Drei-Selbst-Kirche etwas zu dem Thema zu sagen hat. Nun, die Bibellieferung stand im Mittelpunkt der Predigt des Pastors, der gleichzeitig ein linientreuer Parteifunktionär ist.

Er sagte: ‚Die Bibel ist heilig, und Schmuggeln ist schmutzig! Schmuggeln ist gegen die Gesetze und eine schwere Sünde. Wer Bibeln schmuggelt, ehrt die Bibel nicht, sondern entehrt sie. Darum stehen wir chinesischen Christen, die wir die Bibel lieben und wert halten, alle auf und kritisieren solch ein Verbrechen, das die Heiligkeit der Bibel verletzt!'

Der Pastor schloss mit den Worten: ‚Jesus hat gesagt, dass der, der nicht durch die Tür in den Schafstall kommt, sondern heimlich einsteigt, ein Dieb und ein Räuber ist und dass der Dieb nur kommt, um zu stehlen und zu zerstören. Das Ziel dieser Bibelschmuggler kann nur das Zerstören sein. Sie wollen mit einem Schlag den guten Ruf Chinas, die Patriotische Drei-Selbst-Kirche und die guten Absichten der wohlgesonnenen Auslands-Chinesen vernichten. Wir chinesischen Christen sagen ein Nein ohne jedes Ja zu solch einer Sünde. Übrigens sind die meisten dieser Bibeln von der Flut ins Meer gespült worden.'“

Chan musste grinsen. „Das Lustige daran ist, dass die meisten der Zuhörer dieses wackeren Pastors wahrscheinlich eine der Schmuggelbibeln in ihrer Tasche stecken hatten.“

„Lass uns gemeinsam darum beten“, sagte Peter, „dass so, wie die Flut diese Bibeln an den Strand gespült hat, Gott fortfahren wird, seine Kirche in China zu stärken und zu reinigen.“

18. Kostbarer als Gold

In Shantou kann Daniel Ng sich schier nicht halten vor Begeisterung. Jahrelang hat er um eine eigene Bibel gebetet; jetzt hat er mehrere Kartons voller Bibeln in seinem Haus versteckt! *Gott, wie bist du gut!*

In dem allgemeinen Durcheinander, als die Sicherheitspolizei versuchte, die Bibeln am Strand zu verbrennen, gelang es Daniel, acht Kartons Perle-Bibeln zu retten. Einen nach dem anderen trug er sie eigenhändig aus dem Baumgürtel am Strand zu seinem nahe gelegenen Haus. Er kann es immer noch nicht fassen, aber jetzt besitzt er über siebenhundert Bibeln! *Herr, zeige mir, wem ich alles eine schenken soll …*

***

Die Kerze flackert in dem kleinen Zimmer in der Inneren Mongolei. Schwester Grace liest bis spät in die Nacht in ihrer Perle-Bibel. Sie braucht nicht mehr aus ausgeliehenen Bibeln abzuschreiben. Endlich hat sie eine eigene Bibel!

***

Bruder Lee radelt einen Feldweg in der Provinz Henan entlang. Er hat den Zwanzig-Kilometer-Trip schon oft gemacht. Früher musste er immer Pastor Gohs Bibel ausleihen, um die Bibelstunden vorzubereiten. Diesmal hat Pastor Goh ihm seine eigene persönliche Perle-Bibel geschenkt. Während seine Füße unermüdlich in die Pedale treten, betet Bruder Lee: „Herr, danke, dass du mein Gebet der letzten drei Jahre erhört hast! Jetzt habe ich meine eigene Bibel. Danke! Danke! Danke!“

Zu Hause angekommen, schlägt er die Bibel auf der ersten Seite auf und beginnt zu lesen. Nach einer Woche hat er die ganze Bibel durchgelesen. In der nächsten Woche liest er sie noch einmal, in der dritten Woche ein drittes Mal.

Er muss denken: *Mein Volk kennt diese wunderbare Botschaft ja noch gar nicht.* Er kündigt seine Arbeitsstelle und beginnt, als Evangelist durch das Land zu reisen.

***

In der alten Provinzhauptstadt Sian, wo früher die Seidenstraße begann, liegt ein junger Pastor auf den Knien. Seine Lippen bewegen sich, aber man hört keinen Laut. Dann kommen die Tränen, und er unterbricht sich, um sie abzuwischen.

„Betest du wieder um Bibeln, Wang?", fragt seine Frau.

„Nein, Liebes", erwidert Wang, während er sich weiter das Gesicht wischt. „Ich danke Gott gerade für die Tausenden von Perle-Bibeln und bitte ihn, mich recht zu führen, wenn ich sie jetzt bis in die Berge von Qinghai verteile."

***

In Westchina arbeitet die junge Schwester Ling als Evangelistin; ihre Hausgemeinde hat sie dazu abgeordnet. Mit einer einfachen Eisenbahnfahrkarte und genügend Reis für zwei Wochen haben sie sie losgeschickt. Sie liebt ihre Arbeit, aber es bedrückt sie, dass so viele Christen keine eigene Bibel haben.

Dann hört sie, dass nur sieben Kilometer entfernt eine Frau mehrere nasse Perle-Bibeln bekommen hat, die sie vorsichtig Seite um Seite in der Sonne getrocknet hat.

Ling geht zu der Frau und bittet um eine Bibel. Die alte

Dame erwidert: „Nein, nein. Diese Bibeln sind sehr wertvoll, und ich weiß ja noch nicht einmal, ob du wirklich gläubig bist!“

Ling bittet und bettelt weiter, bis die Alte endlich sagt: „Gut, wenn du das Vaterunser fehlerfrei aufsagen kannst, gebe ich dir eine.“

Ling kennt einen anderen älteren Gläubigen, der in einem Nachbardorf wohnt, und geht zu ihm, um seine Bibel auszuleihen, damit sie das Vaterunser auswendig lernen kann. Mit Staunen sieht sie, dass diese Bibel von der ersten bis zur letzten Seite von Hand abgeschrieben ist und dass der Bruder sie wie seinen größten Schatz hütet. Das Lesen dieses Liebeswerkes macht ihr Gottes Wort noch kostbarer.

Auf dem Rückweg zu der alten Frau hat Ling Angst, dass sie das Vaterunser vielleicht nicht korrekt auswendig gelernt hat. Was, wenn der Bruder beim Abschreiben einen Fehler gemacht hat? Aber sie sagt das Gebet fehlerfrei auf.

Doch die Frau ist immer noch nicht überzeugt. Ling muss ein spontanes Gebet sprechen, um ihr zu zeigen, dass sie es ernst meint. Dann stellt sie ihr eine Frage nach der anderen darüber, wie sie zum Glauben kam und was sie mit ihrer Arbeit bewirkt.

Endlich ist die Fragerei zu Ende, und die alte Frau kniet sich mit Ling hin, drückt die Perle-Bibel an sich und überreicht sie ihr feierlich. „Entschuldige bitte, dass ich so misstrauisch war“, sagt sie, „aber nachdem unsere Brüder diese Bibeln am Strand aufgelesen hatten, fingen sie an, sie in ganz China zu verteilen. Das war sehr gefährlich, und einige haben es mit ihrem Leben bezahlt. Wenn ich an ihr Opfer denke, sind mir diese Bibeln noch kostbarer.“

Ling fährt mit ihrer Perle-Bibel nach Hause. Einige der

Seiten haben noch Knitterfalten von der Nässe. Sie liest sie mit Tränen in den Augen.

***

Tagelang sitzt Chan im Zug und im Bus, mit einer großen Reisetasche voller Perle-Bibeln. Die Reise führt ihn von Südchina in die Provinz Sinjiang im äußersten Nordwesten und dauert schon mit dem Flugzeug fünf Stunden.

Als er angekommen ist und die Tasche öffnet, trauen die Hausgemeindeleiter ihren Augen nicht. „Die sind alle für uns? Ist das dein Ernst?“

Er nickt, und sie stellen sich in einem Kreis um die Tasche auf. Dann nimmt einer von ihnen eine der Bibeln in die Hand und beginnt, zu beten und Gott zu danken. Dann reicht er sie an seinen Nebenmann weiter. Einer nach dem anderen beten sie so und drücken die Bibel an ihr Herz und ihr Gesicht, vor Freude weinend. Als die Bibel die Runde gemacht hat und wieder zu Chan kommt, ist sie nass von all den Tränen. Noch mehr Tränen fließen, als er anschließend jedem der Anwesenden sein persönliches Exemplar überreicht.

***

Peter Xu ist der Leiter der „Born Again“-Bewegung („Wiedergeboren-Bewegung“), des größten Hausgemeinde-Netzwerks in China. Die Bewegung betont sehr die persönliche Buße und Reue, und wer seine Sünden bereut, der weint. Im Laufe der Jahre ist das Weinen zum Markenzeichen der Buße geworden bei diesen Christen. Wer erlöst ist, der weint.

1979 begann die Bewegung, sich verstärkt missionarisch

zu engagieren, und es kam zu vielen Krankenheilungen. Heute hat sie zwei Millionen Mitglieder und ist eines der stabileren Hauskirchen-Netzwerke. „Born Again“ ist in China führend in der Kinderarbeit und hat 20.000 Sonntagsschullehrer. Bis auf wenige Ausnahmen hält es sich gegenüber Nichtmitgliedern und Ausländern bedeckt.

Als 1981 die Perle-Bibeln in Südchina zwischengelagert worden waren, schickte Peter Xu jeden Monat drei Männer mit dem Bus dorthin. Sie brachten jedes Mal tausend Bibeln für die wachsende Hauskirchenbewegung mit.

Eines Monats erwischte die Sicherheitspolizei die drei Männer mit ihren Bibeln, während sie auf den Nachtbus zurück nach Hause warteten. Die Beamten warfen die tausend Bibeln in die Jauchegrube der öffentlichen Bedürfnisanstalt. Die drei Männer wurden verhört und über das Wochenende eingelocht.

Am Montagnachmittag ließ man sie wieder frei und befahl ihnen, sofort nach Hause zu fahren und ja nicht wiederzukommen. Doch die drei fuhren nicht nach Hause, sondern warteten in der Latrine, bis es dunkel wurde, dann stiegen sie in die Jauchegrube und holten die Bibeln einzeln wieder heraus. Sie spülten sie unter dem Wasserhahn ab und nahmen sie in ihren Taschen mit nach Hause, wo sie sie sorgfältig trockneten, mit Parfüm besprühten und unter den Gläubigen ihres Netzwerks verteilten. Diese Bibeln wurden als „Parfüm-Bibeln“ bekannt und fanden dankbare Abnehmer; so groß war der Hunger nach Gottes Wort.

***

Ein anderer Leiter aus der Hauskirchenbewegung, der sich ebenfalls Peter nennt, berichtet: „Im Juni 1981 lieferte Open Doors in einer einzigen Nacht eine Million Bibeln nach China. Ich war nicht selber dabei, aber ich besitze eine Projekt-Perle-Bibel, die von Fischern aus dem Wasser geholt wurde. Einige Brüder und Schwestern kauften sie von ihnen und schenkten sie meinem Hausgemeinde-Netzwerk. Wir hielten diese Bibel in Ehren. Wir versteckten sie an einem unserer Versammlungsorte in einem Loch, das wir mit einem Stein kaschierten. Ich benutzte sie zehn Jahre lang, bis die Polizei sie entdeckte und konfiszierte. Die Erweckung in der chinesischen Kirche ging Hand in Hand mit der Arbeit unserer Freunde aus dem Ausland, und Gott weiß, dass wir sehr, sehr dankbar sind!"

New Manila, September 1981

Es war Ende September, und Doug saß in dem bequemen Sessel in seinem Büro. „Was gibt's Neues von Lili, Mei-Ling und Chan, Joseph?", fragte er, als sein Programmleiter zur Projektnachbesprechung in den Raum trat.

Joseph begann: „Leider sind sie zur Zeit alle drei im Gefängnis. Lili und Mei-Ling in einer Frauenstrafanstalt; sie wurden zu je drei Jahren verurteilt. Bei Chan ist es noch schlimmer, weil die Staatssicherheit ihn bei der Verteilung von Perle-Bibeln in der Provinz Henan gefasst hat; er muss jetzt zehn Jahre einsitzen."

„Dann wollen wir als Erstes für sie beten", sagte Doug, tief bewegt. „Herr, wir bitten dich, dass du mit deiner schützenden Gegenwart bei unseren beiden Schwestern und unserem Bruder bist, wo immer sie auch gerade sind. Wir danken dir, dass sie immer zu diesem Weg bereit gewesen sind, und doch bitten wir dich in dem mächtigen Namen Jesu um ihre Freilassung – im wörtlichen wie im geistlichen Sinne. Gib, dass sie schon jetzt, in diesem Augenblick, innerlich frei sind! Schenke ihnen viele Gelegenheiten, ihren Mitgefangenen deine Liebe weiterzugeben und ihnen in allem zu helfen."

Nach der Gebetsrunde fragte Doug Joseph, wie es mit der Verteilung der Bibeln stand.

„Es ist viel besser, als wir zuerst dachten, Doug", sagte Joseph. „Als der erste Anruf von Mama Kwang kam, dachten wir, dass möglicherweise ein ganzes Drittel konfisziert oder vernichtet worden war. Aber nach dem neuen Anruf heute sieht es so aus, dass achtzig Prozent der Bibeln zu den Gläubigen gelangt sind, und mit jedem Tag und jedem neuen Kontakt zu Christen vor Ort werden es mehr. Das Ganze ist ein ziemliches Puzzlespiel, denn viele Christen haben einfach Bibelkartons mit nach Hause genommen. Selbst Nichtchristen haben welche mitgenommen, um sie später verkaufen zu können. Ich schätze, in einem Monat werden wir über den Verbleib von noch mehr Bibeln Bescheid wissen."

„Was ich hochinteressant finde, Doug", warf Pablo ein, „ist ein kürzlich erschienener Bericht, nach dem die Drei-Selbst-Kirche vorhat, demnächst in China Bibeln in größeren Auflagen zu drucken. Es sieht echt so aus, als ob unser Projekt seine Ziele erreicht hat."

„Und du bist dabei, die Pressemitteilung aufzusetzen, Terry?", fragte Doug.

„So ist es", erwiderte Terry Madison. „Ich arbeite auch an einem Foto-Album für jeden der Teilnehmer. Es wird ein schönes Andenken werden und ein Dankeschön für ihren Einsatz."

„Das ist prima, Terry. – Dean, was hört man in den frommen Kreisen so über Projekt Perle?"

„Immer noch viel Kritisches, Doug. Erst heute schickte mir ein Spender die Kopie eines Briefes von einem christlichen Werk in Hongkong, das uns schon immer kritisch gesehen hat. Ich möchte euch mal eine Kostprobe vorlesen, damit ihr seht, was die ihren Leuten schreiben." Dean begann zu lesen:

> „Mit einem angemieteten Frachter brachte Open Doors Bibeln zur Hafenstadt Shantou in Südchina. Der Frachter wurde von christlichen Fischern in ihren Booten erwartet. Doch die Regierung, die Wind von der Sache bekommen hatte, fing die Fischerboote ab und ließ die Bibeln nicht ans Ufer. Sie wurden darauf in Plastiksäcken ins Meer geworfen. Viele dieser Säcke trieben tatsächlich ans Ufer oder Richtung Ufer, wo sie zum Großteil von Polizeibooten oder wartenden Soldaten in Empfang genommen wurden. Augenzeugen berichten, dass die Regierung drei Tage und Nächte lang konfiszierte Bibeln verbrannte. Die Schätzungen, wie viele der Bibeln verloren gingen, gehen weit auseinander, aber es handelt sich auf jeden Fall um einen hohen Prozentsatz."

„Was mich am meisten ärgert", kommentierte Doug, „ist, dass diese sogenannten Glaubensgeschwister sich überhaupt nicht die Mühe gemacht haben, uns zu kontaktieren und zu fragen, wie es denn unserer Meinung nach wirklich war, sondern einfach diese Version in die Welt gesetzt haben."

Er lehnte sich auf seinem Sessel zurück, rieb sich die Augen und fuhr fort: „Ich wünschte, dieser Rundbrief wäre eine Ausnahme. Aber heute Morgen hat Bruder Andrew mich angerufen und mir mitgeteilt, dass dieser Artikel, aus dem du gerade zitiert hast, bereits in christlichen Zeitungen in Skandinavien veröffentlicht worden ist. Ich habe auch Anrufe aus Japan und Australien erhalten, nach denen auch in diesen Ländern Desinformationen über das Projekt verbreitet werden. Ich werde meine guten Freunde David Aikman und Bing Wong vom *Time* Magazine anrufen. Die Menschen müssen die Wahrheit erfahren. Pablo, morgen fliegen wir beide nach Hongkong und besuchen Bing Wong. Terrys Pressemitteilung nehmen wir gleich mit.“ (Siehe *Time*-Artikel im Anhang.)

Washington, 6. Mai 1989

Bruder Andrew sprach auf einem großen Benefiz-Bankett für Open Doors in der amerikanischen Hauptstadt. Während er seinen Vortrag hielt, schob ihm jemand einen Zettel von einem der Tische hin:

> „Bruder Andrew,
> vor einigen Monaten kam ich vom chinesischen Festland nach Amerika. Heute Morgen hörte ich über einen christlichen Bruder von diesem Bankett. Ich bin hierher gekommen, um Bruder Andrew ‚Danke‘ zu sagen. 1982 brachte ich Bibeln von Sian nach Qinghai. Diese Bibeln waren von Kanton nach Sian gekommen. Es waren die Bibeln, die Bruder Andrew von den Philippinen nach Shantou gebracht hatte.
> Danke, Bruder Andrew! Viele Hauskirchen in China kennen Sie und beten für Sie.
> Wang, vom chinesischen Festland.“

Sao Paulo, Brasilien, Januar 1994

Die Tür des Büros öffnete sich, und eine schöne junge Chinesin trat ein. Sie mochte fünfundzwanzig Jahre alt sein und hielt ein Baby in den Armen. Sie stellte sich den Open Doors-Mitarbeitern vor: Sie hieß Lina und kam aus einer Hausgemeinde in China.

In den 1970er-Jahren waren zahlreiche Geschäftsleute und Ladenbesitzer aus Taiwan nach Brasilien gekommen. In den 1990er-Jahren folgte eine zweite Einwanderungswelle, diesmal vom chinesischen Festland. 90 Prozent dieser chinesischen Einwanderer leben in und um Sao Paulo, das mit 19 Millionen Einwohnern Brasiliens größte Stadt ist. Doch Lina gehörte nicht zu diesen Einwanderern; sie war als Ehefrau eines Missionars von „Jugend mit einer Mission" nach Brasilien gekommen. Die beiden hatten sich in China kennengelernt und hatten vor, bald dorthin zurückzukehren, um das Evangelium zu verbreiten.

Lina und ihre Familie verbrachten den ganzen Tag im Open Doors-Büro. Sie beteten mit den Open Doors-Mitarbeitern, die sich Linas Bericht aufmerksam anhörten.

Sie erzählte von den chinesischen Wanderpredigern, von den Irrlehren, die aufkommen, weil es zu wenige Bibeln gibt, und von dem explosionsartigen Wachstum der Hauskirchen-Bewegung.

Das Open Doors-Team kam sich vor, als ob es in einem Film saß, dessen Bilder immer greifbarer wurden. Was sie bisher nur aus Artikeln oder vom Hörensagen kannten, wurde auf einmal lebendig. Lina erzählte ihnen, wie die chinesischen Brüder und Schwestern im Glauben ganz konkret Gottes Kraft erfahren hatten.

Als sie ihre chinesische Bibel hochhielt, kamen den Open Doors-Leuten die Freudentränen. Es war eine Projekt Perle-Bibel. Etliche Jahre waren vergangen seit dem Unternehmen, aber die Frucht war geblieben. Immer wieder dankten sie Gott an diesem Tag für Lina und andere Empfänger der Bibeln aus dem Projekt Perle.

***

Der Leiter von Open Doors Australien, Gary, berichtet, wie er sich mit einigen Hausgemeindeleitern in Südwestchina traf, die von Beruf Ärzte waren. Er fragte sie: „Habt ihr in China viele Wunder erlebt?"

Der Älteste, ein Chirurg, antwortete: „Wir erleben viele Wunder, aber das größte war eine heimliche Bibellieferung aus dem Westen in einer Nacht des Jahres 1981. Diese Bibeln kamen, als es bei uns eine große Erweckung, aber sehr wenig christliche Literatur gab.

Die meisten dieser Bibeln wurden an einem Strand bei Shantou von Leitern nicht registrierter Hausgemeinden in Empfang genommen. Aber ein Teil wurde von der Sicherheitspolizei konfisziert, auf Lastwagen geladen und unter Polizeibewachung nach Peking gebracht, wo sie unter strikten Sicherheitsvorkehrungen eine Zeit lang gelagert wurden.

Dann berief die Parteiführung eine Versammlung ein, zu der die leitenden Parteikader zu erscheinen hatten. Man rügte sie, dass sie nicht wachsamer gewesen waren, als diese Bibeln ins Land ‚geschmuggelt' wurden, und erklärte, dass dieses Buch der Staatsfeind Nr. 1 sei und dass man mit allen Mitteln sicherstellen müsse, dass in Zukunft keine Bibeln mehr ins Land kämen."

Der Arzt unterbrach sich, begann laut zu lachen und sagte: „Preist den Herrn!" Dann erzählte er den Rest der Geschichte:

„Nachdem er die Kader gerügt hatte, sagte der Leiter der Versammlung: ‚Und jetzt werde ich jedem von euch ein Exemplar dieser Bibel mitgeben. Ich möchte, dass ihr sie von der ersten bis zur letzten Seite lest, damit ihr begreift, warum sie solch eine Bedrohung für den Kommunismus darstellt.' Als die Parteikader wieder nach Hause fuhren, hatte jeder eine Perle-Bibel in der Tasche."

Der Arzt schloss lächelnd: „Heute (fünfzehn Jahre später) sind mindestens fünfzehn Prozent der Parteimitglieder in China Christen – dank Projekt Perle!“

***

Fünfzehn Jahre nach Projekt Perle traf eine Open Doors-Mitarbeiterin sich mit dem Wanderprediger Bruder Lee in der Provinz Henan. Ganz überrascht erfuhr sie, dass Bruder Lee, der seine Arbeit ganz alleine begonnen hatte, inzwischen ein großes Netzwerk von Hausgemeinden mit über 400.000 Mitgliedern betreute. Bruder Lees Gemeinden benötigen pro Monat über 20.000 neue Bibeln allein für die Neubekehrten.

Bruder Lee hatte immer noch seine erste Bibel – eine Perle-Bibel; er brachte es nicht fertig, sich von ihr zu trennen. Der Einband war längst mit Klebeband repariert, die Seiten stark zerschlissen. Wie viele andere sagte auch Bruder Lee: „Dieses Geschenk war kostbarer als Gold!“

***

Die Hauskirchenleiter in der Region von Shantou ließen sich von der Staatsmacht und ihren Drohungen, sie ins Gefängnis zu bringen, nicht einschüchtern. Sie baten sogar um noch mehr Bibeln. Enoch Ma, dem es gelungen war, der Verhaftung zu entgehen, schrieb: „Damit die Arbeit weitergehen kann, bitten wir um die Herstellung und Lieferung von weiteren zwei Millionen Stück. Alle Filialen warten auf die Ware.“

Matthew Lo bedankte sich mit folgenden Worten: „Ganz herzlichen Dank für eure Fürsorge für die chinesischen Brüder und Schwestern in Christus. Eure Tat hat uns sehr ermutigt. Ihr liebt die Chinesen so sehr, dass wir finden, dass wir unsere eigenen Landsleute mehr lieben sollten. Wir werden eurer stets in unseren Gebeten gedenken. Aber eure Belohnung habt ihr bereits bekommen – das Lächeln und die Dankestränen Hunderttausender Christen in China."

***

Mitte der 1980er-Jahre war der Verbleib von 98 Prozent der Projekt Perle-Bibeln geklärt, worauf Kuriere zusätzliche 20.000 chinesische Bibeln in Koffern ins Land brachten, um die Million voll zu machen. Perle-Bibeln sind in jeder chinesischen Provinz außer Tibet gesichtet worden. Die meisten der größeren Hauskirchen-Netzwerke haben über die Perle-Bibeln berichtet, darunter auch der wohl bekannteste Mann der chinesischen Hauskirchenbewegung, „Heavenly Man"[6].

Einer der einheimischen Projektmitarbeiter aus Gezhou zog folgende Bilanz:

„Der Bibel-Krimi führte dazu, dass mehrere Brüder und Schwestern durch eine Zeit der Prüfung gehen mussten, aber die Jünger, die in jener Zeit, wo Bibeln so extrem knapp waren, nach der Gerechtigkeit hungerten und dürsteten, bekamen geistliche Nahrung. Und Gott benutzte diese winzige Kirche, um ein großes Werk zu vollbringen, das die ganze Welt bewegte."

***

Viele christliche Werke, die in China arbeiteten, reagierten jedoch ausgesprochen negativ auf Projekt Perle. Dies verstärkte sich noch nach dem Artikel im *Time-Magazine*, bis die Wogen sich in den folgenden Jahren glätteten. Man mag es nicht glauben, aber noch heute, über fünfundzwanzig Jahre später, findet man gelegentlich Informationen über Projekt Perle, die schlicht und einfach falsch sind.

Das Projekt wird zum Beispiel in einem neueren Buch mit dem Titel *Heart of Fire* erwähnt, das die vollständige Geschichte der oben im Prolog und in diesem Kapitel erwähnten Schwester Ling erzählt. Dort geht die Geschichte, nachdem Schwester Ling von der alten Frau mit den Bibeln gehört hat, so weiter: „Es zeigte sich, dass diese Frau einige Bibeln besaß, die an den Strand geschwemmt worden waren, nachdem eine Gruppe von Christen, die sie nachts nach China schmuggeln wollte, sie hatte über Bord werfen müssen.“[7]

Projekt Perle hatte erhebliche Auswirkungen auf den Druck von Bibeln in China selbst, die heute noch anhalten. Kurz nach Beendigung des Projekts kündigte die Führung der Drei-Selbst-Kirche den Druck von chinesischen Bibeln an – der erste offizielle Bibeldruck seit der kommunistischen Machtübernahme.

Anfang 1982 wurde Todd Miller der Leiter von Open Doors Hongkong. Todd erinnert sich noch gut, wie er im gleichen Jahr zusammen mit Doug und Michael das Hongkong-Büro des Weltbundes der Bibelgesellschaften besuchte, um über die erneute Bitte der Hauskirchen um Bibeln (diesmal zwei Millionen) zu sprechen. Der Direktor, ein alter Bekannter von Doug aus Manila, informierte sie, dass die Drei-Selbst-Kirche bei der Zentrale des Weltbundes der Bibelgesellschaften sowie dem Hongkong-Büro vorstellig geworden und heftig dagegen protestiert hatte, dass sie Open Doors die Druckplatten für die eine Million Perle-Bibeln zur Verfügung gestellt hatten. Er äußerte auch Zweifel am Erfolg des Projekts.

Dann kam der Hammer: Als Doug die dringende Bitte um weitere zwei Millionen Bibeln zur Sprache brachte, sagte der Direktor, dass er erst auf eine offizielle Druckerlaubnis durch die chinesische Regierung warten würde, egal, wie dringend die Gläubigen ihre Bibeln benötigten. Wenn nötig, würde er zehn Jahre warten, auch zwanzig, hundert oder noch länger. Den drei Besuchern blieb der Mund offen stehen über so viel Hartherzigkeit.

Einige Jahre später kündigte die Drei-Selbst-Kirche einen Plan für den Druck von einer Million Bibeln an. 1987 wurde in Nanjing mit Hilfe des Weltbundes der Bibelgesellschaften die „Amity Printing Company" gegründet, die von 1988 bis Mitte 2007 über 55 Millionen chinesische Bibeln und Neue Testamente druckte. Sie können in den größeren Städten von Christen, die die Mittel dazu haben, erworben werden.[8]

Doug Sutphen erinnert sich, wie er sich 1996 mit Han Wenzao traf, dem damaligen Vorsitzenden des von der Drei-Selbst-Kirche kontrollierten Chinesischen Christenrates und Leiter der Amity-Druckerei. Han gab ihm gegenüber zu: „Projekt Perle bedeutete, dass wir die Amity-Druckerei gründen mussten. Es setzte uns unter einen solchen Druck, dass wir mit Kleinstauflagen nicht mehr weiterkamen."[9]

Während der „China Consultation" (einer Initiative des Forum of Bible Agencies) im April 2000 in New York soll Dr. James Hudson Taylor III gesagt haben: „Mit Projekt Perle wurde Druck auf die chinesische Regierung ausgeübt, eine Bibeldruckerei im Land zu genehmigen. Hätte sie dies nicht getan, wäre es zu weiteren Projekten wie Perle gekommen, weil die Nachfrage nach Bibeln in China so ungeheuer groß war."

2003 schrieb der bekannte Journalist, Autor und China-

Experte David Aikman in seinem Buch *Jesus in Beijing*: „Perle hatte große, langfristige Auswirkungen auf die Erhältlichkeit von Bibeln in China.“[10]

Das ist der Grund dafür, warum es nie ein zweites Projekt Perle gab, obwohl viele Christen, von Bing Wong im *Time*-Büro in Hongkong bis zu Pastor John Chow in Shantou, immer wieder fragten: „Warum habt ihr das nicht noch einmal gemacht?“

Als er aus dem Gefängnis freigekommen war, wurde Pastor John gefragt, ob Projekt Perle die Strapazen, die es ihm eingebracht hatte, wert gewesen war. Er erwiderte: „Ich bin bei dieser ganzen Sache zweimal überrascht gewesen. Das erste Mal überraschte es mich, dass es Christen gab, die den Mut und den Weitblick hatten, so etwas Großes durchzuführen. Sie haben es gut gemacht. Und das zweite Mal war ich überrascht, als das Unternehmen nie wiederholt wurde. Wir brauchen mehr ‚Perlen‘. Es gibt bei uns Millionen Christen, die immer noch keine eigene Bibel haben. Wir müssen immer wieder neu bereit sein, diese Risiken einzugehen.“

Experten gehen davon aus, dass in China heute immer noch etwa ein Drittel der Gläubigen keine eigene Bibel besitzt.

19. Flut um neun

Es war niemand sonst auf der Straße zu sehen, als Lili nach Osten in Richtung Michael-Strand abbog. Lange stand sie dort und schaute auf das Wasser hinaus. Dann setzte sie sich in den Sand und sah eine Stunde oder länger den Fischern zu, wie sie von den Wellenbrecherfelsen am Eingang der Bucht aus arbeiteten.

Acht Jahre waren vergangen seit dem Projekt Perle, aber sie sah sie noch deutlich vor ihrem inneren Auge, die Szenen von damals. Wie Tausende von Christen Tausende von Kartons mit chinesischen Bibeln zügig über den Strand, durch die Bäume und zu den heimlichen Lagerräumen geschafft hatten.

Dann dachte sie an die Armeepatrouille, und ihr Puls ging schneller. Sie sah die Soldaten wieder vor sich, wie sie hinter den Menschen herrannten und die Kartons, die unter den Bäumen standen, zusammentrugen und zu einem großen Haufen stapelten. Sie selbst war gerade zurückgekommen, nachdem sie in einer Telefonzelle in der Stadt Mama Kwang eine verschlüsselte Nachricht übermittelt hatte; sie stand hinter ein paar Bäumen und schaute stumm zu.

Jetzt musste sie laut lachen, als sie sich erinnerte, wie Min Seng-kee mehrere Male hintereinander mit einem Bibelkarton unter dem Arm fortgerannt war, als ob die Soldaten Luft wären. Er war noch nicht einmal Christ gewesen und hatte keinen Schimmer, wofür er da Kopf und Kragen riskierte. Inzwischen war er ein Ältester in einer neuen Hauskirche in seinem Dorf; durch das Lesen einer der Perle-Bibeln war er zum Glauben gekommen.

Sie würde ihn nie vergessen, den Zorn der Sicherheitspolizisten, als es ihnen nicht gelang, die Kartons zu verbrennen. Sie hatten sie daraufhin aufgerissen und die Bibeln ins Wasser geworfen. Jeden, der ihnen zu nahe kam, hatten sie festgenommen und zum Verhör in die Stadt gebracht. Sie hatten auch Fotos von den vielen in der Bucht schwimmenden Bibeln gemacht, für Propagandazwecke.

Lili musste erneut lächeln, als sie an die Hunderte von Fischerhäusern in der Gegend dachte, auf deren Dächern in den folgenden Tagen Bibeln zum Trocknen lagen.

Dann dachte sie an Pastor John Chow und die Tortur seines Gefängnisaufenthalts, und ihr Lächeln verflog. *Danke, Herr, für das Wunder, mit dem du sein Leben gerettet hast.*

Sie erinnerte sich an die Krise in der Gemeinde in Gezhou. Mehrere Gemeindeglieder, die mit der Bibellieferung zu tun hatten, wurden ebenfalls verhaftet und hart verhört. Viele in der Gemeinde hatten den Eindruck, dass es in ihren Reihen einen „Judas“ geben musste, der im Voraus die Sicherheitsbehörden mit Informationen versorgt hatte.

Dann erlebte Lili im Geiste wieder den Abend, wo sie Mei-Ling in ihrem Haus in Queshi besucht hatte. Sie waren gerade dabei, für Chan, Pastor Samuel Wu und dessen Töchter zu beten, die gefangen genommen worden waren, als die Polizei das Haus stürmte. Die Beamten packten die beiden Frauen und zerrten sie an den Haaren nach draußen zu dem ramponierten Streifenwagen.

Auf dem Polizeirevier wurden sie einzeln verhört, drei Tage lang. Immer wieder forderten die Verhörleiter sie auf, ihre Verbrechen zu gestehen und die Namen ihrer Vorgesetzten und Mitarbeiter zu nennen. Lili hatte von Pastor John Chow gehört, dass die beste Strategie bei solchen Verhören darin bestand, zu schweigen, die Augen zu schließen und still zu beten.

Achtzehn Verhörrunden hatte sie über sich ergehen lassen müssen. Einmal waren die Sicherheitsbeamten so wütend gewesen, dass sie sie zweimal auf die Hände schlugen, in den Unterleib traten und mit den wüstesten Ausdrücken beschimpften. Sie weigerte sich, sich an noch mehr Details zu erinnern, aber sie musste an das Gefängnis denken. Wegen der Schwere ihrer „Verbrechen" hatte man sie zu drei Jahren Haft in einem Hochsicherheitsgefängnis verurteilt, in dem noch 6.000 andere Frauen einsaßen.

Wieder lächelte sie, als sie sich an eine ihrer Mitgefangenen erinnerte – Schwester Hu aus der Provinz Henan. Als sie merkten, dass sie beide Jesus nachfolgten, wurden sie gute Freundinnen. Schwester Hu war wegen ihrer Predigttätigkeit zu sechs Monaten verurteilt worden. Ihre Gabe, anderen Menschen das Evangelium zu bringen, war so groß, dass sie während dieser sechs Monate 800 Mitgefangene zum Glauben an Jesus führen konnte.

Als Schwester Hu entlassen wurde, fiel die Aufgabe, all diese neuen Christinnen im Glauben zu unterrichten, Lili zu. Die drei Jahre im Gefängnis waren so recht schnell vergangen.

In ihr Haus in Dahoa bei Shantou zurückgekehrt, nahm sie ihre Tätigkeit als Lehrerin in ihrer Hausgemeinde wieder auf. Sie war überrascht, wie schnell das von Mama Kwang begonnene Netzwerk von Gemeinden gewachsen war. Aus den 200 Gemeinden waren 600 geworden, und immer noch gab es nicht genügend Bibeln für alle Mitglieder.

Sie schaute wieder auf die Bucht hinaus. Es war dunkel geworden, und der Mond spiegelte sich auf dem Wasser. Sie konnte sie förmlich wieder sehen, die *Michael* und die *Gabriella*, wie sie dort vor Anker lagen.

Herr, betete sie still, *als ich das erste Mal hier an diesem Strand gebetet habe, hast du eine Million Wunder vollbracht. Was willst du, das ich jetzt tun soll? Ich bin bereit!*

***

Zehn Jahre später tanzten drei lange Schatten über den Michael-Strand. Die Schatten gehörten einer jungen Familie, die in der untergehenden Sonne über den Sand lief und bei einem Baumstamm, den die Flut an Land geschwemmt hatte, stehen blieb. Der Mann und die Frau setzten sich auf den Stamm, der siebenjährige Junge hob einen flachen Stein auf und ließ ihn mit gekonntem Schwung über das glatte Wasser der Bucht hüpfen.

„Caleb, komm her und setz dich! Ich möchte dir eine Geschichte erzählen“, sagte der Mann.

„Papa, kann ich zuerst noch ein paar Steine werfen?“

„Gut. Aber dann komm und setzt dich zu Mama und mir.“

„Na, wie fühlt es sich an, wieder hier zu sein?“, fragte der Mann seine Frau.

„Es hat Tage gegeben“, erwiderte Mei-Ling, „da habe ich nicht geglaubt, dass ich diesen Strand noch einmal wiedersehen würde. Aber wie ich mich fühle ... eigentlich vor allem ehrfürchtig. Ich staune, dass Gott ausgerechnet uns beide benutzt hat, um mitzuhelfen, so vielen Brüdern und Schwestern ein Exemplar seines Wortes zu bringen. – Und wie fühlst du dich?“

Chan lächelte und überlegte lange. Dann sagte er: „Ich möchte jetzt erst mal unserem Caleb erzählen, wie wir uns näher kennengelernt haben und was für einem großen Gott wir dienen.“

Caleb trottete langsam zu dem Stamm und setzte sich zwischen seine Eltern, und sie begannen, ihm die Geschichte der Million Wunder zu erzählen. Sie wechselten sich ab, ließen keine Einzelheit aus. Sie erklärten ihm, wie sie hier von diesem Strand aus die Verteilung der Perle-Bibeln mitorganisiert hatten und was diese Bibeln für das Wachstum der Hauskirchenbewegung in ihrem Land bedeutet hatten. Sie erzählten von den langen, schweren Jahren, die sie im Gefängnis verbracht hatten, und wie sie sich später verlobt und geheiratet hatten.

Als sie fertig waren, griff Mei-Ling in ihre Tasche und zog eine bunte Kinderbibel heraus. „Heute helfen wir, dies hier unter die Leute zu bringen. Diese Kinderbibel ist für dich, Caleb. Und in ein paar Jahren, wenn du ein Teenager bist, bekommst du eine Jugendbibel, in der du mit deinen Freunden lesen kannst."

Sie beteten noch miteinander. Als sie fertig waren, reichten die Wellen fast bis zu ihrem Baumstamm. Sie standen auf, um zu gehen. Es war neun Uhr abends und die Flut war da.

20. China heute

Seit Projekt Perle hat China sich dramatisch verändert. Ende 1978 verkündete Deng Xiaoping den offiziellen Start der „Vier Modernisierungen“ und damit den Beginn der Reform-Ära. Die Vier Modernisierungen betrafen die Gebiete Ackerbau, Industrie, Wissenschaft/Technologie und Streitkräfte. Das Reformprogramm betonte vor allem die ökonomische Selbstständigkeit und hatte das Ziel, China bis zum frühen 21. Jahrhundert zu einer wirtschaftlichen Großmacht zu machen. Die Vier Modernisierungen haben das Gesicht des Landes in vieler Hinsicht verändert. Das moderne China stellt sich dem Besucher als reiche, moderne und sich rasch verändernde Gesellschaft dar.

Gemeindewachstum

Die vielleicht interessanteste Veränderung ist das extrem rasche Wachstum der Kirchen in China seit Beginn der Reform-Ära. Zur Zeit der kommunistischen Machtübernahme 1949 gab es in China weniger als eine Million evangelische Christen (alle Denominationen zusammengenommen). Während der Kulturrevolution (1966–1976) war das Land praktisch verschlossen, und niemand wusste, ob die Zahl der Christen wuchs oder zurückging.

Um 1980 war es klar, dass sie erheblich gewachsen war. Als die Bitte um die eine Million Bibeln eintraf, gab es – so das Ergebnis der Recherchen von Open Doors – mindestens 10 Millionen Christen in China, möglicherweise sogar bis zu 30 Millionen, und dies nach dreißig Jahren brutalster Unterdrückung.

Die Ersten, die dieses Wachstum dementierten, waren die Sprecher der Drei-Selbst-Kirche. Wenn sie zugegeben hätten, dass es in China so viele Christen gab, wären sie bezüglich der Beschaffung von Bibeln in der Pflicht gewesen. Sie behaupteten also, dass es nur zwei Millionen Christen gebe. Selbst heute setzt die Drei-Selbst-Kirche die Zahl der chinesischen evangelischen Christen bei unter 20 Millionen an.

1983 erklärte Dr. Jonathan Chao vom „Chinese Church Research Centre" in Hongkong, dass es in China 50 Millionen Christen gab. Seine Zahlen basierten auf Extrapolationen, da (und dies gilt bis heute) niemand Zugang zu exakten Zahlen oder internen Mitgliederstatistiken über die Gläubigen im Land hatte. Dr. Chaos Angaben wurden dementsprechend von vielen Seiten angegriffen.

Heute, fünfundzwanzig Jahre später, kommen selbst diejenigen Kirchenstatistiker, die nur die Mitglieder zählen, von denen sie persönlich wissen, in die Nähe der Zahlen des mittlerweile verstorbenen Dr. Chao. Andere, die nach wie vor extrapolieren und Trends hochrechnen, schätzen, dass es über 100 Millionen Christen in China gibt; führende Persönlichkeiten der Hauskirchenbewegung – wie Samuel Lamb – gehen von der gleichen Zahl aus.

Open Doors schätzt, dass man auf der sicheren Seite ist, wenn man von 60 bis 80 Millionen Gläubigen in China ausgeht, dass die tatsächliche Zahl aber auch höher sein könnte.[11] Von den ungefähr 80 Millionen Christen sind etwa 15 Millionen Katholiken, unter ihnen 10 Millionen nicht registrierte Gläubige. Die verbleibenden Christen teilen sich auf in 12 Millionen Protestanten der Drei-Selbst-Bewegung und etwa 60 Millionen Protestanten, die verschiedenen nicht registrierten Hausgemeinden angehören. Da die Zusammenarbeit zwischen staatlich anerkannten Drei-Selbst-

Kirchen und nicht registrierten Hausgemeinden wächst, besuchen manche Christen sowohl ihre Hausgemeinde als auch eine Drei-Selbst-Kirche. Der Großteil dieses phänomenalen Wachstums ist in der Bewegung nicht registrierter Hauskirchen erfolgt, die damit die bisher langlebigste Erweckungsbewegung der Kirchengeschichte ist.

Erweckungsbewegungen

Die chinesische Massenbewegung, Jesus Christus nachzufolgen, begann unter den Bauern auf dem Land, hat aber inzwischen auch die intellektuellen Schichten in den Städten erreicht. Dieser neue Trend begann kurz nach dem Massaker auf dem Platz des Himmlischen Friedens im Juni 1989. Ein britischer Forscher ermittelte, dass es heute an den meisten chinesischen Universitäten aktive christliche Gruppen gibt. Das enorme Wachstum christlicher Gruppen hat „die religiöse Landschaft nachhaltig verändert". Nach einer Dokumentation von Edmund Tang von der University of Birmingham aus dem Jahre 2007 ist diese Hausgemeindebewegung an den Universitäten mittlerweile ein „offenes Geheimnis".[12]

In den letzten beiden Jahrzehnten ist eine neue, rasch wachsende Hauskirchenbewegung in den Städten entstanden, die sich bewusst nicht an eine bestimmte Denomination bindet und Konfrontationen mit der Regierung meidet. Sie gehört weder zur staatlichen Drei-Selbst-Kirche noch zur traditionellen „Untergrundkirche" der ländlichen Gebiete, obwohl es viele Überschneidungen gibt. Ein beträchtlicher Teil der Glieder dieser städtischen Hausgemeinden ist auch Mitglied in der Kommunistischen Partei. „Professoren, Ärzte, Rechtsanwälte und Geschäftsleute suchen als Christen größere Freiheit und setzen darauf, die Gesellschaft ganz offen mit den Werten des Evangeliums zu verändern."[13]

Zu dieser wachsenden Gruppe chinesischer christlicher Intellektueller gehören auch die sogenannten Kulturchristen. Sie identifizieren sich nicht mit einer bestimmten Kirche oder Bewegung und gehen nicht zum Gottesdienst, treten aber für christliches Gedankengut und christliche Werte ein. Sie möchten ihr Verständnis des Christentums zu einer sichtbaren Kraft innerhalb von Chinas Suche nach einer neuen Ordnung machen.

Die Erweckung in China hat nicht nur Segen, sondern auch Mühen mit sich gebracht, sogar in der Drei-Selbst-Kirche, wo inzwischen ein Pastor auf 3.000 engagierte Gläubige kommt. Es gibt einfach nicht genügend christliche Leiter und Mitarbeiter, um die immer zahlreicheren Neubekehrten im Glauben zu unterweisen. Ein großes Hausgemeinden-Netzwerk zählt über 500.000 Mitglieder und muss sich der Aufgabe stellen, durchschnittlich 543 Neubekehrte pro Tag in die Gemeinden zu integrieren.

Für eine Gemeinde im Westen mit all ihren Möglichkeiten ist es schon eine große Herausforderung, nur einige wenige Neubekehrte zu integrieren – wie mag es dann erst der Kirche in China gehen? Dabei ist die größte und fundamentalste Aufgabe für die chinesischen Gemeindeleiter, dafür zu sorgen, dass jeder Neubekehrte eine Bibel bekommt.

Bibelverbreitung

In den größeren Städten Chinas ist es oft relativ leicht, an eine Bibel zu kommen, weil die Drei-Selbst-Kirchen die von der Amity-Druckerei gedruckten Bibeln zu erschwinglichen Preisen verkaufen. Doch für die nicht registrierten Gemeinden auf dem Land ist es nach wie vor ein riesiges Problem, an genügend Bibeln zu kommen.

Jedes Jahr versorgt Open Doors viele Christen in den ländlichen Hauskirchen kostenlos mit Bibeln. Seit Projekt Perle ist die Zahl der nach China gelieferten Bibeln jedes Jahr gewachsen. 2006 konnte Open Doors in China über 5 Millionen christliche Schriften verteilen, darunter Bibeln, Studienbibeln, Kinderbibeln, Schriften für die persönliche Glaubensschulung und andere christliche Bücher.

Mitarbeiterschulung

Ein zweites Hauptanliegen der chinesischen Hauskirchenbewegung ist die Ausbildung von Mitarbeitern, um die Neubekehrten zu lehren und ihnen zu helfen, im christlichen Glauben zu wachsen. Die Open Doors-Mitarbeiter in China schätzen, dass es inzwischen etwa eine Million Hausgemeinden im Land gibt. Die allermeisten dieser Gemeinden werden von Christen geleitet, die jung sind und wenig bis gar keine theologische oder pastorale Ausbildung haben. Mitarbeiterkurse stehen daher hoch im Kurs. Im Jahre 2006 organisierte Open Doors geheime Mitarbeiterseminare in China, von denen über 20.000 Gemeindeleiter profitierten. Einige unserer chinesischen Kollegen haben ein „Projekt Perle II" vorgeschlagen – die Ausbildung von „einer Million" Hauskirchenleitern.

Mission

Die Erweckung in China hat eine Leidenschaft für Mission und Evangelisation mit sich gebracht, die auf der Welt ihresgleichen sucht. Scharen von jungen Christen entscheiden sich für den vollzeitlichen missionarischen Dienst. Eine Gruppe hat sich den Namen „Kamikaze-Evangelisten für Jesus“ gegeben. Das Hauptanliegen dieser Missionare ist es, den vielen immer noch vom Evangelium Unerreichten in China von Jesus zu erzählen.

Doch der Blick geht noch über China hinaus. Die „Zurück nach Jerusalem“-Bewegung, die bereits vor einigen Jahrzehnten entstand, glaubt heute, dass Gott 200.000 ausgebildete chinesische Missionare schenken wird, die zu Fuß die muslimische Welt durchqueren und am Ende das Evangelium dorthin zurückbringen werden, von wo es ausging – nach Jerusalem, und zwar am Pfingsttag. Für die Christen, die dieser Vision folgen, gibt es kein Zurück mehr. Bislang ist die Zahl 200.000 bei Weitem noch nicht erreicht, aber die Arbeit hat begonnen, und Mitarbeiter von Open Doors sind bereits einigen dieser chinesischen Missionare im Jemen und in Afghanistan begegnet.

Verfolgung

China ist ein Land der Paradoxe und Gegensätze. Auf vielleicht keinem anderen Gebiet ist dies deutlicher zu sehen als beim Thema „Christenverfolgung“. Während viele chinesische Pastoren im Gefängnis sitzen, reisen andere durch die Welt und halten Reden über die Religionsfreiheit in China. Zum Teil erklärt sich dies dadurch, dass die Lage in China sehr unterschiedlich sein kann. China-Experten sagen oft: „Alles, was Sie über China hören, stimmt wahrscheinlich – in manchen Gegenden. In anderen kann es völlig falsch sein!"

Manche Stimmen behaupten, dass es keine nennenswerte Christenverfolgung gibt, doch die meisten der Christen, die nicht zu den staatlich kontrollierten Kirchen gehören, fühlen sich von der Polizei und den Behörden bedrängt und überwacht. Jegliche Mission und Evangelisation, die außerhalb der Mauern der staatlich registrierten Kirchen stattfindet, ist verboten. Es gibt in China zwar kein Gesetz, das die religiöse Unterweisung von Minderjährigen generell untersagen würde, dafür aber interne Vorschriften und Verordnungen, die die Taufe Minderjähriger verbieten und die Kinderarbeit stark einschränken. Sonntagsschullehrer müssen mit Geldstrafen, Festnahmen und Gefängnis bis zu drei Jahren rechnen, wenn sie „erwischt" werden. Nach wie vor werden Hausgemeindeleiter inhaftiert und geschlagen, für „Vergehen", die man in den westlichen Ländern als legitime Ausübung des Glaubens im Sinne der Religionsfreiheit bezeichnen würde.

Es mag sein, dass einzelne Stimmen das Ausmaß der Verfolgung überzeichnen, doch Tatsache ist, dass der Durchschnittschrist in China ständig mit Diskriminierung und Schikanen rechnen muss. Die Kirche in China mag nicht so viele Märtyrer haben wie die in Kolumbien, in ihrer Arbeit nicht so eingeschränkt sein wie die Geschwister in Saudi-Arabien und nicht so oft von extremistischen Mobs angegriffen werden wie die Gläubigen in Indonesien, aber die Millionen Christen in China sind und bleiben die größte verfolgte Gruppe weltweit.

Und doch: Die Fortschritte in China sind unübersehbar. Nicht nur wächst die Wirtschaft und wird das Land moderner, es gibt auch viele Möglichkeiten und offene Türen für christliche Englischlehrer, Mediziner und Krankenschwestern, Sozialarbeiter und zahlreiche andere Berufe. Diese Möglichkeiten dürften in der Zukunft eher noch größer werden, und christliche Organisationen aus dem Westen sollten diese offenen Türen nutzen, solange sie sich über die Risiken und auch die Korruption bei Behörden und Verwaltung im Klaren sind.

In seinem E-Mail-Rundbrief vom Oktober 2006 berichtete der bekannte China-Experte Tony Lambert über den ersten Fall, in dem ein chinesischer Hauskirchenchrist gegen die Ortsbehörden vor Gericht gezogen war und gewonnen hatte. Li Huimin hatte im März 2006 in der Wohnung der 71-jährigen Ma Wenqing in der Provinz Henan einen Ostergottesdienst gehalten. Die Polizei sprengte den Gottesdienst, und Li wurde verhaftet und geschlagen. Am 26. April wurde er zur „Umerziehung" in ein Arbeitslager geschickt. Li klagte gegen die Behörden, und seine Lagerstrafe wurde annulliert (obwohl das Gericht den Gottesdienst nach wie vor für illegal hielt). Beobachter hoffen, dass dieser Präzedenzfall in ganz China bekannt wird und die Hausgemeindechristen größere Freiräume erhalten.[14]

In seinem 2003 erschienenen kontroversen Buch *Jesus in Beijing: How Christianity Is Transforming China and Changing the Global Balance of Power* stellt David Aikman die These auf, dass das stetige Wachstum der christlichen Gemeinden diese schließlich zu einem politischen Machtfaktor in China machen wird. Etwa gleichzeitig mit diesem Buch erschien eine von einer kalifornischen Organisation herausgegebene DVD mit dem Titel *The Cross: Jesus in China*, die das Wachstum der Hauskirchenbewegung mit exzellenten Interviews und Reportagen dokumentiert.[15]

Aikmans Buch und die DVD blieben in Peking nicht unbeachtet. Sie zeigten den Spitzenfunktionären abrupt, dass die Berichte, die sie vom staatlichen Büro für Religionsangelegenheiten über Anzahl und Aktivitäten der Christen im Land erhalten hatten, untertrieben waren. Die Regierung fühlt sich bedroht.

Sie wusste auch sehr wohl um die zahlreichen Organisationen und Personen aus dem Ausland, die die Olympischen Spiele im August 2008 in Peking nutzten, um den Chinesen Gottes Wort zu bringen und ihnen von Jesus zu erzählen. Open Doors stellte Tausende von Johannesevangelien zur Verfügung, die während der Spiele unter der Bevölkerung verteilt wurden. Auch dies machte die kommunistische Regierung nervös. Aus Propagandazwecken veröffentlichte sie eine zweisprachige Bibelausgabe, deren Verteilung jedoch auf Sportler und registrierte Kirchen beschränkt blieb. Dennoch können auch durch diese Bibeln viele Menschen vom Evangelium hören und Jesus Christus kennenlernen.

Die aktuelle Lage

Um die Situation besser unter Kontrolle zu behalten, hat die chinesische Regierung, wie es heißt, ein spezielles Anti-Infiltrations-Ministerium gegründet, das Gegenmaßnahmen gegen ausländische christliche Aktivitäten in China ergreifen soll. Es geht mit einer Härte vor, wie man sie bisher von der Regierung noch nicht erlebt hat. Schon Monate vor der Olympiade hatte das Regime begonnen, ausländische Christen, die im Land arbeiten, und auch Hausgemeindeleiter strikt zu überwachen. Die Kontrolle religiöser Aktivitäten wurde bis zur Olympiade noch verschärft. Hausgemeindeleiter in Peking wurden aufgefordert, eine Erklärung zu unterschreiben, dass sie während der Olympiade keine Gottesdienste abhalten würden. Vor Olympia untersagte die Polizei etlichen Christen, Besucher aus Kreisen der US-Regierung zu treffen, und forderte andere auf, Peking während der Spiele zu verlassen. Zu Letzteren gehörten Hausgemeindepastor Zhang Mingxuan und seine Frau Xie Fenlang. Als sie sich weigerten, holten Polizisten sie ab und brachten sie unter Zwang in die Nachbarprovinz Hebei. Die Polizei ergriff den Hausgemeindepastor Hua Huiqi, als er während der Olympischen Spiele versuchte, an einem Gottesdienst in der amtlich genehmigten protestantischen Kuanjie-Kirche in Peking teilzunehmen, den der US-Präsident George W. Bush besuchte.

Laut einem der China Aid Association vorliegenden Dokument will die kommunistische Partei Chinas auch in Zukunft landesweit härter gegen „unsichere Elemente" vorgehen. Diese „Elemente" können Hausgemeindeleiter nicht registrierter Gemeinden, Petitionseinreicher, Menschenrechtsaktivisten und politische Abweichler sein. Die Regierung sieht die nationale Sicherheit in China durch religiöse Aktivitäten bedroht.

China braucht Bibeln

Im März 2007 sprach der Compass Direct News Service aus Santa Ana in Kalifornien, ein christlicher Nachrichtendienst, der über verfolgte Christen weltweit berichtet, mit mehreren Hauskirchenleitern in Kunming, die von einer akuten Bibelknappheit erzählten – und dies in einer Stadt, wo jahrelang Bibeln ohne Probleme bei Drei-Selbst-Gemeinden erhältlich waren. Sie berichteten auch von Fällen, wo Hausgemeindepastoren daran gehindert wurden, eigene Bibeln zu erwerben.

Sowohl Hauskirchen- als auch Drei-Selbst-Pastoren klagten über einen Mangel an Bibeln und sonstiger christlicher Literatur in Nordwest-, Nordost- und Südwestchina sowie in Peking. Das Gemeindewachstum in Gebieten mit ethnischen Minderheiten hat auch zu einer enormen Nachfrage nach Bibeln in den entsprechenden Sprachen geführt.[16]

China erwartete zu den Olympischen Spielen im August 2008 bis zu einer halben Million Besucher. Das Land war entschlossen, sich dabei von seiner besten Seite zu zeigen, auch gegenüber ausländischen Christen. Liu Bainian, ein Sprecher der Politischen Beratungskonferenz des chinesischen Volkes und Vizepräsident der von der Regierung unterstützten Chinesischen Patriotischen Katholischen Vereinigung (dem katholischen Gegenstück zur Patriotischen Drei-Selbst-Kirche), forderte in einem Schreiben dazu auf, den religiösen Bedürfnissen kirchlich gebundener ausländischer Besucher entgegenzukommen und in ihren Hotelzimmern Bibeln auszulegen. Die Mitglieder der Vereinigung wurden aufgerufen, zu diesem Zweck Bibeln zu sammeln, die dann nach der Olympiade den Spendern zurückgegeben würden.[17]

Man kann diese Aktion als positive Geste gegenüber dem Christentum sehen, aber gleichzeitig demonstriert sie die engen Grenzen, die China der Religionsausübung setzt. Diese Bibeln sollten nur für die Dauer der Olympiade in den Hotels ausliegen und waren nur für ausländische Gäste gedacht.

Die Verteilung von Bibeln ist ein positiver Schritt zur Schaffung eines Klimas größerer Religionsfreiheit, aber die große Frage ist: Wie wird Pekings Religionspolitik sich entwickeln, jetzt, da die Olympischen Spiele vorbei sind?

Unsere Hoffnung und unser Gebet ist, dass es zu einer positiven Entwicklung kommt, in der die Hauskirchen völlige Freiheit haben und der staatliche Registrierungsdruck aufhört. Beten Sie mit uns, dass China sich dem christlichen Glauben in allen Regionen des Landes mehr öffnet!

Nachwort: In kleinen Schritten zum großen Wunder

Projekt Perle war eindeutig ein Wunder, aber es war nicht ein einziges großes Wunder, sondern eher eine Serie vieler kleiner Wunder; bei jedem neuen Schritt schien Gott selbst einzugreifen. Erst aus der Rückschau erscheint es als *ein* „großes" Wunder.

Ich habe dieses Buch aus verschiedenen Gründen geschrieben. Ich wollte nicht nur die Geschichte von Projekt Perle nachzeichnen, sondern auch die geistlichen Gesetzmäßigkeiten verdeutlichen, die diese Geschichte illustriert.

Vielleicht sind sie Ihnen bei der Lektüre nicht immer aufgefallen. Ich möchte sie daher in diesem Nachwort noch einmal zusammenfassen, in Form von sieben Glaubensschritten, mit denen man etwas, was eigentlich unmöglich ist, erreichen kann.

1. Machen Sie sich klar, dass Sie sich in einem Kampf befinden

Es ist offensichtlich, dass Doug einen starken Glauben hatte. Als Gott zu ihm sprach, nahm er ihn beim Wort und zweifelte keinen Augenblick, dass Gott das, was er da versprach, auch tun würde. Doch dieser Glaube war nicht blind. Doug studierte die Bibel, um Beispiele und Gesetzmäßigkeiten zu finden, die ihm bei dem Projekt helfen konnten. Besonders beeindruckte ihn die Geschichte Nehemias im Alten Testament. Als Nehemia betete, gab Gott ihm eine Vision und eine Berufung. Woraufhin Nehemia eine Bestandsaufnahme machte und sodann entschlossen ans Werk ging.

Hindernisse sind die Herausforderungen des Glaubens. Nehemia hatte viele Kritiker und Widersacher, aber er hielt seinen Blick auf Gottes Verheißung und die vor ihm liegende Aufgabe gerichtet. Auch Paulus hatte viele Gegner. Vor König Agrippa bezeugte er, dass er den Auftrag, den er vor Damaskus von Christus bekommen hatte, treu ausführte (Apostelgeschichte 26,19-20), obwohl seine Feinde ihm deswegen nach dem Leben trachteten.

Ein Mitarbeiter von Open Doors besuchte einen Pastor auf Kuba, der es extrem schwer hatte. Er fragte ihn: „Sind Sie nicht manchmal versucht, aufzugeben?" Der Pastor erwiderte lächelnd: „Ohne Kampf kein Sieg!" Ein anderer Christ kommentierte einmal: „Was mich nicht tötet, macht mich stärker." Und ein dritter meinte: „Natürlich habe ich Angst. Aber Gott hilft mir, dass mein Mut immer ein bisschen größer ist als meine Furcht."

Wir befinden uns in einem geistlichen Kampf – dem Kampf zwischen dem Reich des Lichtes und dem Reich der Finsternis. Unser Feind, der Satan, möchte uns zu Fall bringen. Unsere Aufgabe in diesem Kampf ist es, alles, was uns behindert, abzulegen und mit zäher Ausdauer bis zum Ziel durchzuhalten (Hebräer 12,1). Uns steht dabei das ganze Waffenarsenal Gottes zur Verfügung (Epheser 6,11-18). Wir laufen, rennen und stehen nicht im Schauen, sondern im *Glauben*. Aber der Sieg steht schon fest: Er gehört Gott.

2. Machen Sie sich nichts daraus, wenn andere Sie für dumm halten

Gottvertrauen sieht in den Augen der Mitmenschen manchmal wie Torheit aus. Denken Sie nur an Noah und die Arche, die er zu einer Zeit baute, als von Regen nichts zu sehen war. Wie müssen seine Nachbarn ihn ausgelacht haben …

Oder Gideon. Gott reduzierte seine Armee auf ganze 300 Mann, die gegen einen vielfach überlegenen Feind antraten. Jeder General hätte Gideon für wahnsinnig erklärt. Aber, wie König Sauls Sohn Jonatan seinem Waffenträger erklärte: „Für den Herrn ist es ja keine Schwierigkeit zu helfen, sei es durch viele oder durch wenige“ (1. Samuel 14,6; Einheitsübersetzung).

Der Gründer der China Inland Mission, Hudson Taylor, soll einmal gesagt haben: „Ohne Risiko braucht man keinen Glauben.“

Oft verweigern wir Gott den Gehorsam, weil wir zu stolz sind und Angst haben, uns lächerlich zu machen. Captain Bill Tinsley, der unbesungene Held von Projekt Perle, sagt: „Vor Jahren lernte ich, meinen Stolz zu überwinden. Als ich das tat, entdeckte ich eine echte innere Kraft. Projekt Perle wäre nicht gelungen, wenn wir in den Situationen, vor denen wir standen, stolz gewesen wären. Wir hätten unser Ziel niemals erreicht.“

Es gibt Stunden, wo das, was nach menschlichem Ermessen töricht ist, uns von Gott selbst im Gebet gezeigt wird. Bruder Willis’ Vorhersage nach der Love China-Konferenz von 1975, dass China sich bald öffnen würde, ist ein gutes Beispiel dafür. Wie sagte er noch zu Doug, als sie an der chinesischen Grenze standen? „Macht euch bereit.“ Drei Jahre später gingen Chinas Türen auf, und noch einmal drei Jahre später war Projekt Perle gelungen.

3. Recherchieren Sie die Fakten

Das schönste Gottvertrauen entbindet uns nicht von der Notwendigkeit, unsere Hausaufgaben zu machen, und das möglichst gut. Ich wollte Sie in diesem Buch nicht mit kapitellangen Ausführungen über die Recherchen, Detailplanungen und Erkundungsreisen strapazieren, die Projekt Perle vorangingen, aber ich kann Ihnen versichern, dass diese Dinge erledigt und sehr, sehr ernst genommen wurden. Dr. Jim Schmook überließ nichts dem Zufall und bestand darauf, dass jedes Detail des Plans im Voraus genauestens untersucht wurde.

Der weise Salomo schreibt in den Sprüchen: „Ohne Ratgeber sind Pläne zum Scheitern verurteilt; aber wo man gemeinsam überlegt, hat man Erfolg" (Sprüche 15,22). Und er schreibt weiter, dass unsere Pläne nur dann gelingen können, wenn wir sie Gott hinlegen, denn am Ende setzt sich immer Gottes Wille durch (vgl. Sprüche 16,3; 19,2). Wir stehen in einer ständigen Spannung zwischen menschlichem Bemühen und Gottes Segenshandeln, aber das entbindet uns nicht von der Pflicht, die Fakten zu studieren und sorgfältig zu planen.

4. Rechnen Sie mit Widerstand aus den eigenen Reihen

Wir rechnen vielleicht mit Widerstand, aber oft sind wir völlig überrascht, wenn dieser aus den Reihen unserer eigenen Kollegen oder Freunde kommt. Nicht selten benutzt der Teufel unsere christlichen Brüder und Schwestern als Waffen, um unseren Glauben zu schwächen und die Einheit, die uns stark macht, zu zerstören. Oft beruht solcher Widerstand schlicht auf Missverständnissen, die dadurch entstehen, dass man sich nicht die Mühe gemacht hat, den Fakten auf den Grund zu gehen.

In Josua 22 drohen die neuneinhalb israelitischen Stämme, die sich westlich des Jordans angesiedelt haben, den zweieinhalb Stämmen im Ostjordanland mit Krieg. Der Anlass ist ein Altar, den die zweieinhalb Stämme auf dem Westufer des Jordans errichtet haben. Die neuneinhalb Stämme halten ihn für einen Götzenaltar; in Wirklichkeit ist er als Denkmal gedacht. Er soll die Israeliten zu beiden Seiten des Flusses daran erinnern, dass sie alle demselben Gott dienen.

Es gelingt den Oststämmen gerade noch, ihren Brüdern zu zeigen, wie die Dinge wirklich liegen. Besser wäre es damals gewesen, wenn die Weststämme nicht zuerst ihre Schwerter geschärft, sondern noch einmal genau nachgeschaut hätten, ob sie mit ihrer Theorie über die „Abtrünnigen" im Ostjordanland wirklich richtig lagen. Es ist auch heute wichtig, dass wir Christen nicht gleich die Messer wetzen, sondern offen miteinander reden, mit dem erklärten Ziel, Missverständnisse und falsche Gerüchte auszuräumen. Das ist der Weg zu echter Einheit.

5. Nutzen Sie die Macht der Einigkeit

Gemeinsam sind wir stärker – dieses Prinzip finden wir in der Bibel immer wieder. Die menschlichen Machthaber verstehen dieses Prinzip sehr gut. In chinesischen Filmen wird oft der junge Mao Zedong gezeigt, während er Bauern demonstrierte, wie einfach es ist, ein einzelnes Essstäbchen zu zerbrechen, aber fast unmöglich, ein ganzes Bündel von Stäbchen zu zerbrechen. Einigkeit macht stark.

Ein weiser Mann hat gesagt: „Einer kann leicht überwältigt werden, doch zwei sind dem Angriff gewachsen. Man sagt ja auch: ‚Ein Seil aus drei Schnüren reißt nicht so schnell!'" (Prediger 4,12)

Eine der Lektionen aus Projekt Perle ist die Macht der Einigkeit – der Einigkeit mit Gott in seinen Zielen, der Einigkeit im Team, der Einigkeit im Handeln. Einmal von Gottes Auftrag überzeugt, entwickelte der „innere Kreis" des Planungsteams von Projekt Perle eine Einigkeit im Planen und Ausführen, die das Projekt voranbrachte und die Moral enorm stärkte.

6. Erleben Sie Gottes Frieden mitten im Sturm

Eine schmächtige Schwester in China, die schwer verfolgt wurde, sagte einmal: „Wenn ein Sturm aufkommt, kann ein Schiff nicht stoppen, sondern es muss alles tun, um den Kurs zu halten. Ohne solche Zeiten wie diese werden wir es vielleicht nie lernen, wie man dem Herrn dient."

Für mich waren das Angenehmste bei Projekt Perle die ruhigen Sonnentage an Bord der *Michael*. Ich werde nie das Streicheln des warmen Windes und den frischen Duft des Ozeans vergessen, wenn ich bei Sonnenaufgang am Bug stand und dem Tanz der Tümmler zuschaute und dem Spiel der fliegenden Fische, die über den tiefblauen Wasserspiegel schossen. Das Schlimmste waren die Stunden und Tage, wo ich auf der *Michael* irgendwo auf dem scheinbar grenzenlosen Meer „gefangen" saß und der Orkan, der um uns tobte, kein Ende nehmen wollte. Es gab keine Möglichkeit, den Brechern auszuweichen, die gegen das Schiff donnerten und es wie wild hin- und herrollen ließen. Aussteigen war unmöglich, und wohin hätte man auch aussteigen sollen? Wir konnten nur beten und warten.

So ist das Leben. Wenn seine Stürme toben, können wir uns nur an das Ruder binden und uns mit aller Kraft an Gottes Treue und seine ewige Liebe in Jesus Christus klammern.

Beharrlichkeit ist etwas Aktives und nichts Passives. Eine sehr erhellende Bibelstelle zu diesem Thema ist Hebräer 10,19-39. Für mich ist der Schlüsselvers der Vers 36: „Aber ihr müsst standhaft bleiben und tun, was Gott von euch erwartet. Er wird euch alles geben, was er zugesagt hat." Man beachte den Zusammenhang dieses Satzes: Es geht um Situationen, wo Christen um ihres Glaubens willen beleidigt, verfolgt, inhaftiert oder enteignet werden.

7. Geben Sie Gott allein die Ehre

In der Bergpredigt weist Jesus seine Jünger an, ihre guten Taten so zu tun, dass die anderen sie sehen und Gott die Ehre geben (Matthäus 5,16). Doch oft werden wir Opfer unseres Stolzes und wollen selbst die Ehre haben. Ein Mensch, der Jesus wirklich nachfolgt, ist demütig genug, um zu zeigen, dass Gott allein alle Ehre gebührt.

Die Warnung, Projekt Perle nicht zu einem „Goldenen Kalb" zu machen, ist hier ein gutes Beispiel. Selbst die, die selbst nicht direkt an einem Projekt beteiligt waren, können so stolz auf seinen Erfolg werden, dass sie vergessen, wem die Ehre gebührt. Das ist der Grund dafür, dass keine Fotos vom Entladen der einen Million Perle-Bibeln existieren. Der „Nachweis" des Erfolgs von Projekt Perle ist dadurch letztlich Vertrauenssache geblieben – des Vertrauens in die Aussagen der Teilnehmer des Projekts wie auch der Empfänger dieser Bibeln.

Jeder, der an diesem Projekt beteiligt war, ob zentral

oder nur am Rande, wird Ihnen bestätigen, dass es Gottes Projekt war und nicht eine bloße Idee von Menschen. Folglich ist Gott derjenige, dem alle Ehre und Anerkennung gebührt.

Achten Sie auf Gottes Handeln auch in den kleinen Dingen des Lebens. Leben Sie im Glauben, üben Sie sich in Einigkeit und halten Sie auch im Sturm durch. Auch Sie können eines der großen Wunder Gottes erleben.

Danke!

Sie haben es vielleicht schon herausgefunden: Der „Pablo" in diesem Buch bin ich. Seit meine Familie 1971 auf die Philippinen zog, nennen enge Freunde und Kollegen mich mit diesem spanischen Spitznamen. Ich habe für dieses Buch diesen Namen gewählt, um mehr im Hintergrund zu bleiben und die unbesungenen Helden von Projekt Perle ins Licht zu stellen; ich habe mich bewusst gegen einen Bericht in der ersten Person entschieden.

Die Geschichte, die Sie in diesem Buch gelesen haben, entspricht nach bestem Wissen und Gewissen der Wahrheit. Bei den Dialogen musste ich logischerweise manches rekonstruieren, weil mir nicht mehr jedes Wort im Gedächtnis geblieben war. Die Geschichten der Personen in China entsprechen allesamt der Wahrheit, sind aber jeweils aus mehreren Geschichten, die alle in den Archiven von Open Doors dokumentiert sind, zusammengesetzt worden. Die chinesischen Namen sind sämtlich Pseudonyme, und die Personen sind zuweilen ebenfalls Kombinationen aus mehreren Personen. Ich bin so verfahren, um die Identität unserer chinesischen Brüder und Schwestern zu schützen und den Lesern trotzdem die Alltagsrealität, in der sie lebten und handelten, zu vermitteln.

Die beste Nachricht ist, dass sämtliche Mitarbeiter in China, die wegen ihrer Beteiligung an Projekt Perle inhaftiert wurden, seit Langem wieder frei sind und zu ihren Familien und zu ihrer Arbeit für Christus zurückkehren konnten.

Die *Michael* und die *Gabriella* wurden nach Ende des Projekts in Paradise „geparkt" und später verkauft. Die *Gabriella* dient heute als Gerüstkahn für Malerarbeiten an

Brücken über den Fluss Pasig in Manila, und die *Michael* gehört zur Flotte des philippinischen Captain Bella.

Anfang Februar 1982 kam Captain Bill Tinsley selbst aufgrund fälschlicher Anklagen ins Gefängnis. Der philippinische Präsident Marcos ordnete seine Verhaftung an. Seine Beteiligung an Projekt Perle machte damals Schlagzeilen in den Zeitungen.

Die zentralen Geschichten aus China (so die Reisen durch die Provinz Henan und das Gefängniswunder von Pastor John) wurden ursprünglich von meinem sehr geschätzten Kollegen und Freund Ron Boyd-MacMillan geschrieben, der mir auch beim Schreiben dieses Manuskriptes mit manchem guten Rat zur Seite stand.

Ein Großteil dieses Buches basiert auf früheren Berichten über Projekt Perle, vor allem auf der schon erwähnten exzellenten Autobiografie von Captain Bill Tinsley[18]. Ohne dieses Buch wäre es mir nicht gelungen, manche Situationen und Ereignisse so genau wiederzugeben. In den Anmerkungen erfahren Sie, wie Sie ein Exemplar dieser erstaunlichen Geschichte erwerben können. Es enthält auch einen bewegenden Bericht von Captain Bill über seine spätere Verhaftung und die Lektionen, die er im Gefängnis lernte.

Bruder Andrew hat in seinem Buch *Der Auftrag* zwei detaillierte Kapitel über Projekt Perle geschrieben. Bereits in früheren Kapiteln ist Bruder Davids ausgezeichnetes autobiografisches Buch *Gottes Schmuggler in China* erwähnt worden, das er zusammen mit Dan Wooding und Sara Bruce schrieb.[19] Es ist eine gute Darstellung der frühen Jahre der Hauskirchenbewegung in China; das letzte Kapitel erzählt von der Lieferung der Projekt Perle-Bibeln in der Nacht des 18. Juni 1981.

Nach Bruder Davids Tod wurde seine Autobiografie

unter dem Titel *Project Perle* veröffentlicht.[20] Da der Autor, Paul Hattaway, sie nach den mündlichen Berichten von Bruder David schrieb, nicht selbst an Projekt Perle beteiligt gewesen war und auch den Kapitän und die Mitglieder des Planungsteams nicht konsultierte, ist es leider zu zahlreichen Ungenauigkeiten im Detail gekommen.

Und schließlich hat auch Eddie Cairns, der Beter aus Neuseeland, der die Vision von dem Schlepper hatte und den Taifun wegbetete, eine Autobiografie herausgebracht (ebenfalls mit Dan Wooding), die detailliert Eddies Beteiligung an dem Projekt nachzeichnet[21].

Ich bin sehr dankbar für die Hilfe der Männer, die bei der Lieferung der Bibeln die Crew der *Michael* bildeten, und ebenso für die Männer, die die anfängliche Crew bildeten, aber nicht bis zur Lieferung bleiben konnten. Auch andere Hauptpersonen haben mir bei verschiedenen Details geholfen.

Dr. Ed Neteland ist nach einem Sturz in seiner Wohnung in Kalifornien am 3. Dezember 2006 verstorben. Doug Sutphen starb am 8. Mai 2007 im Alter von siebzig Jahren – zwölf Jahre später, als seine Ärzte vorhergesagt hatten. Keith Ritter starb am 28. August 2007 in Japan.

Das übrige Team lebt noch und ist buchstäblich in aller Welt in verschiedenen christlichen Projekten engagiert, die zum Teil top secret sind. Einige von ihnen haben mich deswegen gebeten, für sie Pseudonyme zu benutzen. Mehrere von ihnen haben meinem Gedächtnis sehr auf die Sprünge geholfen und wertvolle Szenen und Details beigesteuert, die die Geschichte noch interessanter und genauer machen. Danke, Brüder; ich weiß eure Freundschaft sehr zu schätzen.

Ein besonderes Dankeschön auch an Mary Suggs für ihre redaktionelle Hilfe, an Jeannie Stephenson für ihre zahlreichen Tipps und an Al Janssen, der mir bei der Gliederung geholfen hat.

31. März 2008
Paul Estabrooks

Anhang

Aus dem Nachrichtenmagazin Time

Riskantes Rendezvous bei Shantou

Wie in einem kühnen Unternehmen 1 Million Bibeln aufs chinesische Festland kamen

Der Strand in der Nähe des Dorfes Gezhou, der den Codenamen „Michael" bekommen hat, sieht im Mondlicht verlassen aus. Draußen auf dem spiegelglatten Wasser des Südchinesischen Meeres lässt ein Besatzungsmitglied an Bord des Hochseeschleppers *Michael* dreimal eine Taschenlampe kurz aufblitzen. Fast sofort kommt das ebenfalls dreifache Antwortsignal aus dem Schatten der Bäume am Rande des 300 Meter breiten Strandes. Plötzlich gleiten Hunderte von Menschen leise und schnell zum Rand des Wassers hin, wo sie ein kurzes, emotionsgeladenes Rendezvous mit ihren Besuchern aus dem Ausland haben. Ihre lang erwartete und hochgeheime Aufgabe an diesem Abend ist das Entladen und Verteilen eines kostbaren Schmuggelgutes: über eine Million chinesische Bibeln. Die 232 Tonnen schwere Ladung ist in den USA gedruckt und in der größten Operation ihrer Art von Hongkong aus 200 Meilen weit zur Küste des chinesischen Festlands transportiert worden.

Wie *Time* erfuhr, wurde das bemerkenswerte Unternehmen mit dem Namen „Projekt Perle", das im vergangenen Juni mit militärischer Präzision ausgeführt wurde, von Open Doors mit Bruder Andrew International, einem überkonfessionellen evangelikalen Missionswerk mit Sitz in Ermelo (Niederlande), geplant. Seit etwa zwei Jahrzehnten ist diese Organisation darauf spezialisiert, Bibeln vor allem in kommunistische Länder zu schmuggeln. Das Ziel von Projekt Perle war, 5 Millionen chinesischer evangelischer Christen, die unter dem wachsamen Auge Pekings in etwa 50.000 „Hausgemeinden" Gottesdienst feiern, dringend benötigte Bibeln zu bringen. Viele dieser Gemeinden entstanden nach dem Ende der Kulturrevolution, während der in den späten 60er-Jahren die chinesischen Christen verfolgt und ihre Kirchen geschlossen worden waren. Inzwischen ist auch dem toleranteren Regime des Stellvertretenden Vorsitzenden Deng Xiaoping und Ministerpräsident Zhao Ziyang das rasche Wachstum der Hauskirchenbewegung ein Dorn im Auge, und es wird den Bibelschmuggel kaum gutheißen. Ein amerikanischer Ex-Marinesoldat, der Projekt Perle leitete, wörtlich: „Vor die Wahl gestellt, ob wir Gott oder Menschen gehorchen wollten, haben wir uns für Gott entschieden."

Der Name „Projekt Perle" leitet sich aus Matthäus 13,45 her („Mit der neuen Welt Gottes ist es wie mit einem Kaufmann, der auf der Suche nach kostbaren Perlen ist"). Das Projekt entstand Ende 1979, als ein Hauskirchenleiter sich heimlich mit der dringenden Bitte um Alte und Neue Testamente an Open Doors wandte. Unter der Leitung von Open Doors-Direktor Anne van der Bijl (53) begann Open Doors, in den USA durch Benefizdinner, persönliche Anschreiben und TV-Spots die nötigen Mittel für das Unternehmen zu beschaffen. Das Ziel der Spendenkampagne wurde genannt, nicht jedoch die genaue Art, wie das Unternehmen durchgeführt werden sollte. Die Gesamtkosten beliefen sich auf 6 Mio. Dollar, von denen 3,5 Mio. aus den USA und Kanada und 2,5 Mio. aus anderen Ländern kamen.

Zur gleichen Zeit machten vor Ort agierende Mitarbeiter in der südostchinesischen Hafenstadt Shantou, die in der Nähe der anvisierten Landungsstelle liegt, Hunderte von Fotos von der Umgebung und beobachteten die örtlichen chinesischen Sicherheitskräfte. Der im vergangenen Dezember fertiggestellte Plan sah vor, mit einem Hochseeschlepper einen teilweise tauchfähigen Kahn an die chinesische Küste zu bringen, der mit 232 Ein-Tonnen-Blocks beladen war, die aus je 48 wasserdicht verpackten Kartons mit je 90 Bibeln bestanden.

Thomas Nelson Publishers in Nashville (Tennessee), ein christlicher Verlag, erklärte sich bereit, die Million Bibeln zu drucken. Die Druckplatten der Einheitsversion, die 1919 ins Chinesische übersetzt worden war, wurden aus Hongkong in die USA geschickt. Die Druckkosten für die in Leder gebundenen 629 Seiten starken Exemplare der gesamten Bibel beliefen sich auf 1,4 Mio. Dollar. Die Bibeln wurden im April in einem Containerschiff nach Hongkong gebracht.

Inzwischen begann eine ausgewählte, zwanzig Mann starke internationale Crew auf der entlegenen Insel Mindoro (Philippinen), für das Unternehmen zu üben. Die Leiter des Projekts ließen einen 30 Meter langen Kahn bauen und konnten in Singapur für 480.000 Dollar den Schlepper *Michael* kaufen. Die Crew fuhr mit den fertigen Schiffen nach Hongkong, um die geheime Ladung abzuholen. Die geplante Landung in Shantou am Ostersonntag wurde in der letzten Minute von van der Bijl abgeblasen, der befürchtete, dass die chinesischen Behörden Wind von dem Plan bekommen hatten. Zwei Monate später schickte die Crew eine verschlüsselte Nachricht an Kontakte in Shantou: „Wir haben Freunde zu einem Fest eingeladen. Wir erwarten so viele Gäste, dass wir 21 Teetassen brauchen und 18 Schüsseln Reis.“ Im Klartext: Die Lieferung würde am 18. Juni um 21 Uhr stattfinden.

Das Unternehmen startete. Die *Michael* lichtete Anker, nahm zunächst scheinbar Kurs nach Süden auf Manila und drehte dann ab nach Norden, zur chinesischen Küste. Ein Taifun drohte die kleine Expedition zu verschlingen, drehte aber dann zurück auf das offene Meer. Bei der Einfahrt in den Hafen von Shantou hielt die Crew erneut den Atem an, als ein chinesisches Schnellboot auf ihr Schiff zukam, aber dann ohne Zwischenfall vorbeifuhr.

Das Entladen der Bibeln ging reibungslos vonstatten. Mit von den Bibelschmugglern mitgebrachten Scheren öffneten die wartenden Einheimischen die von dem Kahn kommenden Bibelpakete, die sie dann zu wartenden Fahrrädern, Bussen und Lkws trugen. (Open Doors hatte heimlich 75.000 Dollar für das Anmieten der Fahrzeuge zur Verfügung gestellt.) Doch etwa vier Stunden nach der Abfahrt der *Michael* erschien unerwartet eine Armeepatrouille in Gezhou. Die Soldaten stürmten den Strand und verhafteten Hunderte, die noch dabei waren, die Bibeln fortzuschaffen. Nach Berichten aus Hongkong wurden die meisten der Verhafteten kurz danach wieder freigelassen.

Nach Schätzungen von Open Doors sind inzwischen etwa 60 bis 80 Prozent der Bibeln im Besitz von Hausgemeinden, bis hin in die weit entfernten Provinzen Heilongjiang und Xinjiang. Peking hat bis jetzt geschwiegen, aber die illegale Verbreitung von Bibeln wird die Hierarchie der offiziellen staatlichen Kirche, der Patriotischen Drei-Selbst-Kirche, irritieren. Die Drei-Selbst-Kirche hat versucht, die Hausgemeinden durch den eigenen Druck von Bibeln stärker unter ihre Kontrolle zu bringen, jedoch seit 1979 erst ganze 135.000 Exemplare ausgeliefert.

Als Reaktion auf Projekt Perle haben potenzielle Spender ihre Bereitschaft bekundet, größere neue Bibelschmuggelprojekte nach China oder hinter den Eisernen Vorhang zu finanzieren.

Russ Hoyle
nach dem Bericht von Bing W. Wong/Hongkong
Time Magazine, 19. Okt. 1981, S. 109

Anmerkungen

1 William K. Tinsley, *Seadog* (Living Stone Press, Taipeh/Taiwan 1984), S. 227-229. Das Buch kann zum Preis von 15 Dollar plus Versandkosten vom Autor bezogen werden: 3945 Eden Valley Rd., Port Angeles, WA 98363, USA.

2 Brother Andrew/Verne Becker, *Der Auftrag* (Leuchter Verlag/R. Brockhaus Verlag, Erzhausen/Wuppertal 2003).

3 Randy Thomas, *Wait on the Lord* (Maranatha Music/CCCM Music, 1979). Deutscher Text: Friedemann Lux.

4 Henry L. Gilmour, *The Haven of Rest* (1890). Deutsch von Friedemann Lux.

5 *My Living Counselor: Daily Readings from the Living Bible* (Harold Shaw Publishers, Wheaton/Illinois 1976), 18. Juni.

6 Siehe Paul Hattaway/Bruder Yun, *Heavenly Man* (Brunnen Verlag Gießen, 5. Aufl. 2007), S. 63f. Bruder Yun zitiert hier den Bericht seiner Frau über Projekt Perle.

7 Voice of the Martyrs, *Hearts of Fire* (Thomas Nelson Publ., Nashville 2003), S. 204.

8 http://www.amityprinting.com/englishweb/blbles.htm

9 Ron Boyd-MacMillan, *Faith That Endures* (Revell, Grand Rapids, MI 2006), S. 272.

10 David Aikman, *Jesus in Beijing* (Regnery, Washington, D.C. 2003), S. 270.

11 David Barrett schätzt in der *World Christian Encyclopedia* die Zahl der Christen in China auf 87 Millionen. David Aikman geht in seinem Buch *Jesus in Beijing* von 82 Millionen aus. In ihrer Ausgabe von Mai 2008 berichtete die Zeitschrift *Christianity Today,* dass Ye Xiaowen, der Leiter des staatlichen chinesischen Büros für Religionsangelegenheiten, im Jahre 2006 in zwei Berichten an die Regierung von 130 Millionen Christen sprach. Bob Fu von der China Aid Association nennt ebenfalls 130 Millionen als realistische Schätzung.

12 Edmung Tang (ed.), *China Study Journal* (University of Birmingham and CTBI, Bastille Court, 2 Paris Garden, London SE1 8ND, Großbritannien, März 2007), S. 1f.

[13] Rob Moll, „Great Leap Forward", in: *Christianity Today,* Mai 2008, S. 26f.

[14] Tony Lambert, E-Mail-Newsletter, Oktober 2006.

[15] *The Cross: Jesus in China* (China Soul for Christ Foundation, 2003). Inzwischen ist die DVD auch auf Deutsch erhältlich.

[16] Sarah Page, *China Cracks Down on Rights Ahead of Beijing Olympics*, Compass Direct News, http://www.compassdirect.org/en/display.php, ins Internet gestellt am Freitag, 13. Juli 2007.

[17] „Hotels Told to Stock Bibles for Olympic Visitors", *China Daily,* http://english.people.com.cn/200703/10/eng20070310_356251.html, 10. März 2007.

[18] William K. Tinsley, *Seadog*; vgl. Anmerkung 1.

[19] Vgl. Anmerkung 2.

[20] Brother David/Paul Hattaway, *Project Pearl* (Monarch Books, Oxford 2007).

[21] Eddie Cairns/Dan Wooding, *To Catch the Wind* (D/W Publishing, Orange, CA 1992).

Der Dienst von Open Doors

Über 200 Millionen Menschen leiden heute aufgrund ihres christlichen Glaubens unter Benachteiligung und Verfolgung. Manchen wird verboten, Gottesdienste zu besuchen oder sich zum Gebet zu versammeln. Wieder andere werden wegen ihres Glaubens an Jesus Christus gefoltert oder gar ermordet. Open Doors ist ein überkonfessionelles christliches Hilfswerk, das sich seit über 50 Jahren weltweit für verfolgte Christen einsetzt.

Wie es begann

Die Arbeit begann 1955 mit dem Schmuggeln von Bibeln hinter den Eisernen Vorhang. Damals brachte der Holländer Anne van der Bijl, der als Bruder Andrew oder – nach seiner Bestseller-Autobiografie – als „Der Schmuggler Gottes“ bekannt wurde, Bibeln in Länder von Polen bis nach China. Heute ist Open Doors in rund 50 Ländern aktiv, vor allem in Asien, Afrika und dem Mittleren Osten.

Schwerpunktbereiche unseres Dienstes

- Verteilung von Bibeln und christlichem Schulungsmaterial.
- Ausbildung von Pastoren und Mitarbeitern der Untergrundgemeinden.
- Gefangenenhilfe und Unterstützung der Familien von ermordeten Christen.

- Aufbau von Zufluchtsstätten für ehemalige Muslime, die Christus angenommen haben.
- Soziale Hilfsprojekte für mittellose Christen in der Verfolgung (Hilfe zur Selbsthilfe).
- Nothilfeprojekte in Konflikt- und Katastrophengebieten.
- Information, Gebets- und Hilfsaufrufe an die Christen in der freien Welt.

Was Sie tun können

Wer für verfolgte Christen beten möchte, kann das monatliche Open-Doors-Magazin kostenlos beziehen. Darin gibt es aktuelle Berichte von der verfolgten Kirche, konkrete Gebetsanliegen für jeden Tag des Monats und Projektbeispiele. Darüber hinaus gibt es eine Vielzahl von Möglichkeiten, sich für verfolgte Christen zu engagieren. Gerne kommen Mitarbeiter von Open Doors auch zu Bild- und Filmvorträgen oder zu Predigten in Ihre Gemeinde. Sprechen Sie uns an:

Open Doors Deutschland
Postfach 1142, 65761 Kelkheim
Telefon +49-(0)6195-6767 0
Telefax +49-(0)6195-6767 20
Internet: www.opendoors-de.org
E-Mail: info@opendoors-de.org
Postbank Karlsruhe, BLZ 66010075, Konto 315185750

Open Doors Schweiz
Postfach 267, CH-1032 Romanel s/Lausanne
Telefon +41-(0)21-731 01 40
Telefax +41-(0)21-731 01 49
Internet: www.opendoors.ch
E-Mail: info@opendoors.ch
Postkonto Schweiz: 34-4791-0

Das monatlich erscheinende Open Doors Magazin mit Gebetskalender, Informationen und Zeugnissen verfolgter Christen kann kostenlos bei Open Doors bestellt werden.

Paul Estabrooks

Flucht aus dem Paradies

Die atemberaubende Geschichte einer Familie aus Nordkorea

144 Seiten, Taschenbuch,
ISBN 978-3-7655-3949-7

Pil Soo musste etwas tun! Seine Familie hungerte. Vom Staat war im „Paradies“ Nordkorea keine Hilfe zu erwarten, da erfährt er: Es gibt einen Fluchtweg nach China! Mehrfach gelangt er heimlich dorthin und kehrt jedes Mal reich beschenkt zurück. Bis die nordkoreanische Geheimpolizei davon erfährt ...

Anneke Companjen
Lieder in der Nacht
Mutige Frauen
in der verfolgten Kirche

384 S., Taschenbuch,
ISBN 978-3-7655-4033-2

Anneke Companjen erzählt hier von Frauen, die eines gemeinsam haben: Sie zahlen für ihren Glauben einen hohen Preis. Ihre Männer werden verhaftet oder getötet. Sie müssen die Kinder alleine durchbringen, sind isoliert und verachtet. Die meisten von ihnen bleiben der Öffentlichkeit unbekannt. Aber ohne sie hätte die Kirche keine Zukunft. Und sie lassen sich ihre Hoffnung nicht nehmen.

Anneke Companjen
Bittere Tränen –
leuchtende Hoffnung
Die verfolgte Kirche und ihre
vergessenen Frauen

288 S., Taschenbuch,
ISBN 978-3-7655-3880-3

Sie werden bedroht, belogen, gemieden. Sie bangen um ihre Männer und Söhne. Aber sie geben nicht auf! Sie bekämpfen und überwinden mit ihren Familien Angst und materielle Not. Und sie verlieren nicht die Hoffnung. Sie sind die vergessenen Frauen der verfolgten Kirche.

Bruder Andrew
Verräter ihres Glaubens
Das gefährliche Leben von Muslimen, die Christen wurden

416 S., Taschenbuch,
ISBN 978-3-7655-4019-6

Ahmed war von Jesus so fasziniert, dass er in der Moschee öffentlich eine sehr gefährliche Frage stellte. Den anschließenden Schlägen und Misshandlungen seiner Familie konnte er nach einigen Tagen entkommen. Doch wohin jetzt? Er musste untertauchen. Noch mehr jungen Männern und Frauen geht es ähnlich. Vorsichtig suchen sie nach einem Ausweg …

Bruder Andrew
Licht zwischen den Fronten
Neues vom „Schmuggler Gottes“

384 S., Taschenbuch,
ISBN 978-3-7655-3898-8

Er sitzt bei Freunden in der Wohnung, während draußen Granaten fliegen. Er trifft sich heimlich mit Vertretern von Hamas und PLO, um mit ihnen über den einzigen Weg zum Frieden zu sprechen, den er kennt. Er war schon immer ein Mann ungewöhnlicher Wege: Bruder Andrew. In diesem Buch erzählt er von den tiefen Freundschaften zu Menschen im Nahen Osten, die er im Laufe der Zeit aufgebaut hat.

Soon Ok Lee
Lasst mich eure Stimme sein!
Sechs Jahre in Nordkoreas
Arbeitslagern

192 S., Taschenbuch,
ISBN 978-3-7655-3848-3

Sie glaubte der Propaganda. Sie hatte eine gute Position in der Wirtschaft. Da gerät sie durch eine Intrige in einen Machtkampf zwischen Partei und Sicherheitsapparat. Trotz ihrer Treue zur Partei wird Soon Ok Lee zu 13 Jahren Arbeitslager verurteilt und erträgt dort unvorstellbare Leiden.

Bruder Andrew
Gott versetzt Berge –
wenn wir ihn bitten
Erfahrungen des „Schmuggler
Gottes“ mit der Macht des Gebets

160 S., Taschenbuch,
ISBN 978-3-7655-3897-1

Bruder Andrew hat erlebt: Gott versetzt sogar „Berge“, wenn wir ihn darum bitten. Auf diesem Hintergrund setzt er sich mit Fragen auseinander wie: Darf man Gott wirklich bitten, seine Pläne zu ändern? Ist nicht alles, was geschieht, sowieso Gottes Wille? Ein energischer Aufruf, die Macht des Gebets wirklich zu entdecken und zu erfahren, wie Gott antwortet.